앨리스 박사의
공연으로 보는 세상 풍경

Vol. 2

앨리스 박사의 공연으로 보는 세상 풍경 Vol.2

발행일	2021년 4월 9일		
지은이	주하영		
펴낸이	손형국		
펴낸곳	(주)북랩		
편집인	선일영	편집	정두철, 윤성아, 배진용, 김현아
디자인	이현수, 한수희, 김민하, 김윤주, 허지혜	제작	박기성, 황동현, 구성우, 권태련
마케팅	김회란, 박진관		
출판등록	2004. 12. 1(제2012-000051호)		
주소	서울특별시 금천구 가산디지털 1로 168, 우림라이온스밸리 B동 B113~114호, C동 B101호		
홈페이지	www.book.co.kr		
전화번호	(02)2026-5777	팩스	(02)2026-5747

ISBN	979-11-6539-711-1 94680 (종이책)	979-11-6539-712-8 95680 (전자책)
	979-11-6539-086-0 94680 (세트)	

앨리스 박사의
공연으로 보는 세상 풍경

주하영 지음

북랩 book Lab

첫 칼럼을 쓰고 난 뒤 3년이 넘는 시간이 흘렀다. 많은 공연들이 나를 스쳐 지나갔고, 그 가운데 상당수의 공연들에 관한 글을 남겼다. 누군가에게는 위안과 공감이 되었고, 다른 누군가에게는 슬픔과 기쁨이 되었을, 또 다른 누군가에게는 한동안 여운을 남기는 사유의 공연이 되었을 작품들이 많은 관객들과 조우했다. 그리고 전 세계는 Covid-19라는 복병을 만났다. 함께 모여서 나누는 소통이 가장 중요한 공연계에 이보다 더 큰 타격은 없었다. 마스크를 쓰고, 거리두기 좌석제를 적용하고, 라이브 공연을 온라인으로 송출하거나 온라인만을 위한 새로운 형식의 공연들을 만들어내면서 상황이 나아지기를, 다시 일상을 되찾을 수 있기를 바라온 지 1년이 지났다.

어떻게 살아야 할 것인가, 어떻게 적응해야 할 것인가, 어떻게 변화해야 할 것인가의 질문들이 끝없이 쏟아졌고, 많은 실험들이 시도되었고, 기술의 적용들이 보다 빨라졌다. 변화하는 환경에 적응하는 존재만이 살아남는다는 것은 자연의 이치이다. 하지만 인간은 과거를 그리워한다. 예전의 일상을 되찾고 싶은 욕구는 점점 더 강해질 뿐 향수는 외로움을 낳고, 외로움은 과거로의 회귀를 꿈꾼다. 새로운 변화와 형식, 흐름에 적응하는 것과 별개로 인간은 이전의 삶을 그리워한다. 언젠가는 이 모든 상황이 종식될 것이라는 희망을 품은 채로, 그때가 되면 그동안 할 수 없었던 모든 것을, 그리워했던 모든 것을 다시 하겠다는 의지를 품으면서 말이다.

어쩌면 공연계의 희망은 바로 거기에 있는 것인지도 모른다. 거리두기와 환호 없는 박수, 온라인 공연 보기에 지친 사람들은 다시 함께 앉아 느끼는 소통 속으로 걸어 들어가기를 바랄 테니까. 역사 속에서 수차례 반복되어온 팬데믹(pandemic)을 겪으면서도 공연이라는 예술이 사라지지 않고 현재까지 지속될 수 있었던 이유는 객석에서 느끼는 공감과 소통을 인간이 항상 바라왔다는 데 있을 것이다.

『앨리스 박사의 공연으로 보는 세상 풍경』두 번째 책을 구성하면서 내가 바란 것은 지나간 삶 속에 있던 공연들에 대한 기억을 되살리는 일이었다. 멈춰서 숨을 고르는 시간에 할 수 있는 가장 값진 일은 새로운 것을 찾는 것이 아니라 지나간 것들을 되돌아보는 일인지도 모른다. 지나간 공연들이지만 다시 돌아오게 될 공연들, 이전의 삶 속에서 내게 감동을 주었던 공연들, 기회가 닿지 않아 미처 보지 못했던 공연들, 그런 공연들에 관한 글들이 관객들로 가득 찬 객석에서 느끼던 여운과 감동을 되살려주기를, 그때의 사유를 이어가게 해주기를 바라본다.

언제나 그렇듯 모든 일은 지나가게 마련이고, 시간 속에 남겨지는 것은 현재와 과거의 기억, 미래를 향한 고민과 희망뿐이다. 고통과 괴로움, 절망과 한숨에 아랑곳하지 않는 시간 속에서 견디는 것 외에는 방법이 없다는 것을 깨닫게 되는 어두운 시기에 잠시나마 이전의 삶을 떠올릴 수 있는 시간들이 되기를…

2021년 2월의 어느 날
주하영

CONTENTS

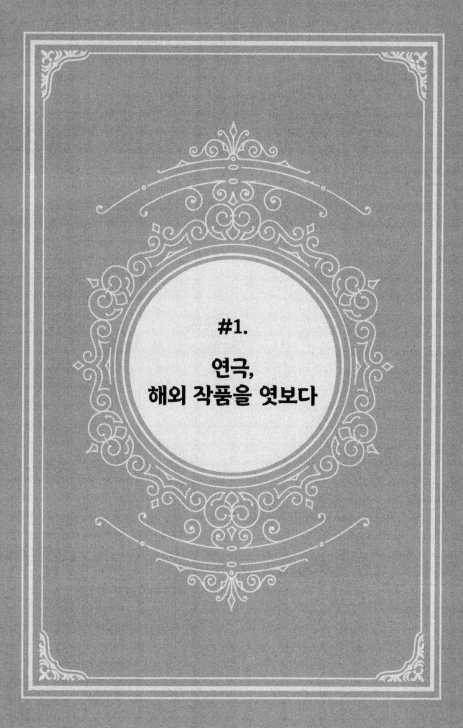

#1.

연극,
해외 작품을 엿보다

삶을 구원하는 '작지만 소중한 리스트'

🎭 연극 〈내게 빛나는 모든 것〉

미국의 현대철학자 셸리 케이건(Shelly Kagan)은 『죽음이란 무엇인가』라는 책에서 "행복한 삶이란 무엇인가?"라는 질문을 던지며 '삶이 우리에게 좋은 것을 주고 있다면 계속해서 살아갈 가치가 있는 삶이고, 그렇지 않다면 삶을 지속해야 할 아무런 이유가 없는 것인가'에 대해 의문을 제기한다. 그는 "나는 '도덕적'인 차원에서 무엇이 우리의 삶을 좋은 것으로 만드는지 묻고 있는 것이 아니다. 무엇이 한 인간의 삶을 더 좋은 것으로 만드는지 묻고 있는 것이다. 다시 말해 '삶으로부터 나는 많은 축복을 받고 있다'고 말할 수 있는 삶이란 어떤 삶인지에 대해 이야기하고 있는 것이다"라고 말한다.

케이건은 쉽게 답할 수 없는 이 복잡한 질문을 시작하기에 앞서 우리가 먼저 생각해봐야 할 점은 "과연 무엇이 삶에서 얻어야 할 가치이고 무엇이 피해야 할 것인지"를 따져보는 것이라고 말한다. 우리의 삶에 영향을 미치는 수많은 것들 중 과연 어떤 것이 삶을 빛나도록 만들고 어떤 것이 삶을 어둡게 만드는 것일까? 내 삶에서 '행복'이라 이름 붙일 수 있는 것들은 무엇이 있을까? 삶이 거듭될수록 '행복'이란 이름표를 붙일 수 있는 것들이 줄어드는 것은 왜일까? 우리가 점점 '행복'에 무감각해지는 것은 우리의 잘못일까? 아니면 사회의 잘못일까? 죽고 싶을 만큼 힘든 순간에 우리를 지탱하도록 만드는 것에는 무엇이 있을까?

2018년 12월 두산아트센터에서는 2013년 6월 러들로 프린지 페스티벌에서 초연하고, 2014년 영국 에든버러 프린지 페스티벌에서 연이은 매진과 호평을 받은 던컨 맥밀런(Duncan Macmillan)의 1인극 〈내게 빛나는 모든 것(Every Brilliant Thing)〉의 국내 공연이 있었다. 2007년 첫 작품 〈몬스터(Monster)〉 이후 동시대의 사회·정치적 문제들을 다루는 영국 극작가로 평론가들과 관객들의 관심을 모아온 맥밀런은 2015년 조지 오웰(George Orwell)의 소설 『1984』를 로버트 아이크(Robert Icke)와 공동 각색한 작품으로 '연극비평가협회상' 연출상을 수상하기도 했다. 2016년 맥밀런의 주요 작품 5개를 묶어서 출간한 『희곡집 제1권(Plays One)』을 소개하는 글에서 아이크는 연극 속에서 '죽음'이라는 결말이 너무 쉽게 등장하는 것은 연극이 현실이 아닌 '환상'인 탓이며, 그로 인해 "연극이 죽음을 위한 완벽한 예술형식"이 되는 경향이 있음을 지적했다.

매일 밤, 연극 속 인물들은 자신에게 주어진 생을 살며, 자신의 말을 하고 죽는다. 공연은 반복될 수 없다. 지나간 공연은 이미 지나간 삶이기 때문이다. 하룻저녁 짧은 시간 안에 응축된 삶, 비틀거리고 걸려 넘어지며 '죽음'을 향해 나아가는 인물들에게서 관객들은 자신을 본다. 살려고 버둥거리고 있지만 사실은 '죽음'을 향해 매 순간 다가서는 삶, 그러한 삶에 대한 인식이 '우울함과 서글픔'을 안길지 모르지만

'삶의 소중함' 또한 일깨운다. 아이크는 맥밀런의 작품들이 모두 각기 다른 방식으로 '죽음'을 향해 나아가면서도 "죽음으로부터 삶을 부여잡을 수 있는 나름의 방법"을 발견하고 '우울증과 자살, 중독'과 같은 문제들과 싸워나가고 있음을 강조한다. 그는 "작고 사소한 것들을 향한 깊은 사랑"을 통해 살아 있다는 것의 의미가 무엇인지 탐구해나가는 맥밀런의 극들이 관객들로 하여금 "진성으로 삶과 죽음의 차이를 느낄 수 있도록 만든다"고 설명한다.

2014년 《가디언(The Guardian)》의 린 가드너(Lynn Gardner)로부터 "삶을 긍정하도록 만드는 우울증에 관한 가장 재미있는 극" 평가를 받은 〈내게 빛나는 모든 것〉은 우울증으로 인해 자살 시도를 한 엄마를 둔 7살 아이의 시선으로 시작된다. 행복을 갈망하지만 그 어디에서도 반짝이는 것을 발견할 수 없어 기나긴 고통과 우울 속에 방황하다 자살에 이르게 되는 인간의 심리, 삶, 그리고 그로 인한 영향을 다룬 연극 〈내게 빛나는 모든 것〉은 단순히 자살과 우울증의 문제만을 다루지 않는다. 오히려 가족의 자살로 인해 사랑하는 사람들을 행복하게 만들 수 없다는 죄의식을 품은 아이의 트라우마와 죽음에 무관심한 사회가 지닌 문제점들을 보도록 만든다는 데 그 특이점이 있다.

극장 입구에서부터 반갑게 인사를 건네며 미소를 지어 보이는 배우는 관객들이 다른 누군가의 집에 초대되어온 듯 느끼도록 만든다. 짧은 단어나 문장이 적힌 포스트잇을 건네며 번호를 호명하면 읽어달라고 부탁을 하거나 담소를 나누는 배우는 모든 관객이 입장을 마치자 "이 공연은 관객과 함께 만들어나가는 공연입니다. 주변에 앉아있는 다른 관객들과 인사를 나누어주시겠습니까? 공연의 열쇠는 여러분들이 쥐고 계십니다!"라고 말한다. 서로를 향한 격려와 박수로 시작된 극은 배우를 중심으로 원으로 둥글게 앉아 있는 관객들의 시선 속에 "리스트는 그녀의 첫 번째 시도로부터 시작되었습니다. 세상에 빛나는 모든 것들, 삶의 가치를 느끼게 해주는 것들에 관한 리스트였어요!"라는 말로 이어진다.

아이스크림, 물싸움, 자야 할 시간이 지났지만 여전히 TV 보기, 줄무늬 양말, 롤러코스터, 길 가다 사람들이 넘어질 때… 끝없이 이어지는 7살 아이의 리스트를 듣고 있노라면 어느새 관객들의 입가에 미소가 번진다. 어른이 된 아이는 1987년 11월 9일, 엄마가 처음 자살을 시도한 날 자신에게 밝음과 미소를 주는 것들의 '리스트'가 시작되었음을 말한다. 7살 아이에게 '죽음'은 너무나 추상적인 단어이다. '죽음'은 자신보다 나이가 많은 강아지 '셜록 본즈(Sherlock Bones)'가 더 이상 음식을 삼킬 수도 없을 만큼 늙어버렸을 때 고통을 줄여주기 위해 행해졌던 '안락사'에 대한 기억으로부터 시작된다. 무슨 일이 벌어지고 있는 것인지 자신이 어떤 일에 연루되어 있는 것인지 전혀 인식하지 못하는 아이는 "너는 옳은 일을 하고 있는 거야"라는 수의사의 말이 무슨 의미인지 이해하지 못한다. 아이에게 '죽음'은 자신의 팔에 안겨 있던 강아지의 무게가 점점 가벼워지는 듯 혹은 무거워지는 듯 느껴졌던 순간의 경험, 그리고 강아지가 남기고 간 흔적, 자신이 사랑하던 무언가가 하나의 '물체'처럼 변해가던 기억으로 존재한다.

아이는 엄마가 병원에 실려 간 날 평소와 다르게 아빠가 자신을 데리러 왔던 기억을 관객들에게 털어놓는다. 인간이라면 누구에게나 존재하는 불길한 예감, 머리보다는 몸이 먼저 알고 반응하는 것들에 대해 말하는 아이는 스트레스 호르몬인 코르티솔과 흥분물질인 아드레날린이 온몸을 휘젓고 다니는 '생존 반응'에 대해 이야기한다. 인간의 반응은 셋 중 하나이다.

"투쟁하거나 도피하거나 그냥 가만히 서 있거나!"

아이는 병원으로 가는 차 안에서 아빠가 엄마의 자살 시도를 설명하면서 던졌던 "엄마가 멍청한 짓을 했어!"라는 짧은 문장 대신 어린 아이가 받았을 충격을 감안해 최대한 '이유'를 설명하려고 애쓰는 아주 '긴 대화'를 상상 속에 구현한다. 끝없이 '왜?'라고 되묻는 아이에게 끈기 있게 대답해주는 상상 속 아빠는 현명하다. 상상 속 아빠는 "어른이 되면 이런저런 일로 머리가 복잡해진다"거나 "어른이라고 해서 모든 일을 다 알 수는 없다"고 말한다. 그는 "엄마가 살아야할 이유를 찾지 못했기 때문에 병원에 입원하게 되었다"거나 "상상하지 않는다면 인생은 참기 힘들 수 있다"와 같이 아이가 어렴풋이 어려움을 짐작할 수 있는 보다 성숙한 부모와 자식의 대화를 이어나간다.

하지만 아이가 겪은 현실은 상상과 다르다. 병원에서 돌아온 뒤 "세상 모든 물건이 굴러떨어지는 듯"한 음악을 틀어놓은 채 서재에서 좀처럼 나오지 않는 아빠에게 다가서지 못한 아이는 혼자 '햄 빠진 햄마요 샌드위치'를 만들어 먹으며, 엄마를 위해 세상이 살 만한 곳임을 느끼게 해주는 '빛나는 것'들에 관한 리스트를 작성하기 시작한다. 엄마가 퇴원하는 날, 아이는 8장이 넘는 종이에 빼곡히 적힌 314개의 리스트를 엄마의 베개 위에 올려놓는다. 자신이 작성한 리스트의 잘못된 '맞춤법'이 모두 고쳐져 있다는 사실로 엄마가 리스트를 읽었음을 인식한 아이는 관객들을 향해 이렇게 말한다. "저는 여러분이 우리 엄마가 괴물이었고, 그런 엄마로 인해 제 어린 시절이 불행했다고 생각하지 않았으면 좋겠어요. 실제로 그렇지 않았거든요. 우리 집에는 부엌에 피아노가 있었어요. 우리 집에서 가장 따뜻한 공간이었죠. 우리 가족은 그곳에 모여 노래를 부르곤 했어요!"

맥밀런은 아이의 엄마 역시 살기 위해, 삶의 끈을 놓지 않기 위해 자신을 붙들어줄 '위로'의 손길을 찾아 몸부림치던 사람이었음을 그녀가 즐겨 부르던 레이 찰스(Ray Charles)의 노래 '내 눈물 속에 빠져(Drown In My Own Tears)'를 통해 암시한다. 4살 때 동생이 죽는 것을 보았고, 7살 때 시력을 잃었으며, 10살과 15살에 아버지와 어머니를 차례로 잃은 고통 속에서도 자신을 잃지 않기 위해, 삶을 이어가기 위해 분투했던 흑인 가수 레이 찰스…. 삶 속에 눈물이 넘쳐 "흐르는 눈물 속에 빠져 죽을 듯" 보여도 매일매일을 견디며 "나는 혼자가 아니기를 바라는, 내가 어려움에 빠졌을 때 나를 그냥 내버려 두지 않기를 바라는" 레이 찰스의 노래 가사는 엄마의 삶의 고통과 우울의 무게를 설명한다.

삶과 죽음의 경계에서 흔들리는 엄마를 꼭 붙들어준 '작은 손'이었을지 모를 '리스트'는 10년이란 시간 속에 어느덧 희미해지고, 아이가 17살이 되던 해 엄마는 두 번째 자살 시도를 한다. 사춘기에 접어든 아이는 병원에서 돌아와 "저녁으로 먹은 파인애플 피자만 위 속에 남아 있지 않았더라도 죽을 수 있었다"고 말하는 엄마를 향해 독설을 내뱉는다. "그렇게 약을 때려 넣고도 살아 있는 걸 보면 나보다 건강한 거 아니야? 그렇게 죽고 싶으면 차라리 다리에서 뛰어내려!" 그날 밤, 끓어오르는 분노와 원망으로 온몸을 벌벌 떨며 잠을 이루지 못하던 아이는 침대 밑에 놓여 있는 먼지 가득한 박스 안에서 어린 시절 자신이 작성했던 '리스트'를 발견한다. 314개에서 멈춰 있던 리스트는 계속된다. 오래된 책들의 냄새, 심하게 웃다가 우유가 코로 빠져나오게 될 때, 싸운 뒤 화해할 때, 디저트를 후식이 아니라 메인으로 먹을 수 있을 때, 입맛에 딱 맞는 오렌지를 발견했을 때⋯. 이제 아이의 리스트는 이전보다 훨씬 더 공격적으로 엄마가 움직이는 모든 반경 속에 놓이기 시작한다. 전화 음성 메시지 속에, 냉장고 문 위에, 도마 위에, 주전자 뚜껑에, 심지어 바게트 빵 위에 붙은 아이의 리스트들은 그렇게 또 한 번 엄마의 삶을 붙들어 놓는다.

999개를 끝으로 좋아하던 책 사이에 끼워진 리스트는 잊혀진 채 한동안 아이의 삶에 다시 등장하지 않는다. 대학생이 된 아이는 요한 볼프강 폰 괴테(Johann Wolfgang von Goethe)의 소설 『젊은 베르테르의 슬픔』이 많은 사람들에게 '모방 자살'의 전염 효과를 일으킨다는 연구 결과에도 불구하고 학생들에게 책을 읽히는 교수에게 분노를 느낀다. 아이는 세상이 누군가의 죽음을 설명함에 있어 얼마나 무관심하고 냉담한 태도를 취하고 있는지를 인식한다. 미디어는 "사람들이 서로에게 영향을 받는다"는 사실을 무시하고, 자살에 관한 뉴스가 TV에 나오거나 신문 1면에 보도만 되어도 사람들의 자살률이 높아진다는 사실을 방치한다. 언론은 죽음을 보도함에 있어 지켜야 할 원칙들을 지키지 않을 뿐 아니라 누군가가 자신의 삶을 끝내는 결정을 할 때 그 이유가 단순한 것들이라고 착각하도록 만든다. 사람들은 죽음에 이르게 된 이들의 고통과 복잡한 속내, 남겨진 사람들의 아픔을 외면한다. '이루어질 수 없는 사랑의 고통'으로 인해 죽음을 선택한 베르테르를 결코 이해할 수도, 이해하고 싶지도 않았던 아이는 어느덧 자신의 '첫사랑'을 발견하고, 사랑이 주는 환희와 고통, 슬픔의 무게를 경험하는 어른의 삶 속으로 걸어 들어가게 된다.

세상의 모든 것이 '빛'으로 흘러넘치는 '사랑'의 기쁨에 빠진 아이는 자신의 리스트를 또다시 작성하기 시작한다. 이번에는 누군가의 죽음을 막기 위해서가 아니라 빛으로 가득한 세상을 기록하지 않을 수가 없어서 리스트는 계속된다. 999개에서 멈춰 섰던 리스트가 만 개가 되고, 십만 개가 되고, 수십 만개가 될 때까지, 어른이 된 아이가 결혼을 하고 반복되는 일상 속에 권태와 '지루함'을 맞이하게 될 때까지, 사랑과 마주하는 시간이 점점 줄어들고 싸우는 시간이 늘어나 더 이상 리스트에 적을 단어가 없어질 때까지 리스트는 계속된다. 세월이 흘러 백만 개에서 정확히 17만 3천 22개가 모자란 채 끝나버린 리스트는 사랑이 끝나던 날, 평생이 될 줄 알았던 '사랑'이 마침내 짐을 싸 함께 살던 집을 떠나던 날 다시 상자에 담긴 채 구석에 버려진다.

어른이 된 아이는 우울증에 시달리기 시작한다. 엄마의 우울을 절대 이해할 수 없었던 아이, 그럼에도 언젠가 자신 역시 엄마와 같은 선택을 하게 될까 봐 늘 두려웠던 아이, 엄마를 원망하고 분노하는 시간이 길어질수록 오히려 엄마가 느끼는 '고통'을 이해하게 되는 아이러니를 결코 받아들일 수 없었던 아이는 그렇게 자신 역시 "사랑받기 힘든 사람, 같이 살기 힘든 사람"이라는 확신에 차 절망하기 시작한다. "투쟁하거나 도피하거나 아니면 가만히 서 있거나!" 고통 앞에서 인간이 선택할 수 있는 대처 방식은 세 가지 중 하나임을 다시 한번 인식하는 아이는 도피와 외면을 선택한다.

7년이란 세월이 흐른 뒤에야 그는 버려졌던 자신의 리스트를 다시 찾는다. 과거의 삶 속에서 작성된 아이의 빛나는 리스트들은 '우울' 앞에서 도피로 일관하던 그를 삶을 위한 '투생'으로 이끈다. 이른이 된 아이는 자신의 과거를 떠올리기 시작한다. "나는 어떤 사람이었을까", "행복은 왜 변했을까"에 대한 질문은 그로 하여금 다른 사람들과 이야기를 하도록 만든다. 집단 면담과 상담, 대화를 통해 변화된 그는 관객들을 향해 외친다. "만약 우리가 인생을 살면서 단 한 번도 절망의 늪에 빠져본 적이 없다고 한다면 그건 오히려 삶에 충실하지 못했다는 뜻이 아닐까요?"

그의 빛나는 리스트들은 절망 속에서 방황하던 그를 구원하지만 어린 시절 그의 '작은 노력'에 의해 끊임없이 유예되던 엄마의 죽음을 끝내 막아내지는 못한다. 엄마의 장례식이 있던 날, 그는 자신이 고통 속에서 완전히 놓아버렸던 멈춰진 리스트를 다시 시작한다. 17만 3천 22개를 더해 백만 개를 끝으로 마침표를 찍은 리스트는 모두 출력되어 아버지의 안락의자 위에 놓인다. 그의 리스트는 어쩌면 또 다른 '우울'로 인해 잘못된 선택을 하게 되었을지 모를 한 사람의 삶을 구원한다. 백만 개의 빛나는 리스트는 또다시 그렇게 아버지의 삶을, 그의 삶을, 다른 사람들의 삶을 구원한다.

맥밀런은 프로그램북의 「인사말」을 통해 "이 작품은 우울과 자살이 모든 사람에게 영향을 준다는 것, 직접적이든 간접적이든 우울과 자살이 모든 사람의 마음을 어떤 식으로든 움직이게 한다는 것을 말하고 있다"고 설명한다. 그는 우울증을 겪고 있는 사람들이 삶을 계속 이어나가야 할 필요가 있는지 갈등하는 순간에 연극을 만드는 사람들이 '그 어떤 도움'을 줄 수 있도록 의무와 책임을 다해야 할 필요가 있음을 피력한다. 하지만 그러한 문제들이 "너무 감성적으로 표현되지 않으면서도 중요하고 민감한 것들을 잘 전달할 수 있도록" 연극이 작은 공간에서 사람들이 함께 호흡하고 경험을 공유할 수 있는 '스탠드업 코미디 형식'을 빌리고 있음을 강조하면서 이렇게 마무리한다. "당신은 혼자가 아니며, 당신은 이상하지도 않고, 당신은 그것을 헤쳐나갈 것이며 견뎌낼 것입니다. 이렇게 말하는 것이 매우 진부하고 부족한 말일지 모르지만 나는 진심으로 이렇게 말하고 있는 것입니다!"

맥밀런의 말처럼, 진부할지 모른다. 충분하지 않을지도 모른다. 하지만 불행과 고통의 혹독함 속에서 어쩔 수 없이 '끝'을 향해 죽음을 떠올리는 사람들에게 우리가 건넬 수 있는 '위로' 또한 이것밖에 없지 않을까? 내 안에 소용돌이치는 감정을 내 마음대로 할 수 없을 때, 그냥 모든 것이 끝이었으면 좋겠다고 생각하는 순간 필요한 것은 나를 이해하는 누군가의 따뜻한 메시지, 공감의 눈빛이 아닐까? 괴롭고 힘든 것이 나만은 아니라는 생각, 이 넓은 세상 어딘가에 아직도 나를 필요로 하는 사람이 있고, 남을 위하는 따뜻한 마음을 가진 사람들이 있을 것이라는 믿음, 어쩌면 그것만이 우리로 하여금 이 험난한 세상을 살아갈 수 있도록 만드는 힘이 되는 것인지도 모른다.

지금 내 삶에서 가장 빛나는 것은 무엇일까? 힘들기만 한 내 삶에 작은 빛으로 위로를 가져다주는 것이 하나쯤은 있지 않을까? 오늘 하루, 지금 이 순간, '작지만 소중한 것', 나를 숨 쉬게 하는 빛나는 것들로 가득한 나만의 리스트를 작성해 보는 것은 어떨까? 리스트는 삶을 구원한다.

* 본 글은 2018.12.01.~2018.12.25. 두산아트센터 Space 111에서 공연된 연극 〈내게 빛나는 모든 것〉을 관람한 후 작성된 칼럼입니다.

'평화'라는 이상을 향한 돌진, 그리고 용기

🎭 연극 〈오슬로〉

    독일의 물리학자 알버트 아인슈타인(Albert Einstein)은 "평화란 힘에 의해 이루어질 수 있는 게 아니다. 평화는 오직 이해에 의해서만 성취될 수 있다"고 말했다. 티베트의 지도자 롭상 텐진(Lobsang Tenzin)은 "소통은 이해를 가져오고, 이해는 평화와 안정을 구축할 수 있는 조화로운 상호관계를 가져온다"고 말했다. 그리고 인도의 수상 자와할랄 네루(Jawaharlal Nehru)는 "평화가 없다면 모든 다른 꿈들은 사라져 재가 되어버릴 것"이라고 말했다.

    많은 사람들이 '평화'의 필요성을 강조하고, 평화야말로 '인류가 목표로 하는 가장 완전한 상태'라는 점에 동의하지만 막상 세계 지도를 펼쳐놓고 보면 완전히 평화를 이룩한 나라를 찾는 일이 쉽지 않다. 왜일까? 왜 우리는 그토록 '평화'를 외치면서도 진정한 평화를 이룩하지 못하는 것일까? 영국의 극작가 버나드 쇼(George Bernard Shaw)의 말처럼 "인류에게서 애국심을 제거하지 않고는 조용한 세계를 가질 수 없기 때문"일까? 아니면, 독일의 철학자 임마누엘 칸트(Immanuel Kant)의 지적처럼 약하고, 어리석고, 단순하게 설명할 수 없는 인간의

"뒤틀린 속성(the crooked timber of humanity)"이 인간으로 하여금 평화로운 상태를 계속 유지할 수 없도록 만드는 것일까?

2018년 10월, 토니상과 드라마데스크상, 뉴욕 드라마비평가협회상, 오비상에 빛나는 미국 극작가 J. T. 로저스(J. T. Rogers)의 연극 〈오슬로(Oslo)〉가 무대에 올랐다. 연극 〈오슬로〉는 1993년 9월 13일 미국의 백악관 로즈 가든(the White House Rose Garden)에서 50년 동안 단 한 번도 이뤄지지 않았던 이스라엘과 팔레스타인해방기구(PLO)의 평화협정이 체결되었던 역사적 장면의 '뒷이야기'를 다루고 있다. 2012년 로저스는 아프가니스탄 사태를 다룬 자신의 연극 〈피와 선물(Blood and Gifts)〉을 관람하러 온 티에유 로드-라르센(Terje Rød-Larsen)으로부터 '오슬로 협정(Oslo Accords)'에 가려져 있던 뒷이야기를 듣게 된다.

미국이 지향하던 '포괄주의 협상모델(The model of Totalism)'이 실패하면서 이스라엘과 팔레스타인의 긴장이 고조되었던 1992년, 두 나라 사이에서 중립적 위치를 지켜온 노르웨이의 한 부부가 '비밀 채널'을 만들 것을 제안한다. 누구도 알아서는 안 되고 그 자리에 참석했다 할지라도 존재 자체를 부인해야 하는 비밀대화 채널은 우여곡절 끝에 이스라엘과 팔레스타인이 '협정'에 이르도록 만든다. 당시 TV 화면으로 중계되던 이스라엘의 라빈(Yitzhak Rabin) 수상과 팔레스타인해방기구의 아라파트(Yasser Arafat) 의장의 '악수 장면'을 선명하게 기억하고 있던 로저스는 실제 역사적 사건의 일부였던 라르센과 그의 아내 모나 율(Mona Juul)의 이야기가 전 세계에서 벌어지고 있는 엄청난 사건들에 맞서 누구도 생각하지 못한 '변화'를 일궈낼 수 있는 개인들의 힘을 그려내기에 완벽하다는 생각에 이른다.

로저스는 2년이 넘는 기간 동안 '오슬로 채널(The Oslo Channel)'과 관련된 모든 문서들을 읽고 회담에 가담했던 세계 정상들, 관련자들, 외교관들을 만나 인터뷰하는 노력을 기울인다. 그리고 역사적 사건을 소재로 하는 모든 극작가가 마침내 도달하게 되는 '창작을 위한 질문'을 던진다. "만약 이 전혀 다른 이질적인 사람들을 모두 한 방에 몰아넣는다면 어떤 일이 발생할까?" 연극 〈오슬로〉 프로젝트를 처음부터 함께 진행한 링컨센터 극장의 예술 감독 앙드레 비숍(André Bishop)은 로저스의 이러한 '창의적 도약'이 극을 "매우 재미있으면서도 감동적"으로 만들어냈다고 말한다. 비숍은 "연극 〈오슬로〉는 다큐멘터리가 아니다. 분명 극 속에 묘사된 사람들은 실제로 존재하는 사람들이지만 〈오슬로〉 속 인물들과 그들의 말은 전적으로 극작가의 것이라 할 수 있다"고 설명한다. 로저스 역시 "오슬로 협정에 관한 역사적 사건들은 모두 사실에 기반하고 있지만 연극적 자유를 마음껏 누리기 위해 모든 것을 재창조했음"을 강조한다. 그는 '오슬로 채널'이 이스라엘과 팔레스타인 사이의 협정을 가능하게 만든 '산파노릇'을 했음은 분명하지만 그 결과에 대해 일부는 "중동 지역에 평화를 가져오기 위한 대담한 시도"로 보는 반면, 다른 일부는 "중동지역의 고통을 증폭시키는 무모하고 순진한 간섭"이라 평하고 있음을 피력한다. 하지만 어떤 평가가 맞는 것이든 로저스는 극작가로서 낯설고 두려운 가운데에도 실현 불가능하다고 생각되는 것을 향해 위험을 무릅쓰고 전진하는 사람들의 "열정과 두려움, 기쁨, 비통함"과 같은 것들이 이 사건의 '정수'라고 생각했다고 덧붙인다.

이 때문에 로저스는 작품을 위한 인터뷰 과정에서 모나 율이 자신들은 비밀 채널의 일부였을 뿐 "이 이야기는 세상을 바꾸기 위해 노력하며 자신의 목숨을 걸었던 그 채널에 속한 사람들에 관한 것"이라 밝혔음에도 모나와 티에유 부부를 극의 '중심인물'로 내세운다. 자신들보다 더 커다란 대의를 위해 움직이는 가운데 장애에 걸려 넘어지고 모든 것을 잃게 될 위기에 처하면서도 끊임없이 자신들이 믿는 것을 위해 앞으로 나아갔던 사람들…. 로저스는 아무도 상상하지 못했던 '변화'를 위해 적극적으로 움직이고 실현하려고 노력했던 그들의 '용기'를 강조한다. 로저스는 「소개글(Introduction)」에서 다음과 같이 말한다. "끊임없이 피를 흘리고 증오가 양산되는 가운데 이스라엘 정부와 팔레스타인해방기구는 적과 마주 앉기를 선택했다. 그리고 서로를 인간으로 보기 시작했다. 상대의 말에 귀를 기울였고, 그 귀 기울임은 돌이킬 수 없는 변화를 이뤄냈다. 나는 그 과정에서 발휘된 개인적, 정치적 용기에 경외감을 품게 되었다. 이것이 바로 내가 잊지 않기를 바라는 역사의 순간이다."

　로저스는 이성적이지만 따뜻한 인간애를 품고 있는 '모나(Mona)'를 극의 해설자로 내세운다. 복잡한 과정 속에 새롭게 등장하는 인물들을 설명하고 정치적 상황을 보다 명확하게 정리하기 위해 모나는 극이 진행되는 가운데 '정지화면'처럼 멈춰버린 장면 속에서 빠져나와 관객들을 향해 설명을 덧붙인다. 노르웨이의 응용사회과학 연구소 '파포(FAFO)'를 운영하고 있는 티에유는 미국이 중동에 평화를 정착시키지 못한 이유를 설명하면서 "베를린 장벽이 무너지고 소비에트 연방이 해체되는 가운데 불가능을 가능으로 만들 '상상력'을 발휘하지 못했기 때문"임을 지적한다. 그는 협상 당사자들이 모든 문제를 테이블 위에 올려놓고 모든 기관이 참여하는 가운데 '거래'를 하는 딱딱한 방식으로는 효과적인 협상을 할 수 없다고 말한다. "사람들이 가득 모인 시장을 공격하고 버스를 폭파시키는 사람들"과 협상을 도모하면서 "말을 술집에 끌어다 놓고 자기가 마실 칵테일까지 만들 수 있기를 기대하는 것은 터무니없는 일"임을 강조하는 티에유는 조직이 아닌 개인에 기반한 '점진주의 모델(The model of Gradualism)'을 사용할 필요성을 주장한다. 점진주의 모델은 가장 치열하게 대립되는 이슈를 놓고 토론을 벌여 그것이 해결되고 나면 다음 이슈로 넘어가는 방식으로 차츰 상호 간의 신뢰를 구축해 나가는 방식이다. 이러한 점진주의 모델을 적용할 경우 사적인 영역을 풀어놓고 시작하기 때문에 일이 진행되는 과정에서 서로에게 분노하고 한계 직전까지 몰리는 위험에 처할 수 있지만 끝까지 밀고 나갈 수 있다면 누구도 예상치 못한 결론에 이르는 큰 성과를 얻을 수 있다. 이러한 방식에 있어 중요한 것은 "어떤 실수가 나오든 어떤 행동들이 튀어나오든 모든 과정을 감수할 만한 가치가 있다고 여기는 믿음"과 그 '믿음'이 불러오게 될 결과에 대한 간절한 '바람'을 유지하는 일이다. 모나는 관객들을 향해 이렇게 말한다.

"바로 이 부분이 여러분에게 들려드리고 싶었던 이야기입니다. 이 생각이 우리가 말하고 행동하도록 만들었던 모든 것이었으니까요. 이 이야기를 지켜보고 판단하시는 동안 이 점을 꼭 기억해주시기 바랍니다!"

이제 관객들은 무대 위에서 벌어지는 모든 상황을 지켜보고 판단해야 할 입장에 놓이게 된다. 무대는 이스라엘과 팔레스타인의 적대적 관계 속에 발을 들여놓을 이유가 전혀 없었던 노르웨이의 한 부부가 어떻게 이 일에 깊숙이 관련하게 되었는지를 설명하는 장면을 펼쳐 보인다. 1년 전 모나의 첫 해외 근무지인 카이로(Cairo)에 갔던 부부는 이스라엘에 의해 요르단강 서안 지구인 웨스트뱅크(West Bank)와 함께 잘려 나간 가느다란 띠 모양의 땅 '가자(Gaza Strip)'[1]에서 일생일대의 장면과 마주하게 된다. 지구상에서 가장 인구 밀도가 높은 곳, 안정된 전기와 물 공급도 없이 백만 명에 달하는 팔레스타인 사람들이 더 이상 퍼져나갈 곳이 없어 좁은 땅에 갇힌 새 신음하고 있는 가자의 뒷골목에서 부부는 폭도들 틈에 놓이게 된다. 사람들이 총에 맞아 쓰러지고 폭탄이 터지는 가운데 뒤집어진 자동차 뒤로 몸을 숨겼던 부부는 "하나는 군복을 입고 다른 하나는 찢어진 옷을 입은 채 서로를 향해 증오의 눈길을 던지고 있는 두 아이"를 보게 된다. 모나는 관객들을 향해 말한다. "두 아이의 얼굴은 전혀 달라 보이지 않았습니다. 똑같은 두려움, 이곳이 아닌 다른 곳에 있었으면 좋겠다는 똑같은 절박함, 이 일을 하지 않았으면 좋겠다는, 이 일을 다른 아이에게 하고 있지 않았으면 좋겠다는 간절함! 그리고 거기에서 바로 그 순간에 이 모든 일이 시작되었습니다."

관객들은 부부의 노력을 지지하지 않을 수 없게 된다. 모든 핵심이 '서로를 마주 보고 있던 두 아이'에게 있기 때문이다. 부부의 노력이

---

1 팔레스타인 남서부, 이집트와 이스라엘 사이의 지중해 해안을 따라 가늘고 길게 뻗은 총면적 약 362㎢에 이르는 지역이다. 요르단강 서안지역(웨스트뱅크)과 함께 팔레스타인 자치지구를 구성한다. 인구의 대부분이 팔레스타인임에도 이스라엘군의 통치 아래 있었으나 1993년 오슬로 협정에 서명함으로써 1994년부터 가자 지구에 대한 통치권이 단계적으로 팔레스타인 자치기구에 이양되었다. 좁은 면적에 2016년 기준으로 인구가 200만 명에 달했고, 2020년 유엔인구기금에 의해 거주불능수준으로 평가되었지만 이스라엘과 팔레스타인의 갈등은 여전히 남아 있다.

실질적으로 이스라엘과 팔레스타인 사이에 평화를 가져왔든 아니든 정치적으로 어떤 선택이 더 옳은 것인지에 대한 논쟁과 별개로 티에유와 모나의 '선한 의도'를 관객들이 인지하기 때문이다. 다음 세대로 이어지는 피비린내 나는 역사의 대물림을 막고 아이들의 미래를 구하기 위해 '새로운 가능성'을 시도하지 않을 수 없었던 부부의 마음을 관객들이 이해하기 때문이다. 로저스는 "모두가 부정적인 시선을 던지고 불가능에 대해 이야기할 때 창을 들고 풍차를 향해 돌진하는 돈키호테"로 보인다 할지라도 '이상'을 향해 달려야 할 필요성에 방점을 찍는다. 티에유와 모나는 한 번도 서로 가까이 마주한 적이 없었던 이스라엘과 팔레스타인 양 진영의 만남을 '주선'만 하고 빠지겠다는 처음 의도와는 다르게 점차 자신들을 위해 그어놓았던 '안전선'을 벗어나게 된다. 양 진영의 만남이 진행되면서 관객들이 깨닫게 되는 흥미로운 점은 협상 당사자가 바뀌고 갈등이 생기며 모든 것이 깨질 위기에 도달할 때마다 비밀회동에 참여한 사람들의 마음을 다시 붙들고 의지를 불태우도록 만드는 것은 모두 '개인적인 신념과 평화를 향한 갈망'이라는 사실이다. 오랜 갈등으로 인한 낯섦과 어색함을 친밀하게 만드는 것은 상대방 딸의 이름과 내 딸 이름이 같다는 '우연이 빚어낸 공통점'이고, 상대를 향해 고착된 적개심과 분노를 누그러뜨리는 것은 요리 솜씨 좋은 스웨덴 관리인 '토릴(Toril Grandal)'이 만든 '어머니의 레시피가 담긴 와플'이다.

종교와 민족, 신념을 이유로 인간들이 서로를 향해 품는 적개심에 대한 로저스의 일침은 이스라엘의 비공식 대리인으로 PLO의 재무장관 '쿠리에(Ahmed Qurie)'를 만나게 된 경제학자 '허시펠트(Yair Hirschfeld)'의 우스운 이야기를 통해 전달된다. 함께 비행기를 타고 가던 랍비(a rabbi)와 스님(a Buddhist priest)이 '적개심'에 관한 대화를 나눈다. 랍비가 스님에게 말한다. "나는 당신네들이 진주만(Pearl Harbor) 때 한 일을 용서할 수가 없소!" 스님이 자신은 진주만과 아무런 상관이 없는 '중국인'이라고 말하자 랍비가 외친다. "중국인, 일본인, 그게 그거 아닙니까?" 그러자 이번에는 스님이 말한다. "나는 타이타닉 때문에 당신네들을 용서할 수가 없소!" 랍비가 다이타닉은 '빙히(iceberg)' 때문에 발생한 사건이라고 말하자 스님이 바로 응수한다. "아이스버그, 골드버그, 스필버그, 그게 그거 아닙니까?"[2] 이 우스꽝스러운 농담은 인간이 품는 '분노'가 겨눠야 할 곳도 제대로 파악하지 못한 채 무작정 표출되는 소모적인 감정일지 모른다는 진지한 '우려'를 담고 있다. 이 때문에 이스라엘의 법률자문이자 미국법률회사 파트너인 '싱어(Joel Singer)'가 "당신네들은 도대체 왜 이 일을 하는 거요?"라고 모나에게 물었을 때 그녀의 답변은 큰 울림을 낳는다. 모나는 싱어에게 오히려 되묻는다. "당신이라면 이 일을 하지 않겠어요?" 싱어는 자신은 절대 이 일을 하지 않을 것이기 때문에 이해할 수가 없어 묻는 것이라고 말하자 그녀가 답한다. "그렇다면 당신은 내가 답변해도 이해하지 못할 겁니다!"

인간은 때로 목표조차 불명확한 곳을 향해 분노와 적개심을 드러내며 폭력적으로 변할 수 있는 존재이지만 동시에 자신에게 그 어떤 이익이 돌아오지 않음에도 불구하고 옳다고 믿는 가치를 위해 자신

---

2 로저스의 희곡 원본에는 '스필버그'가 포함되어 있지 않다. 국내 공연 당시 관객들의 웃음을 불러오기 위해 추가된 것으로 보인다. 희곡 원본의 대사는 "Iceberg, Goldberg, what's the difference?"이다.

의 모든 것을 위험에 빠트릴 수 있는 존재이기도 하다. 눈에 보이지 않는 것에 현혹되고 옳다고 믿는 것을 향해 무작정 돌진할 수 있는 존재, 이성적이라 말하면서도 전혀 이성적이지 않은 존재에게 오랫동안 서로 다른 곳을 향해 있던 두 손을 맞잡을 수 있는 '기회'를 제공하는 일은 사고의 틀을 깨고 보이지 않던 측면을 바라보는 '변화'를 위한 의지가 없이는 불가능하다. 결국 힘들게 만남을 성사시켰던 '오슬로 협정'은 평화로 완결되지 못했고 여전히 이스라엘과 팔레스타인 간의 분쟁은 남아 있지만 극의 마지막 장면에서 티에유는 관객들을 향해 외친다.

"우리는 '과정'을 창조했습니다. 이 모든 것을 보면 분명히 그렇지 않나요? (…) 친구들, 우리가 현재 있는 곳을 보지 말고 그 뒤를 보세요. 저기요! 우리가 얼마나 멀리까지 왔는지 보세요! 피와 공포, 증오를 통과해 이렇게 멀리까지 온 거라면, 앞으로 얼마나 더 멀리 나아갈 수 있겠어요? 저기 지평선! 가능성! 그 가능성이 보이나요?"

어쩌면 마하트마 간디(Mahatma Gandhi)의 말처럼, 평화로 가는 길은 따로 정해져 있는 것이 아닌지도 모른다. 평화를 추구하는 그 자체가 길일 뿐! 역사적 결과가 해피엔딩에 이르지 못했고 티에유와 모나의 힘겨운 노력이 궁극적인 결실을 얻지 못했지만 관객들의 마음에 '따스함'이 남는 것은 두 사람의 과정이 그들 자신을 위한 것이 아닌 '서로를 마주 보고 있던 두 아이'를 위한 것임을 알기 때문이다. 더 많은 사람들이 티에유와 모나처럼 상상할 수 있었다면, 더 멀리 보이는 지평선을 향해 나아갈 수 있는 용기와 의지를 갖출 수 있었다면, 눈앞에 놓여 있는 현세대의 이익이 아닌 다음 세대의 평화를 위해 희생할 수 있었다면, 현재의 결과는 달라졌을지도 모른다. 우리에게 '돌진할 수 있는 용기'가 필요한 것은 바로 그 때문이 아닐까?

* 본 글은 2018.10.12.~2018.11.04. 명동예술극장에서 공연된 국립극단의 연극 〈오슬로〉를 관람한 후 작성된 칼럼입니다.

'소통'과 '사유'를 갈구하는
또 하나의 '예술작품'

연극 〈레드〉

오래된 체육관처럼 보이는 스튜디오, 축음기 주변으로 정돈되지 않은 채 쌓여 있는 레코드판들, 각기 다른 색깔의 물감이 담겨 있는 양동이들, 테레빈유가 담겨 있는 양철통, 계란 껍질과 붓이 나뒹구는 테이블, 구식 전화기와 휴대용 버너, 그리고 위스키가 담긴 술병들… 검붉은 색으로 바닥이 물든 작업실에는 여러 개의 그림을 동시에 올리거나 내릴 수 있도록 도르래가 설치된 거대한 그림들이 무대 뒤쪽으로 걸려 있다. 작은 페인트 점들이 여기저기 묻어 있는 낡은 옷을 입은 화가는 무대 앞쪽으로 나와 관객들을 향해 시선을 고정한 채 유심히 바라본다. 그의 손에는 담배가 들려 있다.

2010년 토니상 6개 부문 최다 수상에 빛나는 미국 극작가 존 로건(John Logan)의 연극 〈레드(Red)〉의 무대는 희곡에 이렇게 묘사되어 있다. 화가는 관객들 쪽으로 '그림'이 있다고 가정하고, 두꺼운 안경 너머로 그림을 관찰한다. 관객들은 화가가 고정된 시선으로 뚫어져라 보고 있는 것이 자신들임을 발견하고 당황스러움을 느낀다. 그가 바라보고 있는 것이 어떤 '그림'인지 궁금해질 때쯤 조수로 보이는 20대

초반의 청년이 문을 열고 들어선다. 첫날 면접이라도 보는 듯 잔뜩 긴장해 어색하게 말을 건네려던 청년을 막아서며 화가가 갑자기 묻는다. "뭐가 보이나?" 막 대답하려는 청년을 막아서며 화가는 또 이렇게 외친다. "가까이 다가서야 해! (…) 더 가까이! 이런, 너무 가깝잖아! 거기! 거기에서 그림이 자신을 펼치도록 놔둬! 그림이 팔을 벌려 너를 감싸 안도록 내비려 두란 말이다! 네 시선이 닿지 않는 곳까지 그림이 채울 수 있도록. 그래서 그림 말고는 그 어떤 것도 존재하지 않게! (…) 그림이 자신의 역할을 다 하도록 내버려 둬! 하지만 함께 움직여야 해. 중간에서 만나라고! 적극적으로 관계를 맺어! (…) 자, 이제 뭐가 보이나?"

화가가 이토록 강렬하게 그림과 소통하는 법을 설명하는 동안 화가와 청년이 계속 응시하고 있는 것은 다름 아닌 '관객'이다. 다짜고짜 목소리를 높이며 답답하다는 듯 그림을 제대로 감상해보라고 외치는 화가 앞에서, 어쩔 줄 모르는 청년의 고정된 시선 앞에서, 관객들은 자연스럽게 해석되어야 할 '그림'이 되고, 이해되어야 할 '존재'가 되며, 중간 어디쯤에서 만나야 할 '소통자'가 된다. 화가와 청년은 관객들을 바라보며 '그림'에 대해 이야기하지만, 사실 관객들의 입장에선 자신에게 담긴 '의미'를 표현하고 전달하기 위해 나름의 '빛'을 발하며 관람자의 시선과 하나가 되어야 할 '그림'은 〈레드〉라는 제목의 연극이다. 무대에서 청년을 향해 외치는 화가의 주문사항은 관객들이 연극 〈레드〉를 감상하기 위해 행해야 할 태도이자 절차이기도 하다. 결국 화가를 연기하는 배우는, 아니 연극 〈레드〉를 쓴 극작가는 자신이 펼쳐내고 있는 '예술'에 몰입하고 함께 호흡하며 진정으로 소통할 수 있는 '관객'을, '관람자'를 원하고 있는 것이다.

2019년 1월, '색면추상'의 대표자이자 '20세기 최고의 추상표현주의 자'라 불리는 마크 로스코(Mark Rothko)의 일화를 담은 연극 〈레드〉의 다섯 번째 재공연이 펼쳐졌다. 2011년 국내 초연 후 많은 사랑을 받아온 연극 〈레드〉는 로스코의 '시그램 벽화(Seagram Murals)'를 둘러싼 일화를 바탕으로 "붓질 하나하나에 비극이 담겨 있다"고 말했던 로스코의 예술관과 삶, 관객들 자신의 삶과 새로운 흐름 앞에 선 우리의 자세를 돌아보도록 만드는 작품이다. 연극 〈레드〉의 극작가인 로건은 영화 〈글래디에이터(Gladiator)〉와 〈에비에이터(The Aviator)〉, 조니 뎁 주연의 영화 〈스위니토드(Sweeney Todd)〉, 〈스타트렉: 네메시스(Star Trek: Nemesis)〉, 〈007 스카이폴(Skyfall)〉 등의 시나리오 작가로 더 유명하다. 노스웨스턴대학 시절부터 극작가로서의 면모를 드러냈던 로건은 1985년 "세기의 범죄(crime of the century)"로 알려진 '레오폴드와 롭의 시카고 납치 살인사건'의 실제 재판을 다룬 연극 〈네버 더 시너(Never the Sinner)〉로 극작가로 데뷔했다.

〈레드〉는 로건의 4번째 연극 작품으로 2007년 스티븐 손드하임(Stephen Sondheim)의 뮤지컬 〈스위니토드〉의 영화 작업을 위해 런던에 방문했을 당시 우연히 '테이트 모던 갤러리(Tate Modern)'에 들렀다가 로스코의 9점의 그림을 보고 깊은 감명을 받아 1년여에 걸친 자료조사와 연구 끝에 완성되었다. 로건은 《타임아웃 시카고(Time Out Chicago)》와의 인터뷰에서 시그램 벽화들을 처음 봤을 때의 '충격'을 이렇게 묘사한다. "나는 벽화들이 있는 방으로 걸어 들어갔고, 심장이 멈추는 것을 느꼈습니다. 사이즈와 강렬함, 그림들이 담고 있는 진지한 무언가가 내 얼굴을 강타하는 것만 같았죠." 이어 그는 자신이 〈레드〉를 쓰게 된 이유를 이렇게 덧붙인다. "로스코는 당대의 유명

건축가 필립 존슨(Philip Johnson)으로부터 혁신적인 건물 '시그램 빌딩'의 최고급 레스토랑 '포시즌즈(The Four Seasons)'의 벽을 채울 작품 시리즈를 의뢰받았습니다. 하지만 그는 레스토랑을 방문한 후 그곳을 찾는 부유한 고객층들에게 환멸을 느껴 돈을 돌려주고 그림들을 보관하기로 결정했죠. 명확하게 어떤 변화가 일어났다고 볼 수 있습니다. 극작가들이 찾는 것은 바로 그러한 '변화의 순간'에 있는 인물들입니다."

  로스코에 관한 책을 쓴 아니 코엔 솔랄(Annie Cohen-Solal)에 따르면, 시그램사가 제안한 포시즌즈 레스토랑 개별 룸에 걸 연작 그림의 대가는 당시 화가에게 주어진 전례가 없던 천문학적 금액인 3만 5천 달러였고, 선불금만 7천 달러에 달했다. 그녀는 "시그램 프로젝트가 로스코에게 분명 아주 중요한 시기로 진입하는 전기를 마련했다"고 평가하는데, 1958년 뉴욕의 스튜디오에서 작업할 당시 "통일되고 조화로운 그림으로 감상자에게 오랜 여운을 남길 공공의 장소를 위한 그림"을 만들겠다는 생각이 8개월 후 "뉴욕의 가장 부유한 작자들이 와서 밥을 먹고 으스댈 공간을 위한 작업으로 씨름하는 일은 두 번 다시 없을 것"이라는 부정적인 감정을 토로하는 방향으로 바뀌었기 때문이다. 로스코는 시그램사와의 계약을 돌연 파기하기 전 가족과 함께 떠난 유럽 여행에서 우연히 만나게 된 저널리스트 존 피셔(John Fisher)에게 자신이 그 레스토랑에서 식사하는 "모든 부유한 사람들의 식욕을 망쳐놓을 무언가"를 그리고 싶은 "악의적인 의도"를 품었던 것이 사실이고, "일종의 도전"으로 받아들였지만 결국 깨달은 것은 "그 어떤 그림도 공적인 장소에 진열되어서는 안 된다"는 사실이라고 밝혔다.

어떻게 보면 "모든 문과 창문이 벽돌로 꽉 막힌 방에서 감상자가 할 수 있는 것이라곤 계속해서 벽을 들이박는 것밖에는 없게끔 만들고 싶다"던 로스코가 음식을 먹는 것이 가장 중요한 목적이기에 사실상 그림은 '장식의 역할'로 기능할 수밖에 없는 고급 레스토랑의 벽화를 작업하려 했다는 것 자체가 '모순'이었는지도 모른다. 관람자의 모든 정신이 그림에 사로잡혀서 먹는 것도 잊은 채 알 수 없는 세계로 빨려 들어가 '비극적 삶'에 대한 사유를 경험할 수 있기를 바랐던 화가가 인정할 수밖에 없었던 것은 '예술과의 소통'에 있어 진정 중요한 것은 '수용자의 열린 태도와 적극적으로 이해하려는 마음, 의미를 해석하려는 노력'이라는 사실이 아니었을까?

로건은 시그램 프로젝트를 진행하는 동안 화가인 로스코가 번뇌하고 갈등했을 모든 내면의 생각들을 연극 속에 효과적으로 드러내기 위해 로스코의 조수이지만 그와는 전혀 다른 인물인 '켄(Ken)'을 창조해낸다. 로건에 따르면, 켄은 변화하는 세상과 쏟아져 나오는 젊은 예술가들로 인해 언젠가는 자신도 새로운 흐름에 떠밀려 사라지게 될 것이라는 로스코의 "내적 불안감"을 형상화해낸 인물이라 할 수 있다. 켄은 로스코의 다음 세대인 '팝 아트(Pop Art)'의 대표 격으로 창조된 인물이며, 로버트 라우센버그(Robert Rauschenberg), 재스퍼 존스(Jasper Johns), 앤디 워홀(Andy Warhol)과 같은 예술가들의 생각을 대변한다. 로건은 새로운 경쟁자가 등장해 전임자를 살해하는 방식으로만 숲의 명맥을 이어나가는 신화를 다룬 제임스 프레이저(James George Frazer)의 『황금 가지』의 서사에 켄과 로스코의 관계를 배치시킨다. 로스코는 한 세대가 다음 세대에 의해 '전복'되고 '소멸'되는 흐름에 대해 이렇게 말한다. "우리는 큐비즘(Cubism)을 짓밟아 숨통을 끊어버렸지! 이제는 아무도 입체파 그림을 그리지 않아. (…) 자식은 아버지를 몰아내야 하는 법이야. 존경해야 하지. 하지만 살해해야 해!" 그것을 '즐겨야 하냐'는 켄의 질문에 로스코는 또다시 대답한다. "그것은 중요하지 않아. 그저 담대하게 해내는 거지. 미술에서 용기란 텅 빈 캔버스와 맞서는 게 아냐. 마네(Édouard Manet)와 벨라스케스(Diego Velázquez)에 맞서는 거지. 우리가 할 수 있는 일은 전에 있던 것을 지나 지금의 것으로 나아가고, 앞으로 있을 것을 미약하나마 넌지시 알려줄 수 있기를 바라는 것뿐이야!"

흥미로운 점은 "오늘에 대해 잘 아는 것이야말로 미래에 대한 최선의 준비책"이라고 주장하면서, 로스코 자신 역시 전통적인 화가들과 반대되는 정체성을 추구하고 '다양성'과 '새로움'을 외쳤음에도 켄으로 대변되는 새로운 세대가 호응하고 펼치는 새로운 예술에 대해서는 매우 고집스럽고 완고한 반응을 보인다는 사실이다. 로스코가 쏟아내는 말 가운데 가장 많이 반복되는 단어는 "틀렸어!"나 "아니야!"이다. 그는 젊은 시절 자신에게 영감을 불어넣어 주었던 앙리 마티스(Henri Matisse)의 "놀라운 레드의 심연"과 더 이상 마주할 수 없을 만큼 '불안' 속에 빠져있다. 그는 "언젠가 블랙이 레드를 삼켜버릴" 두려움에 떨며 시간을 멈춰보려 안간힘을 쓰고, "블랙을 레드로 만들겠다"면서 발버둥 치는 자신을 인식하고 있지만 그 진실을 켄이 지적하는 것을 참을 수 없어 한다.

사실 포시즌스 레스토랑은 감상자와의 "공감"에 의해서만 숨을 쉴 수 있고 관람자에게 불안과 슬픔, 비극에 대한 사유를 불러내도록 창조된 예술을 '장식'으로 전락시키는 공간의 '전형'이라 할 수 있다. 이 때문에 로스코의 시그램 벽화 작업에 대한 결정이 '자기기만적 행위'임을 켄이 지적하는 순간, 두 사람은 가장 맹렬한 싸움에 돌입하게 된다. 켄은 말한다.

"위선을 인정하세요! (…) 예술의 상업주의를 비난하지만 돈을 받았잖아요. 그림을 위해 명상과 경외로 가득한 예배당을 만드는 거라고 자신을 속일 수 있겠죠. 하지만 현실은 돈 많은 갑부들을 위한 또 하나의 장식품을 만드는 것뿐이라고요!"

켄은 자신이 과소평가되었다고 느끼는 로스코의 '불안'과 자신의 위대함을 드러내고픈 '허영'이 시그램 벽화 작업을 하도록 만들었다고 주장한다. 그는 외친다. "모든 게 그렇게 진중하고 중요하기만 할 수는 없어요! 세상 모든 사람들이 가슴에 사무치고 영혼을 들추는 그림을 좋아하는 건 아니라고요! 정물화, 풍경화, 수프 캔이나 만화 같은 것을 원하는 사람들도 있어요! (…) 선생님한테는 그 어떤 것도 충분하지가 않은 거죠! (…) 그림을 가질 자격이 있는 사람이 있기는 한 가요? 선생님 그림을 가지려면 도대체 얼마나 고귀해야 하나요?" 그는 더 이상 '공감'하면서 그림을 봐줄 수 있는 관람자가 존재하지 않는다는 우울과 비관이 로스코로 하여금 '희망'을 잃게 만들었고, 그래서 정말로 "블랙이 레드를 삼켜버린 것"이라고 말한다. 좀처럼 가까워지지 않던 로스코와 켄의 관계는 5개의 장면으로 구성된 극본 안에서 마치 난해한 그림을 이해할 수 없던 관람자가 점점 무언가를 이해하게 되고, 부정하고 맞서면서 극복하고 자신만의 해석을 품듯 발전하고 대립하며, 투쟁하고 수용한다. "아버지도 아니고, 랍비도 아니며, 정신과 의사도, 친구도, 선생도 아닌, 고용주일 뿐"이라고 강조하던 로스코는 어느새 자신을 도발하는 아들과 갈등하는 아버지이자 "시대에 뒤처지지 않으려고" 포효하는 구세대로 자리하게 된다. 하지만 물과 기름처럼 섞일 수 없어 보이던 로스코와 켄의 관계는 반복되는 말싸움과 감정적 갈등에도 불구하고 조금씩 변화하며 나아간다.

로건은 로스코와 켄의 관계는 자신과 아버지 사이의 경험에서 도출된 것이기 때문에 연극 〈레드〉는 "무게감 있는 대뇌작용을 요구하는 지적인 극"이지만 동시에 "가족극(Irish family play)"임을 강조한다. 서로를 이해하지 못하지만 그 바닥에 놓여 있는 감정은 '애정'이라는 점에서, 또 서로를 공격하거나 상처 주고 싶어서가 아니라 생각이 다르기 때문에 상처를 주게 된다는 점에서 '부자관계'나 다름이 없다는 것이다. 앞으로 나아가기 위해 이전 세대를 넘어서야 하는 켄과 다음 세대에게 자리를 내어주지 않기 위해 분투하는 로스코의 갈등은 사실상 로스코가 주장해온 "맹렬한 감정과 이성 사이의 조화, 디오니소스와 아폴론의 완벽한 균형"을 추구해나가는 과정이라고 할 수 있다. 계속되는 불균형에 시달리면서도 서로가 소멸되지 않기 위해 변화를 향해 나아가는 일종의 '움직임' 말이다. 하지만 그림과의 완벽한 교감을 꿈꾸는 로스코는 실제 인간과의 '소통'에 있어서는 서툴기만 하다. 그는 7살 때 부모가 살해당한 장면을 목격한 켄이 느꼈을 '고통'에 공감하지 못하며, 켄의 결핍 또한 동정하거나 연민하지 않는다. 로스코는 오히려 켄과 거리를 두고자 애쓴다. 그는 도자기에 유약을 바르듯 캔버스를 몇 겹씩 덧칠하는 노력으로 이미지를 만들고, 시간의 흐름 속에 남겨진 자취들로 '광채'를 간직하는 '그림'은 창조하면서도 사람과 사람 사이의 진정한 '관계'를 숙성시키지 못하는 아이러니를 보인다.

'소통'은 일방적인 요구와 억압일 수 없다. '관계'가 생기면 상대가 요구하는 것 속으로 들어가야만 하고, 상대를 이해하기 위해 모든 감각을 곤두세워야 하며, 그 느낌을 분석하고 해석하기 위해 끊임없이 두뇌를 움직여야만 한다. 사람과 사건보다 사상과 생각에 관심을 보이던 로스코는 켄과의 관계 맺음과 갈등을 통한 사유의 과정 속에서 "말라붙은 피 색깔"로 빛을 발하는 붉은 캔버스가 누군가에게는 '비극'을 떠올리도록 만들지만 다른 누군가에게는 '열정'을 느끼도록 만들 수 있다는 사실을 깨닫는다. 로스코는 누군가에게는 '블랙'이 죽음을 의미하지만 다른 누군가에게는 '화이트'가 죽음을 의미할 수 있다는 다양성을 받아들이기 시작한다. 그는 깨닫는다. 소통에 있어 필요한 것은 관람자의 안목이나 관람자를 압도할 만큼 위협적인 예술의 위대함이 아니라 "변화하고 움직이며 숨을 쉬는 그림"이 관람자들의 삶에 닿아 각자의 '감성'과 '공감' 속에 새롭게 이해될 수 있는 가능성의 공간을 마련하는 일이라는 사실을 말이다.

연극 〈레드〉 속 로스코의 대사들 중 오직 절반만 실제 사실에 근거했을 뿐 나머지 절반은 모두 자신의 창작임을 밝히는 로건은 처음부터 이 이야기는 '연극'으로만 구현되어야 한다고 생각했다고 말한다. 예술이 관람자의 심장을 멎게 하고 '생각'하도록 만들어야 한다는 로스코의 신념이 "90분의 시간을 전력질주"하며 등장인물 사이의 "직접적인 교전"을 만들고 관객들의 '생각'을 파고들어야 하는 '연극'이라는 예술장르의 목표와 맞아떨어지기 때문이다. 로스코가 자신의 그림들을 위한 '성스러운 곳'을 원했듯 자신의 연극이 '극장'이라는 성스러운 곳에서 펼쳐지길 바랐다는 로건은 이렇게 덧붙인다. "극장은 포용하고, 환영하며, 연민으로 격려하고, 친절로 감싸 안는 그런 곳이다.

또한, 이곳은 다른 어떤 곳보다 '생각'이 중요한 곳이다." 연극 〈레드〉는 분명 극작가 존 로건이 마크 로스코라는 위대한 거장에게 보내는 '헌사'이며, 관람자들로부터 '공감'되기를, '소통'되기를, '사유'라는 확장을 통해 변화로 나아갈 수 있기를 고대하는 또 하나의 예술작품, 즉 '그림'이라 할 수 있을 것이다.

* 본 글은 2019.01.06.~2019.02.10. 예술의전당 자유소극장에서 공연된 연극 〈레드〉를 관람한 후 작성된 칼럼입니다.

  인간은 언제부터 '거짓'을 말하기 시작했을까? 인간이 '거짓'을 말하기 시작한 것은 자신을 위해서였을까 아니면 상대를 위해서였을까? 이스라엘의 역사학자 유발 하라리(Yuval Harari)에 따르면, 인간의 '거짓말'이라고 해서 다른 동물에 비해 특별할 것은 없다. 녹색원숭이와 침팬지도 자신의 이득을 위해 상대를 속이고 맛있는 과일을 가로채는 '거짓말'을 하기 때문이다. 인간의 특별함은 '실재하지 않는 것'을 믿을 수 있는 상상력과 무한한 개수의 문장을 생산함으로써 엄청난 정보를 전달하는 유연한 언어 능력에 있을 뿐, 상대를 속여 자신이 원하는 것을 손에 넣는 '거짓말의 기술'은 인간에게만 존재하는 것이 아니다. 하지만 인간은 다른 이의 거짓말에 '상처'를 입는다. 그리고 '진실'을 추구한다. 뿐만 아니라 진실이 무엇인지 알면서도 그 혹독함과 고통을 피하기 위해 일부러 '거짓'을 선택하기도 한다.

  인간은 왜 진실을 추구하면서도 거짓을 선택하는 모순을 행하는 것일까? 17세기 스페인의 철학자 발타사르 그라시안(Baltasar Gracián)의 말처럼 "어떤 때에는 나 자신 때문에 또 어떤 때에는 다른 사람 때문에” 진실을 말할 수 없게 되는 것일까? 아니면 독일의 철학자 프란츠 요제프 베츠(Franz Joesf Wetz)의 말처럼 “삶의 충격을 완화하고 불안과 스트레스를 줄이거나 자신의 부족함을 견디기 위해” 인간에게는 거짓말이라는 능력이 필요한 것일까? 어찌 되었건 우리 모두가 동의할 수 있는 한 가지는 ‘모든 거짓말이 항상 나쁜 것은 아니라는 점’이다. 때로 거짓은 용기가 필요한 누군가에게 격려와 지지를 선물하기도 하고, 위험으로부터 자신을 지킬 수 있는 보호막이 되어주기도 하며, 실수로 망가질 위기에 처한 관계를 회복할 수 있는 기회를 선물하기도 한다. 이 때문에 베츠는 『불륜예찬』에서 “사람들이 항상 정직하고 서로 솔직하며 어떤 위장이나 감정의 통제도 없이 적나라하게 사실만을 말한다면 세상은 ‘대혼란’이 일어날 것”이라고 주장한다. “융통성 없는 정직이 모든 덕목에 우선한다”는 생각은 논란의 여지가 많음을 지적하는 베츠는 “사람은 거짓말로 상대방을 속이는 경향이 있다”고 덧붙인다.

2018년 11월, ‘연극열전 7’의 세 번째 작품으로 연극 〈진실 × 거짓〉이 관객들에게 소개되었다. “동시대 프랑스 연극을 대표하는 극작가”일 뿐 아니라 “유럽 전체가 주목하는 가장 핫한 작가”라 일컬어지는 플로리앙 젤레르(Florian Zeller)의 연극 〈진실(La Vérité)〉과 〈거짓(Le Mensonge)〉은 불륜에 빠진 두 부부의 진실과 거짓, 사랑과 결혼, 관계를 둘러싼 철학적인 문제들을 ‘블랙 코미디(black comedy)’ 형식으로 풀어낸 연작 작품이다. 2002년 22세의 젊은 나이로 ‘아셰트 문학상’을 수상하며 소설가로 데뷔한 젤레르는 2004년 이슬람과 서구의 관계를 다룬 소설 『악의 매력』으로 많은 논쟁을 불러일으키며 프랑스 4대 문학상 중 하나인 ‘앵테랄리에상’을 수상했다. 25세가 되기도 전에 이미 프랑스의 유명인사가 되어버린 젤레르는 2014년 '몰리에르상'을 수상한 자신의 극 〈아버지(Le Pére)〉의 영국 공연을 앞두고 《더 스테이지(The Stage)》와의 인터뷰에서 "어떤 일들은 마치 천직처럼 찾아온다"고 말했다. 오페라의 '리브레토(libreto)'를 써달라는 요청을 받은 후 처음 극장에서 라이브 퍼포먼스를 접하게 되었다는 젤레르는 "그러한 마술적인 세상"이 존재한다는 사실에 충격을 받았으며 "소설가라는 고독한 존재가 더 이상 매력으로 느껴지지 않았다"고 밝혔다. 그는 무엇이 되었건 "공유되지 않는다면 아무런 의미가 없는 예술"의 속성을 언급하며 "극장은 질문을 위한 곳이지 답을 위한 곳이 아님"을 강조했다.

2004년 연극 〈타인(L'Autre)〉을 시작으로 많은 관심과 호평 속에 꾸준히 희곡 작품을 발표해온 젤레르는 2010년 〈어머니(La Mére)〉와 2012년 〈아버지〉를 연작 형태로 선보인 데 이어 2011년 연극 〈진실〉에서 제기된 문제들을 2015년 연극 〈거짓〉을 통해 좀 더 발전된 형태로 선보이는 '두 번째 연작'을 감행했다. 이에 '연극열전 7'은 4년이라는 시간을 두고 따로 발표된 두 작품을 〈진실 × 거짓〉이라는 하나의 제목으로 엮어 관객들이 두 개의 작품을 연달아 보거나 각기 따로 하나씩만 볼 수 있도록 여러 선택이 가능한 프로그램을 구성했다. 젤레르는 2015년 《이브닝 스탠다드(London Evening Standard)》와의 인터뷰에서 일종의 연작 형태로 짝을 이루어 선보이는 극작 방식에 대해 "사람들이 자신들이 있는 곳이 어디인가를 생각해보도록 만드는 방식"이라고 설명했다. 자신이 서 있는 곳이 어디인지, 어떤 입장을 취하고 있는지 제대로 인식할 때에야 비로소 모든 것을 명확하게 볼 수 있다고 말하는 젤레르는 한 가지 문제의 다른 측면과 다른 논의들을 들여다

볼 수 있도록 만드는 이러한 방식이야말로 관객들로 하여금 질문을
던지도록 만든다고 주장한다.

　영국의 극작가 해롤드 핀터(Harold Pinter)의 1978년 연극 〈배신
(Betrayal)〉과 상당한 유사성을 보이는 〈진실〉은 실제로 젤레르가 핀터
의 작품 속에 녹아 있는 "블랙 코미디적 글쓰기"로부터 영감을 받아
창작된 극이다. 젤레르에 따르면, 일종의 '놀이'이자 '유희'라 할 수 있
는 '블랙 코미디'는 관객들이 "자신이 알고 있다고 생각하지만 사실은
모르는 것들"을 노출하기에 가장 적절한 방식이다. 희곡 『진실(The
Truth)』의 에피그라프(epigraph)에는 핀터의 『배신』의 구절 외에도 프
랑스의 계몽 사상가 볼테르(Voltaire)의 말이 인용되고 있는데, "거짓
은 오직 상대를 해할 때에만 죄가 될 수 있다. 거짓이 이로움을 꾀할
때에는 매우 훌륭한 미덕이 될 수 있다"는 볼테르의 말은 연극 〈진
실〉뿐 아니라 연극 〈거짓〉을 관통하는 공통의 주제가 된다.

　연극 〈진실〉은 '미셸(Michel)'과 '로렌스(Laurence)', 그리고 '폴(Paul)'과
'알리스(Alice)'라는 두 부부를 중심으로 서로 얽히고 속이며 감추는
불륜 관계의 속내에 관한 철학적인 질문들을 던진다. "진실을 숨기는
것의 이점과 진실을 밝히는 것의 단점"이라는 부제를 통해 암시되는
연극 〈진실〉의 문제제기는 부부 혹은 친구 관계에 있어 '진실 혹은 거
짓이 어떤 역할을 하며 어떤 의미를 지니는가?'에 대한 진지한 고민들
로 이어진다. "형제와 다름없는 절친"의 아내 알리스와 불륜 관계를 8
개월째 유지하고 있는 미셸은 자신의 아내 로렌스를 향해서도, 친구
폴을 향해서도 철저하게 '거짓'으로 일관할 뿐 한 번도 죄책감을 느낀
적이 없다. 만날 때마다 자신의 남편 폴에 대한 얘기를 아무렇지도 않

게 늘어놓고 최근 부당해고를 당한 폴을 진심으로 걱정하며 "회사의 비윤리적 행태"에 분노하는 미셸을 향해 알리스는 '죄의식'을 느낀다고 말한다. 하지만 "죄의식의 쓸데없음"을 주장하는 미셸은 알리스에게 자신은 그러한 감정을 싫어한다고 대답한다. 호텔에서의 짧은 만남에서 벗어나 좀 더 오랜 시간을 함께 보낼 것을 요구하는 알리스를 향해 펄쩍 뛰며 회의 시간에 늦었다면서 서둘러 나가려던 미셸은 막상 알리스가 헤어질 것을 선언하자 몸이 아프다는 핑계를 대며 회의를 취소하고 그 무엇보다 알리스와 자신의 관계가 중요함을 강조한다.

첫 장면부터 미셸과 알리스의 모습은 '모순'으로 가득 차 있다. "거짓말이 지긋지긋하다"고 말하면서도 남편을 속이고 미셸과 1박 2일의 밀월여행을 계획하는 알리스나 친구를 갑자기 해고한 회사의 "윤리적 행태"를 따지면서도 자신이 친구를 배신하고 있다는 사실에는 전혀 죄책감을 보이지 않는 미셸의 도덕적 모순은 황당하고 어이없지만 오히려 웃음을 자아낸다. 아내에게 갑자기 출장을 가게 되었다고 거짓말을 하던 미셸은 자신이 회의를 취소했던 날 우연히 쇼핑센터에서 그의 동업자 질리언(Guillon)을 만났다는 아내 로렌스로 인해 진땀을 빼기 시작한다. 아파서 집에 누워있다는 거짓말을 한 채 도대체 어디를 갔던 것인지를 추궁하는 아내를 향해 온갖 거짓말로 변명을 늘어놓던 미셸은 더 이상 물러설 곳이 없게 되자 "20년 동안 충실한 결혼생활을 해온 나를 못 믿는 것이냐"며 발끈 화를 낸다. 우여곡절 끝에 아내의 의심을 종식시키는 데 성공한 미셸은 결국 알리스와 1박 2일의 여행을 떠난다. 하지만 숙모집에 간다고 거짓말을 한 아내 알리스를 의심한 폴이 전화를 걸어 숙모와 통화할 것을 주장한다. 알리스는 남편을 안심시키기 위해 어쩔 수 없이 미셸로 하여금 숙모의 목소리를 흉내 내어 전화 통화를 하도록 만든다. 친구의 아내와 바람피우는 것을 들키지 않기 위해 나이 든 숙모 흉내를 내며 즉흥적으로 거짓말을 꾸며대는 미셸의 모습은 관객들의 폭소를 자아낸다. 전화를 끊고 난 후 알리스는 더 이상 '끝없는 거짓말' 속에 살 수 없는 자신을 인식한다. 남편 폴에게 모든 '진실'을 털어놓겠다고 말하는 알리스를 향해 미셸은 이렇게 말한다. "당신은 거짓말을 하고 있는 게 아니야. 낭신은 그저 진실을 말하지 않고 있을 뿐이라고. 그건 전혀 다른 거야! (…) 진실이 뭐지? 심지어 철학자들조차 그 질문에 답할 수 없었다고!"

미셸은 "거짓을 말하는 것이 자신을 좀먹는다"는 사실을 이해하지 못한다. 그는 거짓은 "상대를 보호하기 위한 것"이며, 오히려 양심의 부담을 덜어내기 위해 진실을 밝히는 것이 "이기적인 행위"라고 말한다. 사람들이 서로에게 거짓말을 하는 것을 멈춘다면 "이 세상에 남아날 부부는 단 하나도 없다"고 외치는 미셸은 거짓의 끝은 곧 "문명의 끝"을 의미하며 자신이 폴에게 거짓말을 하는 것은 "그를 사랑하기 때문"이라고 주장한다. 하지만 "절대로 진실을 밝히지 말 것"을 강조하는 미셸의 위선적인 모습은 사실상 친구인 폴이 자신과 알리스의 관계에 대해 이미 알고 있었으며 오래전부터 아내 로렌스와 불륜 관계였음을 털어놓는 장면에서부터 표출되기 시작한다. 알리스가 폴에게 모든 진실을 털어놓았을 뿐 아니라 폴은 이미 6개월 전부터 두 사람의 관계에 대해 알고 있었고 자신의 아내 로렌스 역시 이 모든 사실을 알고 있다는 사실은 미셸로 하여금 매우 비이성적인 반응을 보이도록 만든다. 그는 자신만 '진실'을 모르고 있었다는 사실에 과도하게 흥분할 뿐 아니라 자신의 친구와 아내가 매우 오랜 시간 동안 자신을 속여왔다는 사실에 분노하고 절망한다. 그는 폴이 자신에게 '진실'을 말하지 못한 이유가 자신이 알리스와 바람을 피우기 훨씬 이전에 폴이 먼저 그의 아내 로렌스와 바람을 피웠기 때문이고, 이 모든 잘못된 관계들을 자신을 제외한 다른 모든 사람이 알고 있었다는 사실에 엄청난 충격을 느낀다.

젤레르는 연극 〈진실〉의 초점을 두 부부의 복잡한 불륜 관계에 두지 않는다. 그는 관객들이 '거짓'의 중요성을 주장하던 미셸이 자신을 보호하기 위해 진실을 숨긴 거짓 앞에서 보이는 '이중성'에 주목하도록 만든다. 자신은 상대를 위해 거짓말을 할지라도 상대는 자신에게 진실만을 말할 것을 바라는 인간의 모순은 사실상 모든 관객의 내면에 자리한 '이중성'이기 때문에 관객들은 미셸을 향해 무조건 돌을 던질 수 없는 자신을 발견하게 된다. 질문은 관계 유지를 위해 필요한 거짓말, 알면서 속는 거짓말, 몰라서 속는 거짓말, 그리고 '진실을 알 필요'의 문제로 거슬러 올라간다. 상대의 거짓이 밝혀질 때 아픈 것은 '진실' 때문일까, 아니면 자신이 바보였다는 인식에서 오는 '자괴감' 때문일까? 무너져 내린 '신뢰' 때문일까, 아니면 빼앗겨 버린 '선택' 때문일까? 관계 유지에 있어 우리에게 보다 필요한 것은 과연 진실일까, 거짓일까?

연극 〈진실〉이 던져놓은, 해결되지 않은 질문들은 연극 〈거짓〉을 통해 또 다른 측면들을 펼쳐 보인다. 〈거짓〉 역시 '알리스'와 '폴', '로렌스'와 '미셸' 두 부부가 등장한다. 알리스와 폴의 집에서 두 부부의 저녁 식사 파티가 있던 날, 알리스는 쇼핑을 하다가 우연히 다른 여자와 키스를 하고 있는 미셸을 목격하게 된다. 불편한 마음을 감출 수 없는 알리스는 저녁 식사 약속을 취소할 것을 주장하지만 폴은 굳이 다른 부부의 '진실'을 밝혀 분란을 일으키고 그들의 '관계'에 끼어들 필요가 없음을 강조한다. 알리스는 자신의 친구나 다름없는 로렌스에게 자신이 본 '진실'을 말해야 할 의무를 느낀다며 '필요'를 주장하지만 폴은 오히려 '친구'이기 때문에 배려의 마음으로 '진실'을 숨겨야 한다고 응대한다. 두 사람이 옥신각신하는 사이 로렌스와 미셸이 도착하고, 네 사람은 응접실에 둘러앉아 "도덕적 딜레마"에 관한 논의를 이어 나간다.

관계를 무너뜨리지 않기 위해 '진실을 말하지 않는 것의 필요성'에 관한 논의는 "반드시 모든 것을 알 필요는 없다"며 '지혜'를 강조하는 로렌스와 진실을 말할 경우 불같이 화를 내며 등을 돌려버린 작가들과의 작업 경험을 예로 들며 "사람들은 진실을 원치 않는 경향이 있다"는 미셸의 말이 더해지면서 폴의 견해에 무게가 실린다. 로렌스와 미셸 부부가 돌아간 뒤 흥분을 쏟아내는 알리스를 달래던 폴은 그만 미셸이 다른 여자를 만나고 있다는 사실을 예전부터 알고 있었음을 털어놓는다. 때로 아내를 사랑하면서도 다른 여자를 만나는 경우가 있을 수 있고, 지나가는 바람일 경우 사랑하기 때문에 '거짓'으로 일관할 수 있다는 폴의 말은 알리스를 도발한다. "사랑은 진실하고 순수한 것"이며 "그 어떤 것도 숨기는 것이 없어야 하는 것"임을 강조하는 알리스는 집요하게 남편 폴의 숨겨진 '진실'들을 추궁하기 시작한다.

"모든 것을 이해할 수 있다"는 아내의 말에 속아 자신의 외도 사실을 발설하게 된 폴은 냉랭하게 돌아선 알리스로 인해 결국 거실에서 밤을 지새운다. 다음 날 아침 간절하게 용서를 비는 남편을 외면하고 출근을 서두르던 알리스는 자신 역시 외도를 한 적이 있다는 폭탄선언을 남긴 채 집을 나선다. 하루 종일 전전긍긍하며 그 남자가 누구인지 궁금해하던 폴은 자신을 찾아온 친구 미셸에게 모든 사실을 털어놓는다. 미셸은 알리스가 진실을 말한 폴로 인해 '상처'를 입었기 때문에 그에 대한 "복수(revenge)"를 하고자 '거짓'을 꾸며 폴을 벌주고 있는 것이라 말하며 폴을 설득한다. 폴은 퇴근 후 돌아온 아내 알리스를 향해 자신을 사랑한다면 진실을 말해달라고 애원한다. 그녀는 6개월 전부터 미셸과 만나왔으며 죄책감을 참을 수 없어 3주 전에 헤어질 것을 선포했지만 막상 그가 다른 여자와 키스하는 모습을 보니 화가 났고 끝까지 '거짓말'을 하는 미셸에게 그 사실을 따져 묻지 않을 수 없었다고 고백한다.

젤레르는 진실의 중요성을 설파하던 알리스의 '거짓된 속내'를 드러낼 뿐 아니라 '사랑'을 지키기 위해 진실을 밝히는 일이 '관계'를 얼마나 위태롭게 만들 수 있는지를 보여줌으로써 관객들로 하여금 또 다른 질문에 직면하도록 만든다. 욕망과 사랑 사이에서 위험한 줄타기를 하고 있는 그들이 진정으로 원하는 것은 무엇일까? 그들이 실제로 원하는 것은 진실일까, 거짓일까? 무너져버린 '신뢰'의 벽 앞에서 더 이상 어떻게 해야 할지 모르겠다며 울면서 방으로 들어가 버린 남편 폴을 향해 알리스는 외친다. "당신 그걸 다 믿는 거야? 어떻게 그걸 믿을 수가 있어? (…) 당신이 어제저녁 내내 거짓말에 대한 칭송을 늘어놓으니까 내가 그렇게 지어낸 거잖아!"

결국 부부의 평화는 "서로에게 진실만을 말한다"는 거짓말과 "모든 것이 다 거짓이었다"는 거짓으로 회복된다. 그리고 알리스와 폴, 로렌스와 미셸 두 부부의 '진실'은 무대 위 커튼콜이 끝나고 이어지는 '에필로그(epilogue)' 장면을 통해 관객들에게만 드러난다. 두 부부는 '거짓' 속으로 침몰하지만 대신 '관계'를 유지하고 '평화'를 얻는다.

베츠는 『불륜예찬』에서 거짓말의 우선적인 목표는 상대를 속이는 것이 아니라 "쓸데없는 불안이나 불필요한 질투를 달래기 위한 것"이라고 말한다. "아무런 대책도 없이 진실을 직시하기란 어려운 것"이며 양심의 가책에서 벗어나기 위해 '고백'을 하지만 사실 그것은 상대방이 진실을 알고 싶어 하는지, 그 진실을 견딜 수 있는지와 상관없이 자신이 '거짓'을 오래 지속할 수 없기 때문이라는 것이다. 한편, 거짓말을 "인간 본성의 치욕스러운 오점"이라 여겼던 임마누엘 칸트는 신뢰를 악용하고 위협하며 파괴하는 거짓말이 자신을 신뢰하는 상대를 실망시키기 때문에, 그리고 진실을 높은 덕목으로 여기는 상대의 가치를 무시하기 때문에, 무엇보다 자신에게 일어나는 일을 스스로 결정할 수 있는 상대의 "삶의 결정권"을 빼앗기 때문에 "나쁘다"고 비난한다. 과연 '관계'를 유지하기 위해 '진실'과 '거짓' 사이에서 우리가 선택해야 하는 것은 무엇일까?

어쩌면 '진실이 옳은 것인가, 거짓이 옳은 것인가?'라는 질문이 적합하지 않은 것인지도 모른다. 스스로에게조차 진실하지 못한 인간이 다른 사람과의 '관계'를 이어나감에 있어 중요한 것은 진실도 거짓도 아닌 '선택'과 '책임'의 문제일 것이기 때문이다. 거짓을 믿기로 선택하는 것도, 진실을 수용하기로 선택하는 것도 모두 관계 속에 있는 '개인의 몫'이다. 그리고 언제나 그렇듯 모든 선택에는 결과가 따른다. 핵심은 그 '선택'을 하는 순간 내가 '주체'로 있었는지 '객체'로 있었는지가 아닐까? 인간이 관계를 유지함에 있어 단 하나의 거짓도 없이 진실로만 살아갈 수야 없겠지만 내가 믿기로 선택하지 않은 '거짓'은 그 모습을 드러내기 마련이고 가혹한 '진실'이라는 결과를 남기게 될 것이다. 질문은 결국 하나로 수렴된다. '당신은 그 결과를 감내할 수 있을 것인가?' 우리가 진정으로 감당할 수 없는 것은 상대의 진실이나 거짓이 아닌 관계 속에 자리하고 있던 '신뢰'가 부서지는 '상처'일 것이다.

* 본 글은 2018.11.06.~2019.01.27. 대학로 아트원씨어터 2관에서 공연된 연극 〈진실×거짓〉을 관람한 후 작성된 칼럼입니다.

'놀이'가 되어버린 폭력,
그 속에 숨겨진 잔혹한 진실

연극 〈킬롤로지〉

연극이 '폭력'을 다룰 때 가장 경계해야 할 것은 "폭력이 인간에게 내재된 생물학적 경향"이라는 잘못된 결론에 이르지 않도록 하는 일이다. 1965년 젊은 층의 유아살해를 다룬 연극 〈구원(Saved)〉으로 센세이션을 불러일으켰던 영국의 극작가 에드워드 본드(Edward Bond)는 폭력이 발생하는 상황이 품고 있는 사회 구조의 모순과 개인의 삶에 드리워진 어두운 그림자의 정체를 밝힐 필요성을 강조했다. 그는 "대부분의 폭력이 삶이 불합리하다고 느껴지는 순간에 발생한다"는 점을 고려할 때, "인간 폭력은 불공정에 맞서는 대응방식이라 할 수 있다"고 덧붙였다. 본드는 "이러한 폭력에 대응하는 가장 합리적인 방법은 폭력의 원인을 찾아내어 그 조건을 변화시키는 것"이므로 극작가는 연극이라는 예술을 통해 현재 살아가고 있는 삶의 상황들을 철저히 검토하고, "폭력의 장면으로부터 무엇을 생각해야 할지 제시할 수 있어야 한다"고 말했다.

2018년 봄, 대학로에서는 연극 〈킬롤로지(Killology)〉가 무대에 올랐다. 연극 〈킬롤로지〉는 '새로운 작가들의 등용문'이라 불리는 영국의 로열코트 극장(Royal Court Theatre)과 웨일스를 대표하는 셔먼 씨어터(Sherman Theatre)가 공동으로 제작한 극작가 게리 오웬(Gary Owen)의 2017년 작품으로, 영국에서 3월과 5월에 초연되면서 큰 반향을 불러일으켰다. 2015년 소외된 젊은 여성의 결핍된 삶과 방황, 사회 구조의 문제를 신랄하게 파헤친 1인극 〈스플롯의 이피게니아(Iphigenia in Splott)〉로 '영국 연극상'을 수상한 오웬은 "현재 영국에서 가장 주목받는 극작가"로 일컬어진다. "억압받는 소외계층의 목소리를 대변하는 데 탁월한 재능을 보유했다"고 평가받는 오웬은 폭력과 사회, 개인의 관계를 적나라하게 파헤친 연극 〈킬롤로지〉로 인해 2018년 '웨일스 씨어터 어워드' 최고 극작상과 '로렌스 올리비에 어워드' 작품상을 수상하는 영예를 안았다. '게임을 모방한 살인'이라는 사건을 중심으로 젊은 세대의 폭력을 조장하는 사회 구조의 모순과 '제대로 된 부모 역할의 부재'라는 문제를 흡입력 있게 펼쳐 보인 연극 〈킬롤로지〉는 폭력과 사회, 인간의 관계를 매우 심도 있게 탐구한다.

오웬은 로열코트 극장과의 인터뷰 영상에서 "〈킬롤로지〉는 1995년 '인간은 살인을 본능적으로 거부한다'라는 주장을 펼치며 '살인의 조건화'를 학습시키는 사회의 시스템을 날카롭게 지적했던 데이브 그로스먼(Dave Grossman)의 책 『살인의 심리학』에서 영감을 받은 작품"이라고 설명했다. 오웬은 반복된 시뮬레이션을 통해 '파블로프의 개(Pavlov's Dog)'처럼 무의식적인 조건화 반응을 양산하는 폭력적인 영상과 게임과 같은 것들이 "실제로 '인간을 죽이는 능력'을 향상시킨다면, 우리는 어떻게 해야 할까?"라는 고민에서 출발했음을 밝히며, 관객들을 향해 이렇게 물었다. "폭력을 재현하는 일이 인간을 타락시키고 잔혹한 범죄를 저지르도록 만드는 것이 사실이라면, 우리는 무엇을 할 수 있을까요? 이미 많은 사람들이 폭력의 이미지를 통해 엄청난 돈을 벌고 있으니 이대로 외면한 채 모든 것을 그냥 계속할까요?"

기술 매체의 발달은 아이들이 그 어느 때보다 쉽게 폭력을 모방하고 실행할 수 있도록 만든 '추악한 현실'을 낳았다. '살해학'이라고 번역되는 '킬롤로지(Killology)'는 극 중 전 세계를 사로잡은 화제의 '온라인 게임'이다. 어느 날, 게임 '킬롤로지'에서 사용되는 살해 방식을 그대로 재현한 살인 사건이 발생한다. 여덟 살 여자아이의 자전거를 훔쳐 타고 도로 한복판을 달리던 열여섯 살 남자아이 '데이비(Davey)'는 아버지의 차를 몰고 나온 열아홉 살 불량배들에게 끌려가 게임에서 최고점을 받을 수 있는 잔혹한 방식으로 고문을 당한 뒤 살해된다. 아홉 살 생일 이후 한 번도 아들을 찾지 않았던 아버지 '알란(Alan)'은 법정에서 불량배들이 자신의 아들을 고문하고 살해하던 장면을 휴대폰으로 촬영한 영상이 있음을 알게 된다. "'죽이는 훈련'의 반복적 연습이 몸을 무의식적으로 먼저 반응하도록 만든다"는 연구결과를 발견한 알란은 살인을 교육시키는 게임 '킬롤로지'를 발명한 '폴(Paul)'에게 자신의 아들이 살해당한 것과 똑같은 방식으로 '살인'을 행함으로써 사회의 '악'을 제거하고 '복수'할 것을 결심한다. 극은 알란이 '살인'을 위해 폴의 아파트에 몰래 잠입해 기다리는 장면에서 시작된다. 알란은 관객들을 향해 말한다.

"이제 저는 가만히 앉아서 제가 살해할 사람이 오기를 기다릴 겁니다!"

극은 희생자인 데이비와 아버지 알란, 게임 개발자 폴이라는 세 인물을 중심으로 긴 모놀로그(monologue, 독백) 형식을 이어가며 얽히고 설킨 그들의 관계와 상황을 풀어낸다. 독백은 사건 발생의 흐름을 따르지 않으며, 과거와 현재를 오갈 수 있고, 때로는 '실현되지 않은 미래' 혹은 달라질 수 있었던 현실을 환상처럼 전달하기 때문에 관객들의 '상상력'을 최대치로 끌어올린다. 연극 〈킬롤로지〉는 폭력이 가해지고 실행되는 방식을 무대 위에 직접 구현하는 것이 아니라 인물들의 세세한 묘사를 통해 제공함으로써 관객들이 '보는 것'이 아닌 '듣는 것'에 집중하도록 만든다. 마치 시각을 통해 폭력에 대한 감각이 무뎌지고 마비되는 것을 경계라도 하듯 오웬은 데이비의 입을 통해 전달되는 끔찍한 폭력의 장면들을 관객들이 귀로 들으면서 온몸으로 느끼도록 만든다. 상상력을 방해하는 '시각'이 제거된 '청각'은 대사 한마디 한마디에 집중하도록 만들고, 보다 선명하게 머릿속에 그려지는 장면들이 주는 잔혹함과 고통, 좌절감과 분노는 폭력 자체가 아닌 그 이면에 숨겨진 '폭력이 발생하게 된 궁극적 원인들'을 깨닫도록 만든다.

데이비와 폴은 정반대의 환경 속에서 자라난다. 아이가 태어난 지 18개월 만에 집을 떠난 아버지와 경제적 빈곤 속에 홀로 아이를 키우며 살아온 엄마 사이에서 방치된 데이비는 '아버지'라는 보호막 없이 '외로움' 속에 성장한다. "매일 밤 살아서 집으로 돌아오는 일이 기적"이라 여겨질 만큼 "사이코패스(psychopath)"가 난무하는 학교와 폭력으로 점철된 거리, 그 속에서 아무것도 해줄 수 없는 엄마에게 그 어떤 '진실'도 말할 수 없는 데이비는 스스로를 지키기 위해 무엇을 해야 할지 알 수가 없다. 그에게 유일하게 따스함과 사랑을 일깨우는 존재는 아버지가 아홉 살 생일선물로 남기고 간 보더콜리(Border Collie)종 강아지 '메이시(Maisie)'뿐이다. 열세 살이 된 데이비는 자신을 위협하는 학교폭력에 맞서기 위해 '폭력'을 사용하고 그로 인해 걷잡을 수 없는 위험 속으로 빠져든다. 자신을 지키기 위한 방편으로 선택한 폭력은 그에게 평화와 안전을 가져오기는커녕 '보복'이라는 더 끔찍한 '폭력'으로 되돌아온다. 부당한 현실과 공포 앞에서 자신을 구할 수 없다고 판단한 데이비는 불량배들로부터 자신을 지키기 위해 강아지 메이시를 대신 희생시키는 비겁한 선택을 한다.

죽어가는 메이시를 바라보면서 참을 수 없는 분노와 죄책감, 좌절과 혐오를 경험한 데이비는 폭주하기 시작한다. 불공정한 사회를 향해 치솟는 분노를 가누지 못한 채 그는 자신보다 약한 사람들을 향해 감정을 폭발시킨다. 그를 도와줄 수 있는 어른은 세상 그 어디에도 존재하지 않는다. 상황을 충분히 의심하면서도 더 이상 질문하지 않는 엄마와 경찰들, 해결책을 제공하지도 못하면서 쓸데없이 위로만 건네는 선생님들, 모든 책임을 외면한 채 자신과 엄마의 곁을 떠나버린 비겁한 아버지, 불합리하고 무책임한 세상, 벗어날 수 없는 현실…. 하지만 분노로 인한 폭력은 겨눠야 할 곳으로 흐르지 못한다. 벌주어야 할 것을 벌하지 못하고 바로 세워야 할 것을 세우지 못하는 좌절과 절망은 솟구칠 곳을 찾아 헤매다 결국 엉뚱한 순간에 잘못된 곳을 향해 분출된다. 자신보다 약자인 사람을 향해, 결코 자신을 해하지 않을 사람을 향해서 말이다. 분노를 촉매로 한 폭력은 그렇게 연쇄반응을 거듭하며 알 수 없는 방향으로 돌진한다. 그리고 작용과 반작용의 법칙에 따라 전혀 예상치 못한 방식으로 데이비 자신을 향해 되돌아온다. '킬롤로지'라는 게임의 처참한 살해와 복수의 방식으로 말이다.

모든 일에는 원인과 결과가 있다. 데이비와는 다르게 모든 혜택을 안고 유복한 가정에 태어난 폴은 "하고 싶은 건 뭐든 하라!"는 아버지의 말을 들으며 보호 속에 성장한다. 하지만 폴은 발을 헛딛고 넘어질 때면 언제나 자신을 잡아줄 아버지의 큰 손이 있다는 사실을 지나치게 맹신한 탓에 그 어떤 노력도 하지 않는다. 트래킹을 간 날 밤, 별들을 바라보며 "어둠이란 없어. 원래 다 '빛'인 거야. (…) 넌 저 별에 갈 수 있단다. 넌 뭐든지 할 수 있어!"라고 했던 아버지의 말은 폴의 인생을 왜곡된 방식으로 지배한다. 그는 언제나 '옳은 가치'를 주장하고 나름의 '정답'을 강요해온 아버지를 향해 반발이라도 하듯 학교를 멀리하고 게임에만 빠져 결국 '게임 개발자'가 된다.

스물세 살 생일날, "네가 이따위로 시간을 낭비하지만 않았다면 넌 대단한 사람이 될 수 있었어!"라는 아버지의 비난에 직면한 폴은 자신을 인정하지 않는 아버지를 향해 끓어오르는 모든 '부정적인 감정'을 게임을 통해 분출한다. 게임 캐릭터에 아버지의 사진을 붙여놓고 죽이고 해체하는 일을 반복하던 폴은 갑자기 '유레카!'를 외친다. "유저들이 진짜로 원하는 것은 싸움을 위한 게임이 아니라 살인을 위한 게임이었어요!"라고 말하는 폴은 이 모든 성공의 시작이 '아버지'였다고 말한다. 하지만 '살인에 관한 모든 것'이 들어 있다는 그 게임은 인정받지 못한 아들이 아버지의 '억압'을 향해 느끼는 '분노'에서 출발한 것이라 할 수 있다. 스스로 부당하다고 생각하는 현실에서 폴이 느꼈을 분노는 다른 유저들이 각자의 삶에서 느꼈을 분노를 자극하고, 급기야 인도의 뭄바이(Mumbai)에 사는 한 여자아이가 가장 끔찍한 단계의 살해 방법을 고안하는 결과를 낳는다. 뭄바이의 여자아이는 그 대가로 '킬롤로지' 게임의 수익의 일부를 가져가 자신의 가족들을 먹여 살린다. 아이들은 수익 창출을 위한 '수요'뿐 아니라 심지어 '공급'까지 책임진다. 하지만 폴은 '킬롤로지' 게임의 윤리적 책임을 묻는 질문에 게임이 자신이 행하는 폭력의 결과를 피하지 않고 지켜보도록 만든다는 점에서 오히려 그 어떤 게임보다 "도덕적"이라고 외친다. 그는 실제 현실과 게임을 구분하지 못할 위험성을 묻는 또 다른 질문에 이렇게 답한다.

"사람들은 게임을 하고 있을 때 자신이 게임을 하고 있다는 것을 압니다. 게임에서 돼지가 날아다닌다고 해서 현실에서도 돼지가 날아다닌다고 생각하나요? 현실과 게임의 차이를 모르는 건 그냥 당신이 미친놈이기 때문입니다!"

연극 〈킬롤로지〉는 이 모든 비극의 책임을 무책임하게 아들을 방치한 아버지 알란이나 이상적인 부모라는 자만에 빠져 고집스럽게 자신의 가치만을 강요한 폴의 아버지 탓으로만 돌리지 않는다. 오웬은 사회가 품고 있는 '살해학' 즉, 아이들이 무방비하게 폭력에 노출될 뿐아니라 오히려 수익 창출을 위해 이용되는 아픈 현실을 강하게 비난한다. 〈킬롤로지〉는 사회 속에서 폭력이 발생하는 방식을 '있는 그대로' 노출한다. 폭력은 부모가 된다는 게 무엇을 의미하는지 제대로 학습하지 못한 부모들에 의해 상처 입은 아이들의 '분노'와 '좌절'로 시작해서 사회적 약자로 여겨지는 타인을 향한 '복수'의 방식으로 실행된다. 가상 세계인 게임, 영화와 같은 상업 제품들은 그들이 품은 감정의 찌꺼기를 해소하는 '도구'가 되고, 실제가 아니라는 안도는 도를 넘어서는 폭력성을 추구함으로써 중독되거나 세뇌되는지도 모르는 채 아이들이 폭력을 '학습'하도록 만든다. 폭력의 행위는 자신도 모르는 사이에 무의식으로 각인되고 더 이상 참을 수 없는 분노와 절망의 순간에 이를 때 타인을 향해 폭발한다. 반복되는 감정 해소의 카타르시스는 죄의식 없이 폭력을 행사하는 일에 점점 더 무감각해지도록 만든다. 폭력은 어느새 '습관'이 되고 '놀이'가 된다.

절망한 아이들의 '복수'하고픈 욕망을 이용하는 사회, 그 아이들을 지켜내기는커녕 오히려 더 큰 '폭력' 속으로 내모는 어른들, 오웬이 연극 〈킬롤로지〉를 통해 비난하는 대상은 다름 아닌 '우리 자신'이다. '더 이상 외면할 수 없는 현실의 고통을 향해 두 눈을 크게 뜨라!'라고 외치며 공격하는 대상은 현재의 사회를 방치한 장본인이자 문제를 알면서도 수정하려는 노력을 충분히 하지 않는 '어른들'이다. 그리고 마지막으로 그는 아이들을 향해 경고한다. '너희들이 어떤 식으로 이용당하고 있는 것인지를 스스로 인식하라!'라고 말이다. 어쩌면 오웬은 연극을 통해 현실을 깨달음으로써 아이들 스스로가 폭력을 거부하고 자신들을 착취하는 사회와 어른들로부터 스스로를 보호할 수 있기를 바라고 있는지도 모른다.

우리 모두는 공범자다. 그 어떤 액션도 취하지 않고 있다는 점에서, 경제를 위한다는 명목으로 두 눈을 질끈 감아버린다는 점에서, 아이들을 제대로 보호하지 못할 뿐 아니라 오히려 착취하고 있다는 점에서 우리는 모두 '유죄'이다. "한번 망가지면 다 망가져 버릴 뿐, 다시는 이전으로 되돌아갈 수 없다"는 알란의 대사처럼, 모든 것이 망가져 버리기 전에 우리는 무언가를 해야만 한다. 연극 〈킬롤로지〉는 데이비의 '달라질 수 있는 현실'을 보여줄 수 있지만 현실 속의 삶은 지나간 것을 되돌릴 수 없다. 게리 오웬의 질문이 메아리처럼 울려 퍼진다. "우리는 이대로 모든 것을 외면한 채 그대로 이 모든 것을 계속할 것인가?"

* 본 글은 2018.04.26.~2018.07.22. 대학로 아트원씨어터 2관에서 공연된 연극 〈킬롤로지〉를 관람한 후 작성된 칼럼입니다.

우리가 '우정'에게 바라는 것은
무엇일까?

🎭 연극 〈아트〉

서로의 영혼을 격려하고 존재의 깊이를 나누는 가장 고귀한 형태의 '우정'으로 유명한 몽테뉴(Michel Eyquem de Montaigne)와 라 보에시(Etienne de La Boetie). 프랑스의 철학자 몽테뉴는 『수상록』에서 인간이 나눌 수 있는 "교제의 마지막 완성의 극치는 우정"이며, "인간의 자유의사가 만들어낸 관계 중 '우정'만큼 합당한 것은 없다"고 말했다. 세상에서 유일하게 자신을 올바르게 이해했던 친구 라 보에시를 잃은 후 평생 동안 그와의 우정을 그리워했던 몽테뉴는 그와의 '우정'을 이렇게 설명한다. "만일 누가 '왜 그를 사랑하느냐'고 묻는다면 '그것이 그였고 그것이 나였기 때문이다'라고밖에 달리 대답할 길이 없을 것 같다."

공동체 생활을 기본으로 하는 인간은 서로의 필요에 의해 타인과 '관계'를 맺는다. 인간은 여러 관계를 통해 '교제'를 나누고 삶 속에서 '애정'을 쌓아나간다. 몽테뉴는 인간이 맺는 관계를 부자 관계, 형제 관계, 연애 관계, 우정 관계로 나누며 핏줄로 연결된 '가족' 관계와 격렬한 욕망에 의해 이끌리는 '연애' 관계를 제외하면, 인간이 맺는 관계 중 가장 '따스한 관계'는 분명 '우정' 관계라 할 수 있다고 강조했다. 그렇다면 친구 간의 분쟁은 왜 생기는 것이며, '우정'은 왜 깨지는 것일까? 이에 대해 아리스토텔레스(Aristotle)는 『니코마코스 윤리학』에서 "친구들 간에 분쟁이 생기는 것은 대체로 그들이 생각한 친애 관계가 실제와 다르기 때문"이라고 설명한다. 친애 관계는 서로의 변화로 인해 소원해질 수 있으며, 서로가 다른 '기대'를 품을 경우 깨질 수 있다고 말하는 아리스토텔레스는 이렇게 덧붙인다. "같은 것에 공감하지 않고 같은 것에 기쁨을 느끼거나 고통을 느끼지 않는다면 서로 친구가 될 수 없다. 그들이 함께 생활할 수 없기 때문이다."

2018년 9월, 대학로에서는 "해외에서 가장 많이 공연되는 프랑스 연극"이라 평가받는 야스미나 레자(Yasmina Reza)의 1994년 작품 〈아트(Art)〉의 공연이 있었다. 연극 〈아트〉는 15년 동안 우정 관계를 지켜온 세 사람이 "하얀 바탕에 하얀 줄이 그려진 그림(a white painting with white lines)"과 마주하게 되면서 벌어지는 '소동'을 다룬 작품이다. '사소한 것'에서 출발해 '심오한 것'으로 파고드는 극작가로 알려진 레자는 2015년 《파리 리뷰(The Paris Review)》와의 인터뷰에서 자신의 극 스타일을 이렇게 설명했다. "사소함은 심오함 위에 떠 있는 거품과 같다. 인간 삶의 드라마는 커다란 비극적 사건들로 구성되지 않는다. 삶의 과정 속에서 자연스레 발생하는 비극들이 있게 마련이지만 대부분의 경우, 삶은 작고 디테일한 문제들로 가득하다. 사소하고 소소한 사건들이 존재의 투쟁을 만들어낸다." 레자는 '현대인의 마모된 삶'을 드러내기 위해 생활 속에 발생하는 '별것 아닌 문제들'이 어떻게 인간의 내면을 파고들어 비이성적인 행동을 하도록 만드는지, 어떻게 다른 사람들에게 상처를 주면서 자신 또한 상처 입도록 만드는지를 연극 〈아트〉를 통해 추적한다.

어느 날, 친구 '세르주(Serge)'가 화랑에서 2억을 주고 구매한 그림은 '마크(Marc)'의 심경을 건드린다. 그는 "하얀 바탕에 하얀 줄이 그려진 그림"을 유명 화가의 훌륭한 작품이라고 말하는 세르주를 도저히 이해할 수가 없다. 마크는 비아냥거림과 비웃음 섞인 농담으로 세르주의 마음을 불편하게 만든다. 세르주는 마크의 거슬리는 태도에 오만함과 시니컬함으로 반응한다. 세르주의 잘난 척과 가식을 참을 수 없는 마크는 점점 공격적으로 변하고, 세르주는 마크를 자극할 말들을 서슴지 않는다. 결국 두 사람은 '좋고 싫음'을 표현하는 일에 어려움을 겪는 친구 '이반(Yvan)'을 사이에 두고 영역 싸움을 벌인다. 자신의 의견을 강하게 어필하지 못하는 이반은 온갖 비난과 불만을 쏟아내는 두 사람을 향해 참다못해 소리친다. "오랜 친구 사이에 배울 만큼 배운 사람들이 왜 그 모양이냐? (…) 너희 둘 다 너무 추해. 마치 나와 이본느 같다! 세상에서 가장 병적인 관계!" 이반은 마크와 세르주의 관계가 자신과 도저히 화해할 수 없는 새엄마 '이본느(Yvonne)'와의 관계와도 같다고 말한다. 감정적으로 받아들일 수 없고 가까워지고 싶지 않지만 어쩔 수 없이 엮여 있는 매우 '불편한 관계' 말이다. 하지만 두 사람은 15년 동안 우정을, 아니 '교제'를 이어온 친구들이다. 두 사람은 왜 서로를 증오하고 공격하면서까지 만남을 지속해온 것일까? 그리고 애초에 '하얀 그림'은 왜 문제가 된 것일까?

레자는 《로스앤젤레스 타임스(Los Angeles Times)》와의 인터뷰에서 연극 〈아트〉가 "우정이 깨지는 것을 다루는, 관계의 파열을 그린 '비극'"임을 강조했다. 그녀는 '웃음의 위험성'을 지적하며, "관객들이 웃는 방식이 연극을 바라보는 방식을 바꾸어놓을 수 있다"고 말했다. 사실 연극 〈아트〉는 매우 재미있다. "하얀 판때기(The white shit)"라 불리는 그림을 둘러싼 세 사람의 좌충우돌과 별것 아닌 일이 점점 더 큰 갈등을 불러오는 전개는 객석을 온통 웃음바다로 만든다. 사건은 소소하지만 그렇기 때문에 관객들의 삶과 밀접하게 닿아 있고, 무대 위 인물들을 향해 비난과 공감을 하지만 그 과정에서 자신의 '친구 관계'를 돌아보는 '거울'의 기능도 발휘한다. 연극이 "사회를 비추는 날카로운 반영"으로서 인간 본성을 개선시키는 노력을 이끌어낼 수 있어야 한다고 주장하는 레자는 이렇게 설명한다. "인간의 본성은 추하다. 나는 인간 존재에 대해 낙관적인 시각을 갖고 있지 않다. (⋯) 하지만 인간은 매일 자신을 개선하기 위해 수정하려는 노력을 기울일 수 있다." 레자는 사람들이 스스로에게 주의를 기울이지 않는다면 "멍울진 영혼들과 위축된 마음, 시들어가는 육체로 인해 어느 순간 '괴물'로 변해버릴 수 있음"을 인지해야 한다고 말한다. 결국 〈아트〉는 관객들이 자신들의 내면 어딘가에 숨 쉬고 있을지 모를 '추악함'을 찾아내어 '괴물'이 되지 않도록 단련할 수 있도록 만드는 극이라는 것이다.

실제로 연극 〈아트〉는 '우정'이 어떠해야 한다는 '철학'을 제시하는 것이 아니라 '우정 관계' 속에서 벌어질 수 있는 갈등, 수용, 거부와 같은 문제들을 노출함으로써 관객들이 스스로 '우정'에게 바라는 것이 무엇인지 고민해보도록 만든다. 연극 〈아트〉에는 현대인의 삶에 찾아온 소외와 스트레스, 존재 그 자체로 수용되지 못하는 관계에서 느끼게 되는 좌절과 분노, 자신을 있는 그대로 받아들여줄 누군가를 향한 강렬한 욕망이 가득하다. 그렇다면 우리가 삶에서 친구에게 진정으로 바라는 것은 무엇일까?

세르주가 바란 것은 그가 '하얀 판때기'로 보이는 그림을 2억이라는 터무니없는 가격에 구매하는 바보짓을 했다 할지라도 그의 행위를 있는 그대로 받아들여주고 이해하려 애쓰는 친구의 '노력'이었다. 마크가 바란 것은 친구의 어리석음과 잘못을 지적하기 위해 던지는 자신의 독설이 '충고'임을 이해하고 받아들여 수정하는 친구의 무조건적인 '수용'이었다. 이반이 바란 것은 그의 복잡한 가족 관계가 아무리 큰 스트레스를 준다 할지라도 친구들과 함께 웃고 떠들면서 그 모든 스트레스를 날려버릴 수 있는 '위로'와 '안식'이었다. 세 사람은 각기 서로 다른 것을 바라지만 사실상 그들이 원하는 것은 하나이다. 그들은 모두 친구가 자신을 보듬어주기를, 자신의 어리석은 행동과 오만함, 우유부단함을 이해해주기를 바란다.

마크는 이전의 세르주를 되찾기를 원한다. 그는 자신의 말을 경청하고 자신에게 우월감을 느끼게 해주며, 자부심과 뿌듯함을 선물해주었던 과거의 세르주를 원한다. 그가 상실한 것은 사실상 '친구 세르주'가 아니라 스스로를 대단하다 여겼던 '과거 속 자신'임에도 마크는 자신이 잃어버린 자존감을 세르주를 통해 되찾기를 바란다. 그는 세르주가 앞서 나가는 것이, 점점 다른 사람이 되어가는 것이, 더 높은 곳으로 올라가는 것이 싫다. 그래서 그는 세르주를 공격한다. 세르주를 무릎 꿇게 만들어서 자신이 더 우월하다는 사실을 확인하고 싶기 때문이다. 세르주는 마크의 '의도'를 읽는다. 그는 마크가 자신을 공격하고 있을 뿐 아니라 자신을 무너뜨리려고 하고 있음을 인식한다. 그는 마크가 유머를 가장한 채 자신의 취향을 무시하고 자신을 비웃으며 자신의 성공을 질투하고 있다는 것을 알고 있다. 하지만 갤러리에서 그림을 구매하는 능력으로 사회적 지위와 경제적 부를 평가하는 사람들에게 둘러싸인 채 피상적인 삶을 살아가고 있는 세르주는 허영에 지쳐 있다. 그는 파산할 지경임에도 자존심 때문에 어쩔 수 없이 구매한 '하얀 그림'을 마크가 그냥 모르는 척 지나쳐주기를 바란다. 그는 마크가 자신의 삶을 꼬집어 비난하지 않기를 바란다. 거짓된 '허상'과 같은 자신의 삶을 정면으로 인식하고 싶지 않기 때문이다. 마크와 세르주는 각자 서로가 자신을 지켜주기를, 모든 불편함을 감싸주고 모르는 척 눈감아주기를 바란다. 그들의 삶이 불만족스럽기 때문이며, 있는 그대로 자신을 드러낼 수 없는 허영과 피상 속에 살아가고 있기 때문이다.

오래된 친구 관계에서 혼란스러운 충돌이 생기는 것은 대부분 친구라는 이유로 상대의 삶을 좌지우지할 수 있다는 잘못된 믿음을 품고 있기 때문이다. 친구가 내 말에 귀를 기울일 것이라는 확신, 내가 아직 그에게 영향력을 발휘할 것이라는 자신감, 그와 나 사이에서 우월한 고지를 점유하고 있는 것은 '나'라는 사실을 증명하려 할 때 우리는 친구의 진정한 의미를 잊는다. 무조건적인 지지와 이해, 적극적인 배려, 상대를 위한 희생과 위로, 안식과 인내…. 이와 같은 것들이 아니라면 사실상 우리에게 친구라는 존재가 필요치 않음을 우리는 너무 쉽게 망각한다.

마크와 세르주는 어느 한쪽으로 기울지 않는 이반의 마음을 가질 수 있다면 하나가 다른 하나를 무너뜨릴 수 있다고 생각한다. 하지만 이반은 두 사람이 왜 서로를 강제하려 드는지 이해할 수가 없다. 친구란 자신의 모든 속내와 고민을 털어놓고, 어떤 바람이나 요구, 기대치에 구속되지 않은 채 만날 수 있는 유일한 존재가 아닌가? 새엄마와 아버지, 친모와 약혼녀 사이에서 끊임없이 상대방이 요구하는 것에 동조하고 자신을 맞춰야 하는 이반으로서는 그저 답답한 자신의 상황을 거리낌 없이 털어놓고 편하게 의논할 수 있는 '친구들'이 필요할 뿐이다.

『우정의 정치학』에서 자크 데리다(Jacques Derrida)가 인용한 아리스토텔레스의 "오, 나의 친구들이여, 친구란 없다(O my friends, there is no friend)!"라는 말이 타자를 진정으로 대면하고 포용하지 못한 채 홀로 남겨진 슬픔의 상황을 대변하는 것이라면, 마크와 세르주, 이반은 '하얀 판때기'로 보이는 그림을 통해 '오, 나의 친구들이여!'라는 부름에 새롭게 응답한다. 세르주는 마크와의 관계가 여전히 중요함을 보이기 위해 자신의 '하얀 그림'을 희생한다. 그는 마크의 손에 "지워지지 않는 펜(a blue felt-tip pen)"을 쥐여주며 '하얀 판때기'에 그림을 그려보라고 권한다. 그의 '호의'는 "친애의 시초"가 된다. 마크는 자신의 관점이 아닌 다른 관점으로 세르주를 바라보기 위한 노력에 돌입하고, 이반은 "체험 기간(trial period)"을 통해 자신들의 관계를 재정립하기로 한 두 사람을 당분간 지켜보기로 한다. 세르주는 엉망이 되어버린 자신들의 '관계'를 풀어낼 요량으로 화해의 제스처를 청한 자신의 속내에 사실은 '거짓된 속임수'가 있었음을 관객들에게 고백하지만 아직 그들에게 관계를 개선할 '기회'가 남아 있다는 점에서 그들의 '우정'은 희망적이다.

친구는 함께하거나 함께하지 않는 존재이지, 소유하거나 강요할 수 있는 존재가 아니다. 가장 호혜로운 관계, 핏줄도 욕망도 아닌 알 수 없는 이유에 의해 서로에게 이끌리는 관계인 '친구'는 가장 좋은 거울이며, 가장 훌륭한 가림막이 될 수 있는 존재이다. 하지만 친구는 '선택할 수 있는 관계'다. 수용하거나 수용하지 않거나, 인내하거나 인내하지 않거나, 만나거나 만나지 않을 수 있는 친구란 관계는 가장 가깝고 끈끈하면서도 동시에 가장 멀고 느슨할 수 있는 관계이다. 아리스토텔레스는 "친구들에게 기대하는 것을 친구들에게 베풀어라!"라고 말한다. 우리가 친구에게 바라는 것은 무엇일까? 다른 관계가 줄 수 없는 이해와 사랑, 격려와 지지, 따뜻한 미소와 수용, 그리고 인내가 아닐까?

* 본 글은 2018.09.07.~2018.11.04. 대학로 유니플렉스 2관에서 공연된 연극 〈아트〉를 관람한 후 작성된 칼럼입니다.

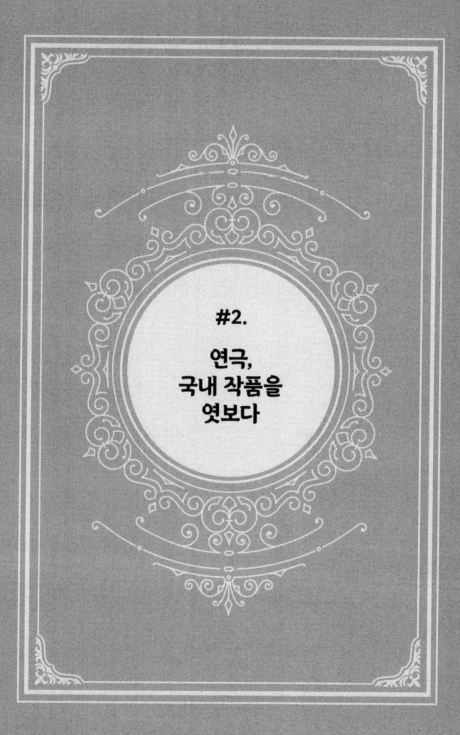

#2.

연극,
국내 작품을
엿보다

욕망과 탐욕이 남긴
'봄날의 그림자'

여극 〈봄날〉

봄은 분명 '새로운 시작'을 의미하는 계절이다. 하지만 봄은 '고통'의 계절이기도 하다. 식물은 싹을 틔우기 위해 겨우내 축적했던 모든 에너지를 쏟아붓고, 동물은 동면 상태에서 깨어난 약한 몸에 에너지를 보충하고자 고군분투한다. 일찍이 인간은 '농업'을 통해 '식량부족'의 문제를 해결했지만 곡식은 여전히 부족했고 추운 겨울과 '보리'를 수확하는 초여름 사이의 봄은 '보릿고개'라는 말을 낳을 정도로 굶주림이 심했다. 하지만 "봄에 하루 놀면 겨울에 열흘 굶는다."라는 속담이 있듯 봄은 농사를 위해 결코 일을 게을리할 수 없는 노동의 계절이었다. 계속되는 굶주림과 힘든 노동, 그 속에서도 미래를 향해 끝없이 '전진'해야 하는 봄은 그렇게 '잔인한 계절'이었다.

2018년 여름, "우리 시대의 최고의 걸작"이라 불리는 이강백 극작, 이성열 연출의 연극 〈봄날〉의 공연이 펼쳐졌다. 부평구문화재단과 한국문화예술위원회의 주최로 '문예회관과 함께하는 방방곡곡 문화공감'의 일환으로 펼쳐진 이 공연은 부평구문화재단이 "국민 모두가 예술이 주는 기쁨과 문화를 통한 행복을 누릴 수 있도록 하고자" 마련한 '대배우 시리즈'의 첫 번째 작품이었다. 1984년 초연 이후 오랫동안 공연을 이어온 연극 〈봄날〉은 "시적이면서도 서사적"이고 "한 편의 동양화를 본 듯한 작품"이라는 찬사를 받으며 2009년 '서울연극제' 연출상과 '대한민국연극대상' 연기대상을 수상했다. 2017년에 '늘푸른연극제'의 개막작으로도 선정되어 화제를 모았던 연극 〈봄날〉은 배우 오현경이 가부장적이고 압제적인 '아버지' 역할을 35년이라는 긴 세월 동안 성공적으로 맡아왔다는 사실만으로도 유명한 작품이다. 초연 당시 40대였던 배우의 나이가 극 중 인물의 나이와 비슷해질 만큼 오랜 세월을 이어온 연극 〈봄날〉은 2009년부터는 "진정성 있는 연기"로 호평을 받아온 배우 이대연이 큰아들 역할을 맡아 호흡을 맞추며 '잔인한 봄날에 대한 감성적 회고(回顧)'의 시간을 관객들에게 선물했다.

부권 중심 농경사회에서 '절대적 권력'을 차지한 채 모든 것을 마음대로 결정하고 실행하는 '아버지', 굶주림에도 불구하고 끊임없이 육체적 노동을 제공해야 하는 사실에 불만을 품은 '다섯 아들', 순응과 순리를 강조하며 어머니 역할을 대신하고 있는 '큰아들', 병약하지만 첫사랑을 마음에 간직한 '막내아들'로 구성된 한 가족의 갈등을 드러내는 연극 〈봄날〉은 '자연의 이치와 인간의 욕망'이라는 주제를 펼쳐낸다. 막이 열리면 청계산이 내다보이는 산골짜기에 제대로 씻지 않아 때가 잔뜩 묻고 너덜너덜한 옷을 입은 다섯 아들이 만사가 귀찮다는 듯 여기저기 널브러져 있다. 따뜻한 봄날, 아침 햇살이 노곤하고 졸려서 일어나기 싫다고 토로하는 아들들은 초가집 흙담 위에 올라앉아 며칠 째 꼼짝하지 않는 '늙은 구렁이'를 두고 말씨름 중이다. 한 손으로 햇살을 가리고 지붕을 올려다보던 둘째 아들이 말한다. "저놈을 몽둥이로 때려잡을까? 저 징그러운 몸뚱이 좀 봐! 올해는 때려잡

자고!" 하지만 노곤함에 움직이기 싫다는 동생들은 닭을 몰래 잡아먹고 구렁이가 잡아먹었다고 둘러대려면 모를까 귀찮게 노력을 들여 구렁이를 잡아야 할 필요를 느끼지 못한다. 천식으로 기침을 하던 막내가 말한다. "내버려 둬. 햇볕을 쬐려고 그러는 거야." 아버지가 안 계신 틈을 타 닭을 몰래 잡아먹었다가는 경을 칠 게 분명함을 알고 있는 자식들은 "꿈에서나 잡아먹을 수 있는 닭"을 그리며 하품만 할 뿐이다. 배고픈 아들들은 아버지가 구들장 아래 곡식 판 돈을 쌓아두고 있음을 언급하며, 욕심 많은 아버지가 그 누구와도 자신의 것을 나누려 하지 않음을 드러낸다.

쑥떡을 쪄주겠다는 큰형은 아버지의 '절대 권력'을 침범할 경우 어떤 일이 벌어질 것인지에 대한 과거의 일화를 들려준다. 첫 번째 아내이던 큰형의 어머니는 아버지의 담배를 훔쳐 피운 죄로 뒤뜰 감나무에 목을 매어 죽었고, 둘째를 낳은 어머니는 굶주리다 못해 닭 한 마리를 잡아먹고 몽둥이로 두들겨 맞아 쫓겨났으며, 막내를 낳은 어머니는 먹을 것을 구하러 온 백운사 스님들에게 쌀을 퍼주었다가 그만 쫓겨나고 말았다. 아버지가 모든 것을 소유하고 지배하는 세상인 '산골 집'은 일곱 아들에게 답답한 '감옥'과도 같은 곳이다. 배고픈 아들들은 아버지가 평생 모아둔 돈 항아리들이 '황천길' 가는 아버지의 '가파른 비탈길'에 데굴데굴 굴러가는 소리를 흉내 내며 박장대소한다. 자식들에게 아버지는 지붕 위에 똬리를 틀고 앉아 내려갈 생각을 전혀 하지 않는 '늙은 구렁이'와 같은 존재이며, 죽을 때 짊어지고 갈 수도 없는 돈을 깔고 앉아 장성해서 독립해야 할 자식들의 발목을 움켜쥐고 끊임없이 구속하는 '사슬'과 같은 존재이다. 이 때문에 봄만 되면 답답함에 숨이 막혀 숨을 쉴 수 없는 막내의 가슴속에는 멀리

서 타오르는 청계산의 불길만큼이나 거센 '욕망'이 꿈틀거린다. 아들들은 "봄이 오면 산에 들에 진달래가 피듯" 마음도 피어 자신들 역시 새로운 삶을 위해 떠날 수 있기를 갈망한다.

가슴이 뜨거워 잠들지 못하는 막내에게 "마음으로 병을 이길 것"을 조언하는 큰형은 이렇게 말한다. "나도 살고 싶지 않았던 적이 있었어. 그런데 난 죽을 수가 없었지. 너희들이 있었으니까. 내가 대신 너희들을 키워야 했어. (…) 세월은 가고, 어느새 병은 다 나았어. 너희들이 없었으면 난 벌써 죽었을 거야." 막내가 답한다. "난 무엇에 마음을 붙이고 살까? 저기 저 청계산 산불을 좀 봐. 저렇게 훨훨 타고 나면 무엇이 남을까?" 봄마다 숨을 쉴 수 없는 막내의 가슴을 가득 채우고 있는 것은 부당함을 참고 있는 '억울함'의 불꽃이며, 자유를 향해 날아갈 수 없는 '답답함'의 불꽃이다. 그 불꽃은 이미 큰형의 가슴 속에도 핀 적이 있지만 모두 타버리고 '재'만 남아 바람에 흩어져 버린 불꽃이며, 다른 형들의 가슴속에도 불타고 있지만 귀찮아서 혹은 소심해서 외면하고 버려둔 불꽃이다. 읍내에 가신 아버지가 늦도록 돌아오시지 않는 밤, 굶주림에 지친 백운사 스님들이 양식을 구하러 마을로 내려온다. 스님들에게 시주를 할 수 없는 큰형은 괴로워하며 말한다. "스님, 용서하십시오. 저는 어떻게 할 수가 없습니다. 아버지가 돌아오시다 역정 낼까 두렵습니다!" 부끄러움에 고개를 들지 못하는 큰형에게 스님들은 엄청난 '불화'의 씨앗을 남기고 떠난다. "그럼 오갈데가 없는 아이 하나 이 댁에서 맡아주시지요."

불당 앞에 버려져 스님들이 거두어 키웠다는 여자아이는 '젊음과 생식'을 상징한다. 재를 잔뜩 뒤집어쓴 아이가 여자인 줄도 모르고 목욕을 시키던 막내아들은 깜짝 놀라 얼굴이 붉어지고, "여자애는 안 된다!"라며 당장 내쫓으라던 늙은 아버지는 갑자기 아이를 자기 방으로 들여보내라고 주장한다. 늙은 아버지는 무당이 찾아와 "어린 여자아이를 품고 자면 더운 양기가 옮겨와 회춘한다"고 했다면서 '동녀 풍속'을 인급한다. 여자아이를 향한 막내의 마음과 젊음을 회복하고픈 늙은 아버지의 욕망 사이에서 큰형은 난처한 표정을 짓는다. 그날 밤, 막내는 "목구멍에서 피를 토하는 두견새" 마냥 밤새도록 흐느껴 울고 다음 날 큰형은 온통 피로 흥건하게 물든 막내의 베개를 들고나온다. 넷째 아들이 외친다. "저기 좀 봐봐. 청계산 꼭대기까지 산불이 붙었어!"

연극 〈봄날〉에서 무엇보다 흥미로운 점은 다섯 아들들이 등장인물의 역할을 할 뿐 아니라 극의 상징과 은유, 숨겨진 의미를 설명하는 '코러스'의 역할도 한다는 점이다. 다섯 아들은 밤새 열기를 다 빼앗겨 바들바들 떨고 있는 고깔 쓴 여자아이를 햇볕이 잘 드는 마당 한복판에 나무 심듯 세워놓고 "생명의 나무"와 다름없는 '동녀'의 존재를 설명한다. "신화 속에서 나무는 세계를 받들고 있는 기둥이죠. 나무는 하늘과 지상, 지하의 3계를 이어줄 뿐 아니라 대지의 중심부, 곧 대지의 배꼽에서 솟아나 하늘의 배꼽인 북극성에 닿아있어요. (…) 대지의 여신이 이 나무 속 아니면 뿌리에 살고 있고, 장차 인간들의 아기가 될 영혼들이 새처럼 깃들어 있고, 해와 달 또한 그 보금자리를 나무에 틀고 있지요." 생명을 품을 수 있는 여자아이의 존재는 아직 봉우리가 터지지 않았을 뿐 꽃을 피우기를 갈망하던 산골 집 아들들의 마음에 마지막 '불'을 지핀다. 이미 생식 능력을 다한 늙은 아버지가 또 아내를 들일 수 있을지 알아보겠다며 큰형을 대동하고 나선 사이 다섯 아들은 '늙은 구렁이'를 잡기로 결심한다.

그러한 동생들의 속내를 까맣게 모르는 큰아들은 비틀거리는 아버지에게 "새잎이 돋아나고 꽃이 피는 나무"를 꺾어 지팡이로 삼는 대신 자신의 등에 업혀 갈 것을 제안하며 설득한다. "덕을 베풀면 언젠가는 베푼 사람에게 되돌아오는 법"이라 말하는 큰아들은 아버지에게 올봄엔 자식들에게 땅을 나눠주고 새살림을 차릴 수 있도록 도와줄 것을 청한다. "죽기 전엔 절대 나눠줄 수 없다"고 거절하는 늙은 아버지를 업은 채로 위태롭게 몸을 흔들며 큰아들이 다시 한번 종용한다. "약속하세요! 올봄엔 자식들한테 땅을 나눠 주시겠다고요!" 하지만 이미 다섯 아들은 "허물 벗는 구렁이를 잡아먹으면 늙은 사람이 다시 젊어진다"는 민간요법을 이용해 아버지를 속이고 구들장 아래 숨겨진 돈 항아리를 훔쳐 도망갈 궁리를 끝낸 상태다. 구렁이를 삶아 먹고 송진을 끓여 얼굴에 바른 후 허물 벗듯 벗겨내면 '젊음'을 되찾을 수 있다는 둘째 아들의 말에 아버지는 자신이 한 약속은 까맣게 다 잊어버리고 온 얼굴에 송진을 바른다. 굳어버린 송진 때문에 눈을 뜰 수 없는 아버지를 뒤로하고 돈 항아리를 훔쳐 달아나는 둘째가 큰형에게 말한다. "형님에게는 미안해. 아버지가 자식들에게 조금씩만 나누어 주었어도 이런 일은 없었을 텐데. 우린 이 돈 갖고 각자 제 갈 길을 가기로 했어!"

욕망의 노예인 인간에게 '탐욕'은 그렇게 교훈을 남긴다. 자연의 이치를 따르지 않은 늙은 아버지의 욕망과 덕을 베풀지 않은 탐욕은 다섯 아들을 떠나도록 만들었고, 큰아들로 하여금 자신의 삶을 희생한 채 어머니와 같은 삶을 살도록 만들었으며, 막내의 가슴이 '화'를 이기지 못해 피를 토하도록 만들었다. 이제 쌓아둔 재산도 잃고 땅을 일궈 농사를 지을 노동력도 남지 않은 산골 집에는 밭에 감자를 캐러

간 큰아들과 임신한 아내에게 줄 살구를 따러 나간 막내아들만 남아 있을 뿐이다. 불볕더위가 가시지 않는 여름날 툇마루에 앉아 부채질만 하던 늙은 아버지는 이렇게 탄식한다. "내 자식이, 또 다음 자식을 볼 때가 되었지. 자꾸만 후회가 된다. 이렇게 살고 가면 되는 것을… 그놈들은 잘 있는지, 가끔 소식이나 들려줄 것이지, 무심한 놈들! 죽기 전에 그놈들 얼굴이나 다시 봤으면!" 새로운 생명과 삶을 꿈꾸던 봄은 그렇게 지나가 버리고 이제 남은 것은 '후회'와 '원망' 그리고 '그리움'뿐이다. 지난 세월을 돌아보며 고향 집을 떠올리는 자식들은 이제 와 "그 시절 자신들은 왜 그렇게 조급했었는지, 아버지는 왜 그리 인색하셨는지"를 묻는 긴 편지를 쓰지만 결코 부치지 못한다.

봄이 여름인 양 과도한 욕망을 불태우다 청계산의 불처럼 재만 남긴 아버지는 모든 것이 아쉽고 허전하기만 하다. 하지만 바람에 날아간 꽃잎들이 다시 돌아오지 않듯 자연의 시간은 지나간 계절을 되돌리지 못한다. 자연은 '새로운 봄'을 향해 나아갈 뿐 아무리 서러워한들 재가 되어버린 그 시절을 되살리지도, 불러오지도 못한다. 늙은 아버지와 집 떠난 아들들만이 서로를 그리워하며 오래전 지나간 '봄날의 그림자'를 놓지 못할 뿐이다. 이동순 시인은 〈봄날〉에서 노래한다. "그림자여, 너는 무슨 인연 그리도 깊어 나를 놓지 못하는가!" 늙은 아버지의 '봄날'은 그렇게 뒤늦은 깨달음과 아쉬움, 후회의 "빈 그림자"를 드리운다.

* 본 글은 2018년 7월 25일 부평아트센터 해누리극장에서 공연된 '대배우 시리즈 1' 연극 〈봄날〉을 관람한 후 작성된 칼럼입니다.

연극 〈창문 넘어 도망친 100세 노인〉

2009년 UN은 「세계 인구 고령화 보고서」를 통해 "호모 헌드레드(Homo-hundred)"라는 단어를 처음 언급했다. 앞으로는 대부분의 사람들이 100세 이상의 삶을 살아갈 확률이 높아졌다는 것을 의미했다. 2016년 《네이처(Nature)》는 "인간의 최대 평균수명은 115세이며, 125세가 최대 한계치일 것"이라고 발표했다. 20세기를 주름잡은 소설가라 할 수 있는 필립 로스(Philip Roth), 존 업다이크(John Updike), 시몬 드 보부아르(Simone de Beauvoir), 잭 케루악(Jack Kerouac), 마가렛 애트우드(Margaret Atwood)와 같은 작가들과 50년 넘게 작업해온 것으로 유명한 영국의 편집자 다이애나 애실(Diana Athill)은 2017년 12월 21일 100세 생일을 맞이했다. 그녀는 2008년 90세의 나이로 집필한 책 『어떻게 늙을까?(Somewhere Towards the End)』에서 인간의 삶을 이렇게 설명했다.

"인간의 삶이란 우주적 견지에서 보면 눈 한 번 깜빡이는 것보다 짧지만 그 자체로 보면 놀랍도록 넉넉해서 서로 대립되는 많은 것들을 담을 수 있다. 한 사람의 인생에는 고요함과 소란스러움, 비탄과 행복,

냉담함과 따스함, 거머쥠과 베풂이 모두 담길 수 있다.”

모든 ‘자아’는 세상에 무언가를 남긴다고 말하는 애실은 “다른 사람에게 유전자를 남기든, 자신이 만든 무언가를 남기든, 유익한 것이든 해로운 것이든 보이지 않는다 할지라도 인간은 세상에 흔적을 남긴다는 사실을 기억할 필요가 있다”고 강조했다. 그녀는 “바로 그렇기 때문에 인생을 제대로 살기 위해 노력해야 하는 것”이며, “한 사람의 인생은 검토할 만한 가치가 있을 만큼 흥미로운 것”이라고 덧붙였다.

2018년 여름, 스웨덴 작가 요나스 요나손(Jonas Jonasson)의 동명소설을 원작으로 한 연극 〈창문 넘어 도망친 100세 노인〉이 무대에 올랐다. 자신의 100세 생일날 양로원 창문을 넘어 도망친 한 노인의 파란만장한 이야기를 다룬 연극 〈창문 넘어 도망친 100세 노인〉은 지이선 작가와 김태형 연출의 손을 거쳐 ‘전혀 예상치 못한 연극 방식’으로 새롭게 재탄생했다. 2009년에 출간된 동명소설은 인구 900만의 나라 스웨덴에서만 110만 부 이상 판매되는 기록을 세웠고, 41개의 언어로 번역되어 전 세계에 천만 부 이상 팔리는 기염을 토했다. 소설의 성공 요인을 ‘희망’이라고 말하는 요나손은 2016년 《가디언》과의 인터뷰에서 많은 문학이 절망과 좌절, 비극을 퍼뜨린 반면 자신의 책은 “희망(hope)”을 퍼뜨렸기 때문이라고 설명했다. 그는 “우리는 인생에서 한 번 혹은 두 번쯤 창문을 넘어야 할 필요”를 느끼게 마련이라면서 “알란은 내가 걱정하는 모든 것들에 대해 별로 걱정하지 않는 사람”이며, “정치적으로 바보라 할 수 있는 알란처럼 되고픈 생각은 없지만 여전히 수많은 걱정에 시달리며 살고 있는 내 어깨 위에 앉아 ‘침착해, 인생은 그 자체일 뿐이야!’라고 말하는 테라피스트(therapist)”라고 덧붙였다.

'2005년 5월 2일'을 현재로 설정하고 있는 소설은 1905년 스웨덴의 윅스훌트(Yxhult)라는 한 시골 마을에서 태어나 양로원에서 100세 생일을 맞이하게 된 노인 '알란 칼손(Allan Karlsson)'을 중심으로 한 세기에 달하는 20세기의 중요한 역사적 장면들을 관통한다. 소설 『창문 넘어 도망친 100세 노인』은 애실의 지적처럼 "잘 보이지 않을지 모르지만 자신이 만들어낸 것 혹은 해온 일"을 통해 '그 어떤 흔적'을 남겨온 알란의 전 인생의 과정을 유머러스하게 펼쳐낸다. 지역신문사와 단체들이 함께 모여 100세를 맞은 알란의 생일 축하를 하기 1시간 50분 전 밤색 재킷과 바지 차림에 "오줌 슬리퍼(pee-sleepers)"라 불리는 펠트 슬리퍼를 신은 구부정한 노인 알란이 양로원 창문틀 너머로 다리를 힘겹게 내디딘다. 그는 창틀 아래 화단에 예쁘게 피어 있는 팬지꽃을 밟고 정원을 가로질러 잘 움직여지지 않는 다리의 느린 걸음으로 버스터미널로 들어선다.

매표창구에서 가장 빨리 출발하는 버스를 물어본 알란은 스트렝네스(Strängnäs) 방면의 202번 버스를 타기로 결정한다. 이때 '네버 어게인(Never Again)'이라는 글자가 새겨진 청재킷을 입은 조직 폭력배 행동대원 '볼트(Bolt)'가 등장한다. 커다란 짐 가방을 좁은 화장실 칸에 가지고 들어갈 수 없어 고민하던 볼트는 매우 늙어 보이는 알란에게 가방을 잠시 맡긴다. 하지만 곧 버스를 탈 예정이라는 알란의 말을 끝까지 듣지도 않은 채 무례하게 화장실로 들어가버린 청년을 기다릴 필요가 있을까 생각하던 알란은 버스가 도착하자 짐 가방과 함께 그냥 떠나버린다. 잠시 후 볼일을 마치고 나온 행동대원 볼트는 5천만 크로나가 들어 있는 짐 가방이 사라진 것을 발견하고는 감히 겁도 없이 돈을 훔쳐 달아난 "엿 같은 늙은이(the old bastard)"를 잡기 위해 온갖 소동을 벌인다. 한편, 양로원에서는 사라진 노인의 행방을 수소문하는 언론과 경찰, '라넬리드 검사(Prosecutor Ranelid)'의 추적이 시작된다. 사실상 별생각 없이 시작된 알란의 여정은 '네버 어게인' 조직원들과 경찰의 추적 사이에서 여러 돌발 상황에 맞닥뜨리며 전혀 예상치 못한 경로로 나아간다. 알란은 그 과정에서 '불운'을 자신의 삶을 설명하는 단어로 여기는 70대 노인 '율리우스(Julius)', 22년 동안 대학을 다녔음에도 졸업하지 못한 핫도그 트럭 주인 '베니(Benny)', 조용한 농가에서 코끼리 '소냐(Sonya)'를 키우며 사람들의 눈을 피해 살아가고 있는 '구닐라(Gunilla)', 그리고 총으로 무장한 사람들에게 둘러싸인 삶을 살다 비로소 자신을 걱정해주는 사람들을 만나 개과천선한 '네버 어게인' 조직의 보스 '예르딘(Gerdin)'을 만나게 되고 그들과 '친구'가 된다.

알란은 새롭게 친구들을 만나게 될 때마다 술잔을 기울이며 자신이 지나온 과거의 사건들을 이야기로 풀어낸다. 궁핍했던 어린 시절 10세의 나이로 '니트로글리세린(Nitroglycerin)'을 다루는 공장에 취직할 수밖에 없었던 알란의 '폭탄 전문가'라는 직업은 양차 세계대전을 거쳐 냉전시대의 종식에 이르기까지 끊임없이 전쟁과 갈등이 이어지던 세계 곳곳을 돌며 역사의 장면 속에서 상상치 못했던 '어떤 역할'을 하도록 만든다. 코믹하지만 날카로운 비판과 풍자, 해학과 웃음이 가득한 소설 『창문 넘어 도망친 100세 노인』은 가장 운 없고 불행하며 외면당하고 학대당했던 소시민 '알란'이라는 외로운 인물을 세계사를 주름잡은 인물들, 가령 스페인 내전의 '프랑코(Franco)'와 소비에

트연방의 '레닌(Lenin)'과 '스탈린(Stalin)', 맨해튼 프로젝트의 '오펜하이머(Oppenheimer)'와 '해리 트루먼(Harry Truman)', 국공내전의 '마오쩌둥(Mao Tse-tung)'과 '장제스(Chiang Kai-shek)', 한국전쟁의 '김일성'과 어린 '김정일'에 이르기까지 엄청난 인물들과 만나도록 설정함으로써 정치적 이데올로기와 국가적 명분과 같은 것들이 개인의 행복을 위해서는 얼마나 허망하고 의미 없는 것들인가를 우회적으로 비판한다.

이 복잡한 소설을 연극으로 재탄생시키는 데 있어 가장 어려운 점은 현재인 2005년과 1세기에 달하는 과거의 시간 속에 따로 진행되는 사건들, 그리고 알란이 탄생한 스웨덴에서부터 스페인과 미국, 러시아, 중국, 북한, 인도네시아, 프랑스에 이르는 많은 국가들을 어떻게 선별할 것인가의 문제였을 것이다. 지이선 작가와 김태형 연출은 소설의 많은 이야기들을 무대화하기 위해 "캐릭터 저글링"이란 방식을 사용한다. 기본적으로 한 배우는 10명 이상의 인물을 연기하고, 관객들에게 직접 말을 걸어 공연에 대해 설명하며, 관객들의 혼란스러움을 방지하고자 '이름표'를 붙여 한 배우가 순간적으로 다른 인물을 연기하거나 한 인물을 여러 배우가 돌아가며 연기하는 복잡함을 이해시킨다. 5명의 배우들은 현재 100세 노인이 된 '알란' 역을 맡은 배우를 제외하고는 모두 성별과 나이를 가늠할 수 없다. 하늘색의 단정한 수트 차림의 배우들은 100년이란 세월을 저장해온 알란의 두뇌 속 '기억의 서랍장'들이 겹겹이 쌓여 있는 무대를 배경으로 자신들이 맡은 역할을 연기할 때마다 마치 병풍처럼 그들을 에워싼 서랍장에서 '이름표'를 꺼내 가슴에 부착한다. 시간적 배경은 무대 위 스크린에 연도로 표시되고, 알란의 현재에 발생하는 사건들에 필요한 소품들은 상상력을 발휘하도록 만드는 장난감들과 인형들로 대체된다. 또한, 알란의 과거 이야기 속에 등장하는 세계의 장소들은 매번 바뀔 때마다 그 나라의 민속춤과 술을 나눌 때 외치는 '건배'를 의미하는 언어들을 소개함으로써 구분된다.

막이 열리면 창문을 막 넘으려는 100세 노인 알란과 그를 만류하는 다른 배우들이 등장해 관객들을 향해 공연의 진행 방식을 설명한다. "연출이랑 작가가 많은 것을 시켜서 노래도 하고 춤도 추며, 저글링과 같은 묘기도 선보인다"고 말하는 배우들은 알란의 화장실 슬리퍼가 정확히 보라색 팬지꽃 위에 닿아야만 공연이 시작된다고 말한다. 60 명에 달하는 인물과 구닐라의 코끼리 소냐, 개 '군스터(Gunster)', 경찰견 '키키(Kicki)'까지 1인 10역 이상을 소화해내야 하는 배우들은 모두 작품의 해설자이자 배우, 인물이자 놀이꾼이 된다. 중요한 건 '시간'뿐임을 강조하는 배우들은 셰익스피어(William Shakespeare)의 『맥베스(Macbeth)』의 구절을 인용한 대사를 외친다. "우리는 인생이란 무대 위를 우쭐대고 투덜대며 걷지만 곧바로 잊혀지는 가련한 배우일 뿐. 그래서 우리는 연극을 하죠. 인생을 알기 위해, 누군가의 인생을 경험하기 위해, 누군가의 이야기를 경험하고 당신의 이야기를 듣기 위해!"

창틀에 다리를 얹고 기다리던 100세 노인 알란은 더는 못 기다리겠다는 듯 창틀 너머로 발을 내딛고 마침내 연극이 시작된다. 모든 것은 '놀이'가 된다. 아이들이 있었던 일을 다른 친구에게 열정적으로 설명하며 몸으로 표현하듯, 할아버지가 손주들에게 옛날이야기를 들려주며 성대모사를 하고 캐릭터를 연기하듯 공연장은 다섯 명의 배우가 쉴 새 없이 돌아가며 쏟아내는 박진감 넘치는 사건들과 우스꽝스럽고 믿기지 않는 이야기들로 가득 채워진다. 서커스의 '저글링(juggling)'에서 리듬감과 타이밍이 생명이듯 연극은 배우들이 주고받는 대사와 1인 2역 때로는 1인 3역, 4역으로 변화하는 역할 변동, 복잡한 사건에 관한 적절한 순간의 해설, 154개에 달하는 소품의 적재적소 사용과 같은 엄청난 연습을 요했을 '묘기'를 선보이며 관객들이 그들의 에너지에 몰입하고 함께 상상하며 이야기를 완성하도록 만든다.

무엇보다 연극 〈창문 넘어 도망친 100세 노인〉이 주목하는 점은 '메시지'이다. 지이선 작가는 20세기의 역사를 꼬집고 비틀어 비판한 풍자의 코드보다는 100세를 살아온 한 개인의 삶에 가장 중요한 것, 즉 '사랑'과 '애정', '관계'의 문제에 주목한다. 그녀는 「작가의 글」을 통해 "소설 속 알란은 양로원에서 죽기 싫어 창문을 넘은 것처럼 보이지만 이 공연에서는 좀 다르다"고 설명한다. 연극은 삶에서 "침대, 밥, 할일, 그리고 한 잔의 술" 외에 바라는 것이 없었던 알란이 길고 먼 길을 돌아 되돌아온 고향에서 자신의 이야기를 끊임없이 들어주고 아무것도 바라지 않는 고양이 '몰로토프(Molotov)'를 만나게 됨으로써 사랑과 애정을 느끼고, 고양이가 여우에게 물려 죽게 되는 사고를 겪으면서 어떻게 복수심에 불타게 되는지에 주목한다.

85세 생일날 굶주린 새끼 고양이를 우연히 만나게 된 알란은 처음으로 아무런 이해관계 없이 자신을 기다리고 자신을 필요로 하는 조용한 친구 '몰로토프'를 삶에 들여놓게 된다. 자신과 친밀함을 나누었던 사람들이 하나씩 세상을 떠나고 마침내 99세가 된 알란은 14년 동안이나 함께했던 가장 소중한 친구 '몰로토프'를 잃게 되는 사건이 발생하는 순간 슬픔으로 인해 폭주하게 된다. 언제나 "일어난 일은 그냥 일어난 일일 뿐이야!"를 반복하며 앞으로만 나아가던 알란은 이번

만큼은 그 슬픔을 이겨내지 못한다. 평생 처음으로 의미를 부여했던 존재를 잃은 상실감과 슬픔은 맹렬한 분노로 바뀌고, 몰로토프를 죽인 여우에게 복수하겠다는 그의 일념은 결국 여우가 기웃거리던 닭장을 폭파하는 '파괴'로 실현된다. 하지만 이성을 잃은 분노는 오랫동안 돌보지 않은 폭발물 창고까지 한꺼번에 터뜨려버리는 실수를 낳고, 결국 알란 자신의 집과 주변의 흔적을 모두 파괴시켜버리는 '비극'을 낳는다. 양로원에서 유일하게 몰로토프를 기억할 수 있는 물건인 '성냥갑'마저 빼앗기게 된 알란은 죽기를 기대하며 "사는 것이 너무 지겨워!"라고 외친다. 하지만 꿈속에 나타난 몰로토프는 알란을 향해 말한다. "성냥을 꺼내요. 다시 불을 붙여요. 불꽃을 일으켜요!" 지이선 작가는 100세를 맞이한 노인이 창문을 넘은 이유를 '다시 한번 새로운 삶을 향해 나아가기 위함'으로 설정한다. 그리고 그 새로운 삶에 그가 진심으로 바라는 것은 남은 시간을 함께할 소중한 친구와의 '관계', '나눔', 그리고 '대화'임을 강조한다.

르네상스 시대의 거장 레오나르도 다빈치(Leonardo da Vinci)는 "잘 보낸 하루 끝에 행복한 잠을 청할 수 있듯 한 생(生)을 잘 산 후에야 행복한 죽음을 맞이할 수 있다"고 말했다. 잘 보낸 하루와 잘 살아낸 삶에 대한 정의야 각자 다를 테지만 어떤 삶이든 '잠잘 곳과 세 끼 식사, 적당히 할 일, 그리고 약간의 술과 대화를 나눌 친구'라는 가장 기본적인, 그러나 가장 얻기 어려운 것들을 채울 수 있다면 인간은 누구나 행복하다 느끼지 않을까? 알란은 말한다.

"평화는 백 자루의 총으로 오는 게 아니야. 한 잔 술을 서로 나눌 때 오는 거야!"

많은 것들에 얽매여 있는 현대인의 삶에 가끔은 속마음을 나누고 정을 나누며, 이야기를 함께 공유할 수 있는 '친구'와 삶의 '여유'가 있다면, 그보다 더 기쁘고 행복한 일이 또 있을까? 언제나 그렇듯 행복은 먼 곳에 있지 않다. 가장 가까운 곳 바로 옆에 놓여 있다.

* 본 글은 2018.06.12.~2018.09.02. 대학로 자유극장에서 공연된 연극 〈창문 넘어 도망친 100세 노인〉을 관람한 후 작성된 칼럼입니다.

낯선 것을 극복하는 '상상'
그리고 '사랑'

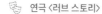 연극 〈러브 스토리〉

　낯선 장소, 낯선 공기, 낯선 사람들이 두려운 것은 그곳에 대한 정보가 우리에게 없기 때문이다. 하지만 일단 낯선 곳에 관한 어떤 이야기가 생기고, 관계가 생기고, 어떤 인상이 자리하게 되면 그곳은 더 이상 낯선 곳이 아닌 내 기억을 점유한 곳, 정이 가는 곳, 추억과 향수를 불러오는 곳이 되고 만다. 장소는 그렇게 이야기를 품고, 이야기는 기억을 품는다. 리베카 솔닛(Rebecca Solnit)은 『멀고도 가까운』에서 "장소는 우리에게 우리가 되돌아갈 어딘가, 즉 연속성을 제공"하고, "커다란 눈금 안에서 우리의 문제가 어떤 맥락"을 얻게 되는지 깨닫게 함으로써 '광활한 세상' 속 존재라는 관점에서 "상실이나 문제 혹은 추함을 해결하고 치유해준다"고 말한다.

　솔닛은 "하나의 장소는 곧 하나의 이야기이며, 이야기는 지형을 이루고, 감정이입은 그 안에서 상상하는 행위가 된다"고 덧붙인다. 그녀에 따르면, 감정이입을 통해 다른 누군가가 되어보는 일, 즉 한 번도 만나본 적 없는 누군가를 상상하거나 허구 속 인물이 되어보는 일은 다른 사람의 입장이 되어 이해해보려는 마음이라는 점에서 "누군가를 사랑하는 일"이다. 이 때문에 '상상하기'란 곧 '사랑하기'를 의미하며, 타자에 대한 이해를 통해 주체를 확장시켜나간다는 점에서 "이야기로부터 자신을 끄집어내는 광활함"이자 "이곳에서 저곳으로 건너가는 한 방법"이라 할 수 있다. 이처럼 이야기는 우리를 "자신 밖으로, 경계 너머로" 시선을 돌려 다른 이의 삶을, 낯선 곳의 삶을 바라보도록 만들며 그들에게 귀를 기울임으로써 우리 자신을 더 잘 이해하고 타인을 가깝게 느끼도록 만든다.

2018년 11월, '두산연강예술상' 수상자인 이경성 연출의 연극 〈러브 스토리〉가 초연되었다. 이경성 연출은 1년 전 연극 〈워킹 홀리데이(Walking Holiday)〉를 준비하면서 도라산 통일 전망대를 방문했다가 폐쇄된 개성공단의 모습을 바라보며 떠올렸던 구상을 통해 작품을 준비하게 되었다고 말했다. 프로그램북에서 그는 당시 전망대 너머로 "정돈된 장난감 블록"처럼 보이던 개성공단이 갖는 의미나 역할에 대해 큰 관심이 없었지만 막상 '도보횡단여행'을 통해 '선'을 따라 걷다 보니 그 너머의 '점'을 보게 되었고, 그 '점' 안에서 일어났을 여러 관계와 만남들에 대해 '상상'하게 되었다고 설명했다. 그는 "단지 갈 수가 없어서, 만나지 못해서 상상을 했던 것은 아니다. 내 바로 옆의 존재에 대해서도 최선을 다해 상상하지 않으면 그 사이에 벽이 생긴다. 단지 지금은 만날 수 없지만 언젠가 만나게 될 구체적 존재들에 대해 상상을 해 봤을 뿐이다"라고 덧붙였다. 이 때문에 연극 〈러브 스토리〉는 '사랑에 관한 이야기'를 다루는 것이 아니라 구체적으로 보이지 않는 대상, 존재하는 것은 알지만 확실히 알 수 없는 대상을 향해 '점차 사랑에 이르게 되는 이야기'를 관객들 앞에 펼쳐 보인다. 나경민, 우범진, 성수연 세 배우는 각자 공연을 준비하는 과정에서 '개성공단'에 대해 공부하면서 알게 된 많은 사실들을 바탕으로 각기 만날 수는 없지만 '상상할 수 있는 인물들'을 그려내기 시작한다. 연극은 세 사람이 그려내는 개성공단에 있었을 법한 세 인물에 대한 '허구적 이야기'와 그 이야기를 만들어가는 과정에서 있었던 고민들, 사유들, 새롭게 깨달은 것들을 관객들과 함께 나누는 것으로 구성된다.

낯선 무언가를 설명할 때 필요한 것은 분명 '허구'가 아닌 '설명'일 것이다. 기본적인 정보와 지식이 없이 어떤 것의 깊은 속으로 들어가는 일은 잘못된 인상을 남길 수 있기 때문이다. 그런 점에서 연극 〈러브 스토리〉는 매우 영리한 전략을 택한 듯 보인다. 무언가를 '재현'하는 것이 아닌 '개성공단'이라는 지역에 대해 연구된 사실들, 인터뷰들, 각종 자료들을 통해 얻은 것들을 '발표'하는 형식의 극은 관객들에게 그들의 상상이 충분히 객관적인 사실에 근거한, 가능한 일이었음을 긍정하도록 만든다. '상상하기'라는 인간의 가장 기본적인 이해 방식을 출발점으로 하는 이 연극은 매우 독특하다. 하지만 잔잔하고 여운이 질으며, 미세하게 어디론가 스며들어 내 안에 깊숙이 자리하고 있던 고정관념과 틀을 돌려세우는 매력이 있다. 연극 〈러브 스토리〉는 연극이 관객들의 시야를 넓혀주고 새로운 인식을 심어주기 위해 반드시 거칠고 강렬하며 공격적이어야 할 필요는 없다는 사실을 일깨운다. 때로 우리는 가장 소소한 것에서 가장 큰 진실을 발견한다. 내 삶의 '일상'이 무대 위 타인의 일상과 맞닿을 때, 내가 느낀 감정과 그 인물의 감정이 정확히 같다는 사실을 깨달을 때, 무대와 현실의 경계는 무너진다. 허구는 현실이 되고, 타인의 삶은 나의 '일상'이 되며, 그들의 거리는 한없이 가까워진다.

스크린과 책상, 피아노, 노트북, 칠판이 펼쳐져 있는 무대는 언뜻 강의실 같기도 하고, 사무실 같기도 하다. 세 배우는 줄곧 무대 위에 각자의 자리에 앉아 관객들을 향해 '상상 속 인물'을 두고 써 내려간 소설의 창작 과정을 설명하고, 서로 다른 사람이 창작한 인물에 대해 궁금한 점을 질문하며, 각자 자신이 창작한 인물을 관객들에게 '시연' 해 보인다. 만나볼 수 없는 사람들을 두고 상상함에 있어 결국 그들이 도달하게 된 지점은 공단 건물들 사이로 좁게 나 있는 골목길을 돌아다니는 '고양이'처럼 쉽게 '눈에 띄지 않는 사람들'이 된다. 배우들은 들어가는 절차나 나가는 절차가 출입국 절차와 똑같이 복잡하고 까다로운 개성공단에 매일 드나드는 사람들을 "중요한 문제를 먼저 얘기하느라" 늘 미뤄져 온 '작은 것들'의 관점에서 이야기하기 시작한다. 배우들을 사로잡은 사람들은 "어떤 사람들끼리 결정을 내리는 모습을 그저 말없이 지켜보는 사람들"과 정해진 규율에 순응하는 삶을 살지만 "마음 한구석에 숨겨놓은 어떤 감정"을 품고 있는 사람들, 그리고 타인과 관계를 맺는 일이 서툴고 뭐든지 잘하지 못하지만 새로운 공간을 통해 조금은 변화가 생겼을지도 모를 그런 인물들이다.

극은 개성공단이 아무런 예고 없이 폐쇄되었던 2016년 2월 12일의 시점으로 배우들이 각자 상상한 인물인 '최송아', '리예매', '김뿔'에게 발생했을 일들과 그들의 삶을 관객들에게 소개한다. 개성공단에서 일하는 아버지와 어머니 덕분에 10대 시절부터 초코파이를 먹고 자라났으며 자신 역시 개성공단 출퇴근버스 운전수가 된 데 자부심을 느끼고 있는 20대 청년 '최송아', 기억력도 나쁘고 인간관계도 서툰 탓에 똑같이 생긴 건물들을 누비고 다녀야 하는 일이 어렵고 남측 동료에게 무언가를 부탁하는 일 같은 건 절대 할 수 없는 소심한 유통기업

근로자 '리예매', 겉으로는 지극히 평범하지만 농담을 넉살 좋게 받아들이거나 분위기를 따르지 못하는 탓에 점점 마음속 어딘가에 '뿔'이 자라고 있는 개성공단 편의점 직원 '김뿔'…. 이 세 사람은 모두 2016년 2월 12일, 각자 영원히 잊지 못할 자신들만의 '기억'을 갖게 된다.

다른 북한 청년들처럼 17세에 입대를 했으나 '작은 사고'로 인해 일상생활에는 지장이 없지만 불편한 다리를 갖게 된 최송아는 차량 정비 기술을 가르쳐주던 한쪽 새끼손가락이 없는 남측 정비사와 가까워진다. 탁구도 치고 인삼주도 나눠 먹고 제주도 여행을 다녀온 남측 정비사의 가족사진도 보게 된 최송아는 "관심이 있다면 여동생을 소개시켜주겠다"는 정비사의 말을 들은 후부터 '통일'을 소원으로 삼게 된다. 갑자기 남측 정부에 의해 공단 폐쇄 결정이 내려진 날, 남측 정비사가 평소에 좋아하던 용봉 담배와 개성 산삼주를 어렵게 모아두었던 최송아는 부랴부랴 그를 찾아 탁구장으로 향한다. 자신이 쓰던 정비도구를 선물이라며 건네는 남측 정비사는 최송아에게 "다시 못볼지 모르니 형, 동생 하는 게 어떻겠냐?"고 묻는다. 생각지도 못한 제안에 머쓱해져서 딴소리만 늘어놓던 최송아는 아쉬운 마음을 감춘 채 남측 정비사와 마지막으로 탁구 시합을 한다.

2015년 2월, 개성공단으로 첫 출근을 하게 된 리예매는 무엇이든 '처음'을 잘 기억하지 못한다. 함경북도에 있는 군부대에 배치되던 첫날도, 아내를 만났던 첫날도, 어머니가 돌아가셨던 첫날도 좀처럼 기억하지 못하던 리예매는 2016년 2월 12일, 개성공단의 '마지막 날'만큼은 기억하지 않을 수 없게 된다. 공단 내 다른 기업들과 다르게 남측과 북측 근로자들이 탁구와 배구를 하며 곧잘 어울리곤 했던 'Y

유통'에서 일하게 된 리예매는 사람들과 눈을 맞추거나 말을 섞지 못할 뿐 아니라 운동신경이라곤 전혀 없는 탓에 주변과 도통 어울리질 못한다. 그러던 어느 날, 아들이 생일선물로 '축구화'를 사달라고 조르기 시작한다. 남측 동료에게 부탁해놓았다고 아들에게 거짓말을 한 리예매는 초조함에 다른 북측 동료의 부탁으로 축구화를 몰래 넣어두고 가는 남측 근무자의 '검은 봉지'를 훔친다. 없어진 축구화로 인해 한바탕 소동이 난 다음 날, 화장실 천정에 숨겨둔 축구화를 챙기러 일찍 출근하려는 리예매 앞으로 난데없이 "개성공단 폐쇄로 인해 출근하지 말라!"라는 통지가 배달된다. 10km에 달하는 길을 달려 공단 앞 출입구에 도달한 리예매는 군인들이 굳게 지키고 있는 철조망 주변을 배회하며 외친다. "축구화! 축구화!"

배우 성수연은 북측 사람들이 무조건 애국심이 강할 것이라는 편견과 다르게 어쩌면 마음 깊은 곳에서는 어떤 불만이 자라는 사람도 있을지 모른다는 '상상'에 착안한다. 그녀는 북한에서 강요되는 여성의 이미지에 갇힌 채 상처를 받아 마음속에 '뿔'이 자라난 한 북한 여성을 그린다. 처음 만난 북측 사람들과 남측 사람들이 "서로의 이마에 '뿔'이 난 줄 알았다"고 했다는 데서 착안한 '김뿔'이란 인물은 남쪽뿐 아니라 북쪽, 서쪽, 동쪽 그 어느 쪽 사람과도 말하는 게 불편하고 힘든 '부적응자'라 할 수 있다. 끊임없이 손님들과 마주쳐야 하는 편의점 직원 일이 불편했던 김뿔은 차라리 자신을 괴롭히던 작업반장이 있는 속옷 공장으로 되돌아가는 편이 더 낫겠다고 생각한다. 이런 김뿔의 관심을 유일하게 끄는 것은 그녀가 '공단이'라고 부르는 공단 뒷골목의 고양이와 자신에게 몰래 휴대용 장치에 담긴 '음악'을 선물해주는 '담배 피우는 남측 여직원'뿐이다. 여자가 술을 마신다거나 담배를 피우는 일이 엄격하게 금지된 북한 사회에서 자유롭게 담배를 피우는 남측 여성 직원은 북한 여성 노동자들 사이에서 엄청난 '뒷담화'의 주인공이 된다. 하지만 김뿔에게는 심장박동수를 높이는 낯선 음악에 자신도 모르게 몸을 움직일 수밖에 없도록 만드는 "강렬한 세상"을 알려주고 금기를 깨고 싶게 만든 그녀가 위안과 동경의 대상이 될 뿐이다.

어느 날, 바람을 쐬고 있던 그녀 옆에서 담배를 피우던 한 남측 남자 직원이 자신을 개의치 않고 방귀를 뀌고 가래를 뱉는 것을 바라보면서 김뿔은 생각에 잠긴다. 자신의 기분이 나쁜 것이 "더러운 것을 봐서인지 없는 사람 취급을 당해서인지" 궁금해하던 김뿔은 "옆에 사람이 있든 말든 속에 있는 것들을 이렇게도 빼고 저렇게도 빼는 속내가 얼마나 시원할까?"라는 상념에 이른다. 어느새 그녀는 전에는 상상도 못 했던 어떤 일을 해볼 결심을 한다. 공단 퇴근길에 광고 전단지를 떼어내 '녀성의 흡연권을 보장하라!'라는 글귀를 써넣은 뒤 담배를 입에 문 김뿔은 종이를 번쩍 든 채 '인민을 위해 근무함'이란 빨간 글씨가 붙어 있는 자리에 서 있기 시작한다. 이상하게 자꾸 웃음이 새어 나오는 자신을 발견한 그녀는 생각한다. "내일 나는 어떻게 될 것인가? 사람들은 나를 어떻게 생각할 것인가? 아오지 탄광으로 끌려갈 것인가? 이래도 저래도 상관없지 뭐. 내일이 빨리 왔으면 좋겠다!" 하지만 다음 날 개성공단은 폐쇄되어 김뿔은 더 이상 출근할 필요가 없게 된다.

연극 〈러브 스토리〉의 드라마터그를 맡은 전강희는 프로그램북을 통해 주로 "서적과 논문을 참조"해 연극을 준비하던 중 급변하는 한

반도 정세로 인해 언론에 쏟아진 수많은 정보들이 "그간의 노력을 한 순간 초라하게 만들었던 것도 사실"이지만 "프레임에 따라 볼 수 있는 범위가 한정되어 있다는 사실을 확인하게 되는 계기도 되었다"고 밝혔다. 그녀는 "남쪽과 북쪽은 항상 같은 위치에 그대로 있는데, 카메라의 렌즈가 다 찾아내고 보여주지 못했을 뿐이라는 생각이 들었다"면서, 연극을 작업하는 과정은 "바라보는 방식을 연습하는 시간이기도 했다"고 덧붙였다.

그래서일까? 연극 〈러브 스토리〉는 마치 원거리에서 비추던 낯선 공간을 '줌 인(zoom in)'으로 확대하고 초점거리를 당겨 우리의 삶과 비교하는 듯한 인상을 준다. 삶을 규정하는 틀에 갇혀 부당함을 알면서도 말하지 못하고 끙끙대는 사람들, 자신이 믿고 사는 세상이 전부인 양 다른 삶은 돌아볼 여유가 없는 사람들, 큰 흐름을 결정하는 사람들에 의해 무조건 휩쓸려 가야만 하는 사람들, 타인과 교감하는 일이 어렵고 자신을 드러내는 일이 힘들지만 '인간'이라는 커다란 테두리 안에서 결국은 함께할 수밖에 없는 사람들… 낯선 공간에 대한 세 배우의 '상상하기'는 관객들 역시 상상하도록 만든다. '상상하기'는 낯선 것들을 가까이 당기고, 어쩌면 '지나친 이상'이자 '오해'일지도 모를 시도들을 '이해를 위한 노력', 즉 '사랑하려는 노력'이 되도록 만든다. '상상의 경험'은 우리를 이곳에서 저곳으로 건너갈 수 있도록 만들고, 우리가 되돌아갈 어딘가를 제공한다. 상상은 그렇게 낯선 곳을 가까이 당긴다.

* 본 글은 2018.11.06.~2018.11.24. 두산아트센터 Space111에서 공연된 연극 〈러브 스토리〉를 관람한 후 작성된 칼럼입니다.

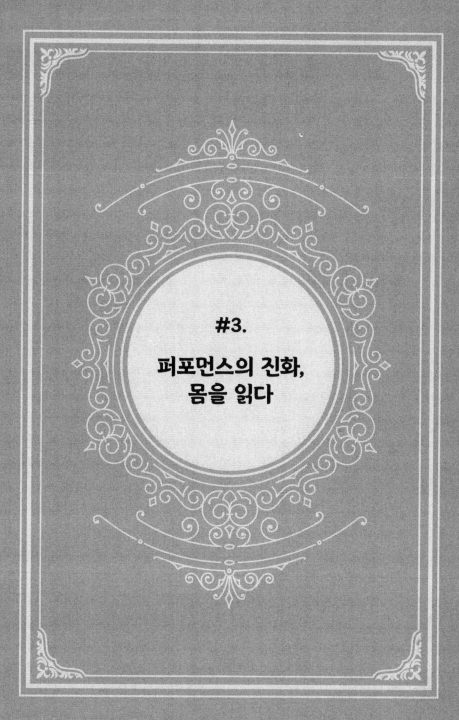

#3.

퍼포먼스의 진화,
몸을 읽다

인간의 '무한한 가능성'을 긍정하는 환상의 도시

🎭 서크 엘루아즈 〈서커폴리스〉

　서커스의 기원은 무엇일까? 사람들은 언제부터 서커스를 즐기게 되었으며 왜 서커스에 열광하는 것일까? 서커스 역사학자 도미니크 얀도(Dominique Jando)에 따르면, 연극과 발레, 오페라, 보드빌과 같은 다른 공연 장르들과 다르게 서커스 역사에 대한 연구는 희박하며, 몇몇의 학자에 의해서만 연구되고 있다고 한다. 그는 대부분의 서커스 역사에 관한 내용들은 잘못 전달되거나 왜곡된 것들이 많으며, 그중 가장 대표적인 것이 서커스의 기원을 고대 로마시대에서 찾는 것이라고 말한다. 얀도에 따르면, 로마의 서커스는 경쟁을 위한 '경기장(race-track)'의 선도자였을 뿐 로마와 현대의 서커스 사이의 유일한 공통분모는 영어와 라틴어에서 '원'을 의미하는 '서커스(circus)'라는 단어라 할 수 있다. 그는 현재 우리가 서커스로 인식하는 공연은 말 조련사이자 곡예사로서 탁월한 재능을 선보였던 영국인 필립 애슬리(Philip Astley)의 1768년 서커스에서 비롯되었다고 설명한다. 원형 모양의 서커스장에서 말타기 곡예, 줄타기 곡예, 광대의 공연이 펼쳐졌던 '필립 애슬리의 서커스'는 긴 세월을 거치며 점차 새로운 기술들이 더해졌고, 20세기에 들어서면서 말타기 곡예가 사라지는 대신 화려한 조명과 음악, 무용이 융합된 '컨템포러리 서커스(Contemporary Circus)'로 거듭나게 되었다.

서커스가 언어의 장벽에 구애받지 않는 '시각적 퍼포먼스'라는 점은 광범위한 해외 투어와 수출을 가능하게 했고, 전 세계의 많은 사람들이 환호하는 예술로서 보다 쉽게 자리매김할 수 있는 발판이 되었다. 이러한 '세계화'의 흐름 속에서 매우 창의적이고 혁신적인 아이디어로 서커스의 인기를 급상승시키고 변화를 일구어낸 서커스 단체로 빠짐없이 언급되는 것은 바로 1984년 기 랄리베르테(Guy Laliberté)에 의해 창단된 캐나다의 '태양의 서커스(Cirque du Soleil)'이다. 기존의 서커스에서는 볼 수 없었던 다양한 레퍼토리와 예술성이 가미된 음악, 화려한 분장과 조명을 동반한 '태양의 서커스'가 '빅 탑(Big Top)'이라 불리는 고풍스러우면서도 세련된 관람 환경을 마련해 화려한 '스펙터클의 경험'을 선사했다면, 1993년 창단된 캐나다의 또 다른 서커스 단체 '서크 엘루아즈(Cirque Éloize)'는 아름다운 미장센과 스토리, 연극적 요소를 강조한 '극장형 서커스'의 대표주자로 '예술성'을 보다 강조한다. 많은 비평가들에 의해 종종 "태양의 서커스의 사촌 격"이라 불리는 '서크 엘루아즈'는 "서커스 예술의 재창조"를 목표로 지난 25년간 13편이 넘는 공연을 제작해 전 세계 50개국, 550여 개의 도시에서 공연을 펼치며 350만 명에 달하는 관객들을 만나왔다. 1984년 서커스라는 예술과 사랑에 빠진 후 지금까지 헤어나지 못하고 있다는 '서크 엘루아즈'의 예술 감독 제노 팽쇼(Jeannot Painchaud)는 이렇게 말한다. "나는 전 세계를 여행하고픈 꿈을 꾸었고, 서커스가 가장 접근하기 쉽고 아름다운 길이라고 생각했다."

2018년 7월, '서크 엘루아즈'는 2012년 핀란드 헬싱키(Helsinki)에서 초연된 이래로 현재까지 세계투어를 이어가고 있는 작품 〈서커폴리스(Cirkopolis)〉로 한국을 찾았다. 2017년 《에든버러 프린지 리뷰(Fringe Review)》로부터 "서커스와 연극, 댄스가 어우러진 스펙터클"을 통해 부조리한 유머로 "환상이 현실을 기만하는 세상"을 펼쳐 보였다는 평을 받은 〈서커폴리스〉는 2014년 '뉴욕 드라마 데스크 어워즈'에서 수상한 경력이 있는 작품이다. 독일 표현주의를 대표하는 영화감독 프리츠 랑(Fritz Lang)의 1927년 SF영화 〈메트로폴리스(Metropolis)〉와 미래의 디스토피아적 세상을 그려낸 테리 길리엄(Terry Gilliam)의 1985년 영화 〈브라질(Brazil)〉에서 영감을 받았다는 〈서커폴리스〉는 두 영화가 공통적으로 펼쳐낸 '기계적 관료주의'와 '억압적 획일주의'의 도시를 배경으로 한다.

막이 오르면 무대 배경 전체를 메우는 하얀 스크린에 투사된 회색빛 도시 속으로 끊임없이 배달되는 서류 더미에 반복적으로 도장을 찍으며 업무를 계속하고 있는 회색 코트와 중절모 차림의 사무실 직원[광대(Clown)]이 책상 앞에 앉아 있다. 거대한 톱니바퀴들이 맞물려 돌아가며 암울한 분위기를 자아내는 배경은 프란츠 카프카(Franz Kafka)의 소설 『성(The Castle)』을 연상케 한다. 회색 수트와 모자, 반복되는 일상과 업무로 인해 모두 표정 없이 똑같아진 사람들, 관료주의를 상징하는 서류 더미와 서로 다투는 경쟁에 지친 사람들로 가득한 세상은 조금씩 변화를 겪기 시작한다. 어제가 오늘이 되고, 오늘이 내일이 되는 지루한 일상 속에서의 '탈출'은 '몽상'처럼 무대 위에 '환상'으로 펼쳐진다. 광대가 표현하는 사무실 직원의 '몽상'은 일상에 '균열'을 가져오고, '균열'은 사람들 사이를 헤집고 퍼져나가며 복제인간이나 다름없는 사람들의 정해진 '질서'를 흔들기 시작한다. 생기 없고 활력 없는 삶에 한 줄기 바람처럼 등장한 붉은 드레스 차림의 여인은 획일적인 삶을 강요받는 사람들의 내면에 숨겨진 '열정'과 '욕망', 그리고 '충동'을 상징한다.

회색은 분명 검은색과 흰색의 중간에 위치해있다는 점에서 중립적이고 균형적이다. 하지만 회색은 무감각하고, 시간이 정지된 듯 흐름이 느껴지지 않으며, 세련될지 모르지만 우울하고, 말끔할지 모르지만 상실을 내포한다. 그래픽 디자이너이자 브랜드 전략가인 제니퍼 본(Jennifer Bourn)은 "색상은 우리의 감정과 인식, 정신적 영역뿐 아니라 신체적 영역에도 큰 영향을 미친다. 색상은 우리를 대표하고, 우리의 직업을 대표하며, 우리가 전하고픈 메시지를 대표한다. 따라서 색상 뒤에 숨겨져 있는 의미를 이해하는 것은 매우 중요하다. 색상이 품은 의미를 이해할 수 있을 때 메시지를 더 잘 전달하고 다른 사람들과 연계할 수 있는 지렛대를 쉽게 발견할 수 있기 때문이다"라고 말한다. 색상은 감정을 표현하고, 상징과 의미를 담는다. 회색 코트 아래 붉은 드레스를 입고 있던 여인은 숨겨진 열정뿐 아니라 그러한 열정을 불태우는 데 필요한 '용기'와 '확신', '에너지' 또한 상징한다.

획일적이고 기계적인 도시 안에서 하나의 부품처럼 질서 정연하게 움직여야 하는 사람들이 내면에 품고 있는 '개성'을 발견하고, '에너지'를 분출하며, 나름의 '반항'을 이어가는 방식은 '중력'을 거스르는 서커스 퍼포먼스를 통해 관객들에게 표출된다. 두 명 이상의 아티스트가 손이나 도구를 이용해 지지한 상태에서 다른 아티스트가 그 위를 텀블링하며 공중회전을 선보이는 '뱅퀸(Banquine)'이나 밑에서 지지해주는 파트너를 믿고 그의 두 손 위에서 중심을 잡고 물구나무를 선보이는 '핸드 투 핸드(Hand to Hand)', 수직으로 세워진 봉에 뛰어올라 미끄러져 내리고 또 순식간에 오르는 일을 반복하면서 순간에 멈추는 기술을 선보이는 '차이니스 폴(Chinese Pole)', 천장에 매달린 로프나 그네에 오로지 손과 발을 걸어 무용수들이 서로에게 매달리는 묘기를 선보이는 '에어리얼 로프(Aerial Rope)'와 '트라피즈(Trapeze)', 중국식 팽이를 땅에 떨어뜨리지 않고 돌리는 '디아볼로(Diabolo)'나 곤봉을 사용한 '저글링(Juggling)' 등은 중력이 지배하는 물리적 법칙에 저항하는 인간의 '의지' 혹은 '노력'을 상징한다.

훌라후프와 비슷하게 생겼지만 2배 이상 큰 철제 바퀴를 이용해 아티스트가 그 안에서 균형을 잡고 움직이며 회전하는 기술인 '시르 휠(Cyr Wheel)'의 경우, '서크 엘루아즈'의 창립멤버인 다니엘 시르(Daniel Cyr)가 2003년에 디자인한 '휠'로서 "서커스 퍼포머가 아크로바틱 동작들을 무한하게 표현할 수 있도록 만들어진" 최신 기술이다. 다니엘 시르의 '휠'은 이전의 휠과는 다르게 가볍고 튼튼하며, 일단 마스터하면 몸의 연장선처럼 활용되어 창의력을 십분 발휘할 수 있는 특징이 있다고 한다. 현재 세계에 약 100명의 '시르 휠' 퍼포머들이 존재한다는 점을 감안한다면, 〈서커폴리스〉를 통해 만나볼 수 있는 '시르 휠' 기술은 작품 속 주제와의 연계성 측면에서뿐 아니라 기술적 퍼포먼스의 측면에 있어서도 큰 의미를 품고 있다고 할 수 있다. 프랑스의 철학자 메를로퐁티(Maurice Merleau-Ponty)의 말처럼, 세상을 인식하는 주체가 이성이 아니라 세상을 실제로 지각하고 체험하는 '몸'이라면, 몸의 한계를 넘어서는 곡예를 선보이고 몸의 연장선으로 장치를 활용하며, 몸과 몸이 연계되어 불가능해 보이는 퍼포먼스를 선사함으로써 '경이로움'을 자아내는 서커스의 기술들은 그 자체로 '세상'을 설명하고 있다고 볼 수 있다.

'서커폴리스'가 관객들에게 선사하는 가장 놀라운 장면은 몸의 유연성을 극대화해 허리를 꺾거나 다리를 머리 앞으로 보내는 등 관절이 없는 것처럼 보이는 동작들로 구성된 '연체곡예(Contortion)'이다. 보라색 드레스의 우아한 여인은 마치 요정이라도 되듯 네 명의 남자 무용수의 손에서 손으로 발을 내디딜 뿐 단 한 번도 땅에 발을 딛지 않는 '공중 연체곡예(Aerial Contortion)'를 선보인다. 무대 배경의 거대한 스크린에 투사된 메트로폴리스 고층 빌딩의 첨탑과 마찬가지로 남자 무용수들의 손으로 쌓은 탑 위에 한 다리를 한 손으로 쭉 잡아 올리고는 흔들림 없이 균형을 선보이는 여인의 모습은 아름답고 우아할 뿐 아니라 그 아슬아슬함에 절로 감탄을 자아낸다. 제니퍼 본에 따르면, 파랑과 빨강의 조화로 탄생하는 보라색은 '안정'을 의미하며, 지혜와 평화, 마술과 신비, 상상력과 창의력을 대변한다. 그녀는 보라색은 "자연에서 쉽게 얻어지는 색상이 아니기 때문에 종종 소중하고 깨지기 쉬운 '신성한 것'을 의미"하고, "보다 높은 자신"을 향해 나아가려는 '야망'과 '감수성'을 상징한다고 말한다.

커다란 톱니바퀴가 맞물려 돌고 있는 메트로폴리스의 가장 깊숙한 곳에서 출발해 동굴 같은 기계 속을 지나 점점 더 높은 고층빌딩 위로 올라가며 차원의 깊이를 더해가는 스크린 영상은 직선적인 스토리를 제공하지는 않지만 조명과 음악, 컬러의 상징성, 그리고 아티스트들이 선보이는 일련의 기술 장면들을 통해 그 메시지를 전달한다. 반복되는 노동과 지루함, 몰개성과 억압에서 탈피해 '열정'과 '환상',

'다채로움'으로 변화해나가는 무대는 마지막 장면에 이르러 역동적이고 활동적인 텀블링 장면들이 증가하고, 축제의 분위기가 형성된다. 사무실에 지속적으로 쌓여가는 높은 서류 더미들이 마치 폭죽처럼 터지며 하늘 위로 뿌려지고 무대 위를 뒤덮는 순간 우울한 회색빛 도시는 '서커스'로 충만한 '환상의 도시', 즉 화려한 '서커폴리스(cirkopolis)'로 변신한다. 관료주의는 해체되고 단조로운 회색은 빨강과 노랑, 주황, 녹색과 같은 화려한 색상의 옷을 갈아입는다.

도구나 사람의 신체 부위에 기대어 완벽하게 균형을 잡는 묘기가 선사하는 경이로움, 일반인들은 해낼 수 없는 고난도의 기술들과 동작들, 그리고 화려한 퍼포먼스를 위해 아티스트들이 흘렸을 수많은 땀과 노력의 시간들은 관객들로 하여금 인간의 '한계'와 '가능성'에 대해 생각해보도록 만든다. 어쩌면 인간의 가능성은 무한한지도 모른다. '환상'이라 할지라도 보다 크게 꿈꾸고 상상하며 열정을 불태우는 시도와 노력 속에서 인간은 불가능을 '가능'으로 바꾸는 '서커폴리스'를 구현한다. 서크 엘루아즈의 〈서커폴리스〉는 점점 더 획일적이고 몰개성적으로 변하며 생기를 잃어가는 도시의 삶 속에서 자신을 되찾을 것을, 꿈꾸던 세상과 상상력, 열정, 그리고 활기를 되찾을 것을 요구한다. 그들의 '서커스'는 신체의 경이로움으로 현실과 환상의 경계를 허물고, '환상'을 '현실'로 불러온다. '환상'은 '자유'를 의미하고, '개성'을 의미하며, 인간의 '무한한 가능성'을 긍정한다. 꿈꾸는 인간의 가능성은 무한하다.

* 본 글은 2018년 7월 8일 LG아트센터에서 공연된 서크 엘루아즈의 〈서커폴리스〉를 관람한 후 작성된 칼럼입니다.

'순수함'을 되찾기 위한
'환상의 모험'

태양의 서커스 〈쿠자〉

환상으로의 모험은 언제나 설렌다. 특히 그 모험을 시작하는 사람이 세상을 잘 모르는 순수함을 간직한 사람이라면 더더욱 그렇다. 세상엔 두려움보단 신기함이, 어려움보단 즐거움이 더 가득해 보인다. 일반적으로 '순수함'은 아직 세상을 알지 못하는 어린 시절의 아름다움, 모든 것에 긍정적인 시선을 던질 수 있는 마음을 의미한다. 세상에 대한 무지함은 '경험의 부족'을 의미하고, 아직 사회 속에 나아가 서로 경쟁하고 부딪치며 '마음'이 아닌 다른 수많은 것들에 의해 속박되어야 한다는 것을 깨닫기 이전의 상태를 말한다. 이 때문에 '순수함'은 모든 '미지의 것'에 대한 호기심과 알고 싶은 열망을 낳는다. 그리고 열망은 거침없이 모험에 나설 수 있는 '용기'를 선사한다.

독일의 작가 발데마르 본젤스(Waldemar Bonsels)의 동화 『꿀벌 마야의 모험』에서 마야는 처음으로 문밖의 세상을 향해 나서며 이렇게 말한다. "밖은 따뜻하고, 환하고, 즐거움에 가득 차 있구나!" 자유롭게 하늘을 나는 기쁨에 언제까지고 바깥세상에 머물고 싶어 하던 마야는 다른 곤충들과 꽃들을 만나면서 먹이사슬과 자연, 사람들에 대해 알게 된다. 경험은 어느덧 "함부로 날지 말고 낯선 것은 절대로 손대지 말자!"라는 굳은 결심을 하게 만들지만 배신과 죽음, 아름다움, 기쁨과 슬픔을 경험한 마야는 꿀벌 세상을 구할 수 있는 '지혜'와 '기지'를 얻게 된다. 모험은 설레지만 곳곳에 위험이 도사리고 있고, 위험을 감수하는 용기만이 경험을 통한 '성장'에 이르도록 만든다.

2018년 겨울, 잠실종합운동장에 위치한 2,600석에 달하는 높이 20미터, 직경 51미터의 텐트 공연장 '빅탑'에서는 태양의 서커스 〈쿠자(KOOZA)〉의 내한공연이 있었다. 〈쿠자〉는 사양 산업으로 치닫던 전통 서커스의 흐름을 완전히 뒤바꿔 '전혀 새로운 차원의 서커스'로 거듭나도록 만든 캐나다 퀘벡의 서커스단 '태양의 서커스'의 2007년 작품이다. 〈쿠자〉는 현재까지 최장기간 공연되며 전 세계 19개국 61개의 도시에서 8백만 명에 이르는 관객을 동원한 최대 흥행작이다. 세상이 담고 있는 선함과 악함을 경험하며 '자신의 정체성'을 찾아가는 순수한 광대 '이노센트(Innocent)'의 이야기를 담고 있는 〈쿠자〉는 서커스의 전통을 생각할 때 빼놓을 수 없는 '곡예(acrobatics)'와 '광대(clowning)'라는 두 가지 요소를 특별히 강조함으로써 '서커스의 가장 날 것 그대로의 순수한 형식'을 목표로 하고 있다.

〈쿠자〉는 '태양의 서커스'가 "젊음과 오만함에 가까운 열정"으로 새로운 도전과 모험을 시작했던 1982년의 '하이힐클럽(Club des talons hauts)' 시절부터 전 세계에 자신들만의 '서커스 예술'을 하나의 장르로 만들어낸 현재에 이르기까지의 여정을 되돌아보기라도 하듯 '순수함'을 상징하는 어린 광대 '이노센트'를 주인공으로 내세운다. 그들은 하이힐클럽이 두려움과 공포, 실패의 위험과 고난 속에서도 끊임없이 호기심과 열정, 모험심을 잃지 않고 과감한 시도와 창의력의 발산을 통해 현재 자신들의 자리를 구축한 것과 같이 '이노센트' 역시 수수께끼와 같고 신비한 마법사와도 같은 '트릭스터(Trickster)'를 통해 모험과 한계에 도전하도록 만든다.

　'태양의 서커스'의 창시자인 기 랄리베르테는 프로그램북을 통해 "서커스의 뿌리에는 두 가지 반대되는 감정, 즉 우리를 숨죽이게 만드는 두려움과 우리를 눈물짓게 만드는 경이로움이 있음"을 강조한다. 그는 "마법은 이 두 세상이 만나는 순간 시작되고 관객들이 그 두 가지 감정의 소용돌이 속에 내던져지게 될 때 결국 모순 속에 존재하는 인간을 인식할 수 있게 된다"고 말한다. 그는 데이비드 샤이너(David Shiner)의 각본과 연출의 〈쿠자〉가 "매우 열정적이었던 초창기 시절의 자신들"처럼 관객들로 하여금 무대 위에 펼쳐지는 "모든 감각에 자신을 내맡긴 채 도발적이고 당혹스러운 가장의 세계 속으로, 환상 속으로 웃음과 함께 떠날 수 있기"를 기원한다. 해외 여러 매체와의 인터뷰를 통해 늘 같은 메시지를 전해온 랄리베르테는 "인생에 명확한 길과 같은 것은 없으며 삶은 모험으로 가득"하고 '서커스'는 "젊음과 에너지에 관한 것"이어야 한다고 말한다. 그는 우리가 삶에서 필요한 에너지를 얻기 위해 여행을 떠나고 바닷가에 앉아 저무는 해를 바라보며 힘을 얻듯 '서커스'가 "하와이 해변에서 바라보는 태양이 선사하는 젊음과 에너지와 같은 것"임을 주장한다. 또한, 모든 어른 안에는 아이가 존재한다는 사실을 잊어서는 안 되며, 서커스는 "아이들에게 꿈꿀 수 있는 기회를 제공하는 행복을 파는 상인들"과 같아야 함을 강조한다. 관객들이 삶 속에서 '자신이 한때 아이였음'을 잊지 않기를 바라는 그는 이렇게 덧붙인다. "우리 모두가 피부색과 사회 계층, 출신에 상관없이 어울려 놀던 어린 시절이 있었다는 사실을 기억해야 한다. 어른들은 아이들처럼 노는 법을 기억할 필요가 있다. 그리고 보다 아이답게 행동할 필요가 있다. 우리는 어린 시절의 경험이 어떠한 것이었는지를 잊어버렸다."

헐렁한 줄무늬 잠옷 차림에 광대의 빨간 코, 천진난만함으로 커다란 '연(kite)'을 서투르게 날리고 있는 '이노센트'에게 어느 날 커다란 택배 상자가 배달된다. 자전거를 타고 온 택배 기사가 이노센트 앞에 놓고 간 커다란 택배 상자는 갑자기 포장이 벗겨지더니 붉은 상자의 모습을 드러낸다. 어리둥절해 조심스럽게 다가가는 이노센트 앞에 상자가 열리고 화려한 옷차림의 '트릭스터'가 마법처럼 등장한다. 그는 이노센트와 관객들 앞에서 현란하게 움직이며 무대를 휘젓더니 '요술봉'을 흔들어 '바타클랑(Bataclan)'[3]의 모습을 본뜬 무대 세트에 드리워진 붉은 캐노피 사이로 이노센트를 데리고 사라진다. 한순간 어두워진 무대 위로 불쑥 등장한 화려한 옷차림의 퍼포머들은 관객들을 환상적인 '서커스'의 세상으로 인도한다. "강인함과 연약함, 웃음과 오싹함, 소동과 조화 사이에 놓여 있는 두려움, 정체성, 깨달음, 권력과 같은 주제를 탐구"하는 〈쿠자〉는 마치 영국의 시인 윌리엄 블레이크(William Blake)의 〈순수와 경험의 노래〉에 드러난 인간 영혼의 상반된 두 상태처럼 대비되는 세상을 1막과 2막을 통해 펼쳐 보인다.

---

3 바타클랑(Bataclan)은 프랑스 파리 11구 볼테르대로에 위치한 극장으로, 1864년에 건축가 샤를 듀발(Charles Duval)에 의해 설계되었고, 1865년에 개관했다. 독일 태생 프랑스 작곡가인 자크 오펜바흐(Jacques Offenbach)의 동명의 오페라에서 이름을 따왔다고 한다.

19명의 아티스트들이 무대 위에 설치된 세 개의 작은 트램펄린(trampolin)을 통해 '인간 피라미드'를 쌓고 '고공 다이빙'을 하며 위험 수위를 높여갈 때마다 관객들은 놀라움의 탄성을 내뱉는다. 이누이트 원주민들의 전통 놀이인 '담요 던지기(Nalukauq)'와 소방관들의 '착륙 매트'에서 영감을 얻었다는 '크래시 배시(Crash Bash)'가 하이라이트를 이루는 첫 번째 곡예의 이름은 샤리바리(Charivari)'이다. '샤리바리'가 중세시대부터 유럽에서 공동체의 위기를 초래하는 '일탈 행위'가 발생했을 때 조롱과 소동, 폭력을 통해 처벌하던 민중의 관행이라는 사실을 상기한다면, 〈쿠자〉의 세상은 규범화된 사회 속에서 비이성과 광기로 조롱되고 모욕의 대상이 되었던 '광대'와 '서커스'가 세월 속에서 어떤 '전복'을 이루어냈는지를 그대로 드러낸다. 일탈을 처벌하는 관습적 행위에서 시작되어 긴 세월을 거쳐 "권력에 저항하는 정치적 수단"으로서의 풍자와 조롱의 성격을 띤 '저항 문화'로 변형된 현대의 샤리바리'는 한때 '기괴함'과 '흉물스러움'으로 조롱받던 '광대의 서커스'가 삶의 거짓과 진실, 고통과 환희를 드러낼 뿐 아니라 관객들로 하여금 인간의 무한한 능력과 위대함, 그 창의력에 존경을 표하고 감동하도록 만드는 '예술'로 변모한 현실을 반영한다. 이 때문에 "광대들의 '연기'가 아니라 '정신'을 담은 쇼"를 만들고 싶었다는 샤이너의 말은 작품의 주제에 무게를 더한다.

다소 기이하다고 느껴질 정도로 몸이 꺾이고 변형되는 '연체곡예' 장면은 관객들의 몸이 비틀리는 듯 느끼도록 만들고, 천장에 매달린 2개의 끈에만 의지한 채 무대 상공을 날고 돌며 떨어져 내리는 동작을 반복하는 '에이리얼 퍼포먼스(Aerial Performance)'는 그 놀라운 기술을 선보이기 위해 아티스트가 얼마나 많은 연습을 했을지 상상해

보도록 만든다. 또한, 무대 위로 7.6미터 상공에 설치된 2개의 줄 위를 자유자재로 걸을 뿐 아니라 다른 퍼포머의 어깨 위에 올라서기도 하고 자전거를 타고 건너기도 하며, 두 대의 자전거를 연결해 만든 또 하나의 줄에 의자마저 얹은 채 세 명의 퍼포머가 한 몸인 양 줄을 건너는 아슬아슬한 모습은 두 손에 땀을 쥐도록 만든다. 1막의 화려함은 이노센드가 '즐거움'으로 한껏 들뜬 나머지 과감하게 트릭스터의 손에서 '요술봉'을 빼앗는 도전을 감행토록 만들고, 무대 아래로 아슬아슬하게 떨어지려는 '요술봉'을 향해 두 손을 뻗은 이노센트의 모습으로 끝을 맺는다. 1막과 2막의 사이뿐 아니라 아티스트들의 다음 곡예를 위한 준비 과정 사이마다 "바보들의 왕"이라 불리는 '킹(The King)'과 그를 따르는 궁중광대이자 멍청한 하인 '클라운즈(Clowns)'들이 등장한다. 객석을 누비며 관객들과 소통하고 팝콘을 던지거나 엎고 조롱하는 '클라운즈'와 왕관을 빼앗겨 무대 위와 객석을 정신없이 휘젓고 다니는 헝클어진 머리의 '킹' 사이로 '매드 독(Mad Dog)'이 갑자기 등장한다. '매드 독'은 관객들을 향해 오줌을 싸거나 천방지축으로 행동하며 귀를 흔든다. 혼란스러운 무대와 객석은 '웃음'으로 넘쳐나며, 관객들은 광대들이 선사하는 웃음의 묘미에 매료된다.

샤이너는 관객들이 2막을 통해 "눈부시게 아름다울 뿐 아니라 폭력적이고 잔혹하리만큼 무서운 세상과 마주"하기를 원한 듯 보인다. 요술봉을 손에 넣은 이노센트는 트릭스터의 흉내를 내며 마술을 부려보지만 요술봉이 작동하질 않고, 관객들은 1막의 세상과는 전혀 다른 옷차림과 기괴한 가면을 쓴 트릭스터에 의해 '어둠의 세계'로 안내된다. 해골 모양이 그려진 옷과 가면을 쓴 퍼포머들은 열광적인 댄스를 선보이고, 곧이어 7개의 후프(hoop)를 동시에 돌리는 화려한 묘기와 8

개의 의자를 계속 쌓아 올려 7m에 달하는 의자로 만든 탑 위에 올라 한 손으로 온몸을 지탱하는 아티스트의 묘기가 펼쳐진다. 의자가 하나씩 더해질 때마다 관객들은 긴장된 모습의 아티스트가 행여 실수로 인해 다치지는 않을까 불안과 초조한 마음에 숨을 죽인다. 또한, 하나로 연결된 730kg에 달하는 두 개의 회전바퀴는 엄청난 속도로 회전하는 '휠(wheel)' 위에서 점프를 하거나 서로 상대방의 바퀴로 아슬아슬하게 오가며 위치를 바꾸는 담대함의 묘기를 선보인다. 퍼포머들의 놀라운 모습은 관객들로 하여금 '죽음'을 향해 질주하는 듯한 '죽음의 바퀴(Wheel of Death)'의 스릴과 공포를 함께 느끼도록 만든다.

일탈과 도전의 두려움, 초조함, 불안, 그리고 죽음을 불사하는 담대함을 경험한 이노센트는 마지막으로 장대를 다리에 묶고 등장한 퍼포머들이 9m 상공으로 널을 뛰며 공중제비를 돌고 다른 퍼포머의 어깨 위에 올라타는 '티터보드(Teeterboard)'의 묘기들을 관람한다. 이노센트는 자신도 한 번 트램펄린을 뛰어볼 시도를 하지만 성공에 이르지는 못한다. 하지만 트릭스터를 따라다니며 보기만 하던 그가 마침내 용기를 내어 '도전'하고자 한 발 내딛는 '변화'를 보였다는 점에서 이노센트는 '성장'에 이르렀다 말할 수 있다. 이노센트는 '킹'으로부터 왕관을 수여받고 트릭스터는 그에게서 요술봉을 돌려받아 자신의 세상으로 사라지지만 현실에 남은 이노센트는 이제 자신의 커다란 '연'을 자유자재로 날릴 수 있게 된다. 환상으로의 여행은 끝났고 모험은 언제나 그렇듯 성장과 교훈을 남긴다.

세상을 향해 인간이 품고 있는 설렘, 호기심, 희망은 때로 공포와 불안, 초조를 안겨주기도 하지만 짜릿함과 기쁨, 웃음과 깨달음 또한 선물한다. 물론 세상은 그렇게 아름답기만 한 곳이 아니고 모험이 반드시 좋은 결말에 이르는 것은 아니다. 하지만 이노센트가 비로소 자유롭게 날릴 수 있게 된 연은 현실이라는 '줄'에 매여서도 하늘 높이 날며 '새의 눈'으로 세상을 관찰할 수 있는 '지혜'와 도전할 수 있는 '용기'를 선물할 수 있을 것이다. "눈에 보이지 않는 곤란과 위험을 두려워해서는 안 된다"고 강조하는 랄리베르테는 이렇게 덧붙인다.

> "우리는 새로운 분야를 탐험하기 위해 어제 우리가 이룩한 성공을 위태롭게 만드는 도전을 두려워하지 않는다. 우리는 모험심으로 가득하다. 미지의 영역에 도전하고 미지의 예술 분야를 탐험하는 것, 그것이 우리를 자극하는 것들이다."

아마도 그는 관객들 역시 자신들과 같은 도전 정신, 즉 어린 시절에 품었던 모험과 열정의 정신을 되찾아 보다 새로운 것을 추구하고 창조하려는 노력을 계속해 나가길 바랐던 것이 아닐까? 이노센트의 '모험'은 우리 안에 잠자고 있던 '어린아이'를 불러내고, 우리는 순수한 열정으로 다시 '도전'을 시작해 새로운 '모험'을 떠나고픈 설렘을 간직하게 된다. 한순간 다른 세계로 빨려 들어간 듯 눈앞에 펼쳐지는 환상의 서커스의 세상이 선물한 경이로움, 아슬아슬함, 두려움, 그리고 전율은 관객들의 '순수한 모험심'을 일깨운다.

---

* 본 글은 2018년 2018.11.03.~2019.01.06. 잠실종합운동장 내 빅탑(Big Top)에서 공연된 태양의 서커스 〈쿠자〉를 관람한 후 작성된 칼럼입니다.

망각의 슬픔을 '몸'으로 표현한 '아름다움'

🎭 피지컬 씨어터 〈네이처 오브 포겟팅〉

많은 사람을 공감시키는 공연에는 무언가 특별함이 있다. 주제가 놀라운 것일 수도 있고 상상력이 풍부한 것일 수도 있으며 에너지가 강렬하거나 완벽히 다른 차원의 세상을 구현하는 것일 수도 있다. 아주 오래전 호모 사피엔스(Homo sapiens)가 동굴 속 벽화를 그리고 춤으로 감정을 드러내기 시작했던 때부터 인간은 끊임없이 무언가를 표현하려 애써왔고 새로운 것을 창조해왔다. 말이나 문자가 없이도 인간이 자신을 이해시키고 놀라운 무언가를 구현할 수 있다는 것은 이미 우리 모두가 잘 알고 있는 사실이다. 하지만 머릿속의 장면이나 사적인 생각, 비밀스러운 기억과 같은 것들을 대사 없이 '몸'으로만 표현하는 일이 가능할까? 표현이야 얼마든지 자유롭게 할 수 있다고 하지만 한 사람의 '과거'가 무너지고 해체되며 모든 '기억'이 엉키고 사라지는 '치매' 환자의 은밀한 머릿속을 단 4명의 퍼포머와 2명의 라이브 밴드(live band)만으로 관객들에게 완벽하게 이해시킬 수 있을까?

2019년 2월, 영국에서 초청된 독특하고 아름다운 작품 〈네이처 오브 포겟팅(Nature of Forgetting)〉의 내한 공연이 있었다. 2017년 에든버러 페스티벌 '최고의 화제작'이자 2017년 런던 국제 마임 페스티벌에서 '전석매진'이란 신화를 기록한 〈네이처 오브 포겟팅〉은 대사가 아니라 주로 몸의 움직임을 통해 '이야기'를 전달하는 퍼포먼스 장르인 '피지컬 씨어터(Physical Theatre)'로 구현된 작품이다. 《프린지 리뷰》로부터 "기억이 사라질 때 남는 것이 무엇인가에 관한 강렬하고, 폭발적이며, 즐거운 작품"이란 평을 받은 〈네이처 오브 포겟팅〉은 피지컬 씨어터로 구현할 수 있는 영역의 범위를 넓히며 '몸'으로 표현할 수 있는 내면의 기억들이 얼마나 아름답고 슬프게 전달될 수 있는지를 증명해 보였다.

마임과 몸의 움직임, 제스처, 모던 댄스를 통해 '이야기'를 구현하는 피지컬 씨어터는 기본적으로 대사 없이 혹은 아주 최소한의 대사만을 사용한 채 거의 '몸'으로만 '이야기'를 전달해야 하기 때문에 감정을 불러일으키는 데 필요한 음악과 조명, 음향 효과, 오브제들을 적극적으로 활용한다. '몸의 언어'보다 더 리얼하게 '감정'을 전달할 수 있는 것은 없다는 생각에서 시작된 피지컬 씨어터는 라이브로 구현되는 "살아 있는 인간적인 경험"을 지향한다고 할 수 있다. 신체마임의 거장 '에티엔 드쿠르(Etienne Decroux)'의 제자이자 브라운대학에서 학생들을 가르치고 있는 다니엘 스타인(Daniel Stein)에 따르면, 피지컬 씨어터는 "매우 신체적이고 감정적이며 본능적"이기 때문에 관객들에게 "삶에서 겪어본 그 어떤 것과도 다른 경험을 선사할 수 있다"는 측면에서 장점을 지닌다.

〈네이처 오브 포겟팅〉을 창작한 '씨어터 리(Theatre Re)'는 2009년 런던에서 창단되어 "강렬한 몸의 움직임과 연극, 마임, 라이브 음악"을 통해 "아름답고 시적이며 에너지 넘치는 공연"을 선보이는 극단으로 이름을 알려왔다. '다시 발견하다', '다시 이미지화하다'라는 의미의 접미사 're(리)'를 강조하며, "이미 존재하는 것들에 새로운 삶을 불어넣는 것"을 목표로 하고 있다는 '씨어터 리'는 "부서지기 쉬운 인간 조건"을 표현하기 위해 '몸'을 보다 효과적으로 활용할 수 있는 방법들을 탐구한다. '씨어터 리'의 창단자이자 연출가, 퍼포머인 기욤 피지(Guillaume Pigé)는 2017년 《에든버러 리포터(The Edinburgh Reporter)》와 진행한 인터뷰에서 〈네이처 오브 포겟팅〉이라는 작품은 '치매'에 관련된 이야기를 하고 있지만 '기억'이 아닌 '망각'에 대한 관심에서 비롯된 작품이기 때문에 신경과학자나 알츠하이머 협회(The Alzheimer's Society)와 같은 다른 분야의 전문가들과의 협업이 필요했음을 강조한다. 그는 작품을 발전시키는 과정에서 시작된 첫 번째 질문은 "기억이 사라지고 나면 우리에게 남는 것은 무엇일까?"였지만, 그것은 곧 "기억을 잃게 되면 우리의 뇌에 무슨 일이 일어나는 것일까?"라는 다른 질문으로 이어졌고, 결국 "영원한 것은 무엇인가?"라는 질문에 도달하게 되었다고 말했다. 특히 신경과학자 케이트 제프리(Kate Jeffery)와의 협업 과정에서 "과학과 실제 인간경험 사이의 연결과 망각의 메커니즘"을 보다 효과적으로 무대 위에 구현할 수 있는 방법을 찾을 수 있었다고 말하는 피지는 "공연의 목표는 치매에 관한 것을 보여주는 것이 아니라 '망각'이라는 도구를 사용해 그 밖에 다른 무언가를 파헤치는 것"이었기 때문에 "어떻게 기억들이 구성되고 해체되며, 또 재구성되고 잘못 구성되는지"에 대한 지식은 큰 도움이 되었다고 설명했다.

기억은 '시각적'으로 작용하며 대뇌 안쪽에 위치한 '해마(hippocampus)'에 저장되고 관리된다. 일종의 '실타래'처럼 얽혀있는 기억들은 일단 하나의 '실'이 잡아당겨지면 그것과 연관된 다른 기억들을 촉발하고 연달아 다른 '실'이 풀려 나오면서 계속 이어지고 펼쳐진다. 일단 떠오른 기억들은 시냅스(synapse)가 연결되어 있는 다른 기억들을 불러와야 하지만 그 연결 고리가 끊어지거나 부서지게 되면 전체의 시퀀스(sequence)가 무너지기 때문에 기억들이 서로를 방해하기 시작한다. 하나의 기억에는 많은 신경이 관련되어 있고, 하나의 신경은 많은 기억과 연결되어 있기 때문에 '치매(dementia)'라는 질병에 걸린 사람들은 무너지는 기억의 체계를 다시 세울 수가 없다.

피지가 해체되어가는 '망각의 과정'을 무대 위에 그려내기 위해 주목한 것은 "제일 처음 무언가를 기억하려 할 때 인간의 두뇌가 구현하는 것은 '공간'이라는 점"이었다. 가령, 어린 시절 '첫 키스'를 기억해내고자 한다면 두뇌는 우선 시각적인 이미지로 '교실'을 구현할 것이다. 그다음 당시 교실이라는 공간을 채우고 있던 세부적인 기억들, 즉 책상이나 의자와 같은 이미지들을 더하게 될 것이고, 그와 관련된 '사람'을 떠올리게 될 것이다. '사건'은 맨 마지막에 발생할 뿐 두뇌 속에 제일 먼저 구현되어야 할 것은 다름 아닌 '공간'이다. 이 때문에 그는 무대 중앙에 정사각형 모양의 낮은 단과 같은 '판'을 설치하고 그 공간을 주인공 '톰(Tom)'의 머릿속의 '해마'로 설정한다. '해마'는 톰이 특정 기억을 촉발해야만 활동할 수 있으므로 관객들이 극장 안으로 들어서고 공연이 시작되어도 관객들은 그의 '해마'를 볼 수 없다. 객석에 앉은 관객들 앞으로 놓인 무대를 장벽처럼 기다랗게 가로막고 서 있는 것은 옷들이 잔뜩 걸린 채 두 개로 연결되어 있는 '이동식 옷걸이'이다. 무대 양쪽으로 너저분하게 놓여 있는 작은 소품들 외에 관객들이 정면에 볼 수 있는 것은 오로지 옷들뿐이다.

공연이 시작되면 오른쪽 구석에 놓인 의자에 앉아 55세의 나이에 벌써 치매 증상을 보이는 듯 허공을 향해 불안한 시선을 드리우고 자신의 허벅지를 초조한 듯 손가락으로 미세하게 두드리는 한 남자가 모습을 드러낸다. 한 여자가 남색 재킷과 붉은 넥타이를 남자에게 들어 보이며 천천히 같은 말을 되풀이한다. "아빠! 할머니와 마이크가 생일 케이크를 가져오신대요. 남색 재킷 꼭 챙겨 입으세요. 빨간색 넥타이는 재킷 오른쪽 주머니에 있어요. 옷걸이 맨 끝에 걸어둘게요. 남색 재킷, 빨간색 넥타이예요!" 남자가 쉽게 찾을 수 있도록 손이 잘 닿는 곳에 재킷을 걸어놓던 여자는 빨간 넥타이가 눈에 잘 띌 수 있도록 주머니 밖으로 넥타이의 절반을 길게 뽑아놓는다. 여자는 다시 한번 남자를 향해 확인하고 덧붙인다. "셔츠 단추 꼭 채우세요!" 뒤돌아 나가는 여자를 남자가 불러 세운다. "이자벨라!" 멈춰선 여자가 한숨을 쉬며 대답한다. "아빠, 소피예요, 소피!"

이쯤 되면 관객들은 남자가 딸을 기억하지 못해 아내로 착각하고 있으며, 소피의 엄마는 현재 그들 곁에 존재하지 않는다는 사실을 깨닫게 된다. 남자는 잠시 머뭇거린다. 무엇을 해야 하는지 잊어버린 것일까? 의자에서 일어나 옷걸이 끝쪽으로 다가간 남자는 딸 소피의 말이 잘 기억나지 않는 듯 머리를 감싸 쥔다. 그때 메아리처럼 들려오는 환청과 같은 딸의 목소리는 '기억'을 불러오고, 남자는 옷걸이에 걸려 있던 남색 재킷을 꺼내 왼쪽 팔을 끼운다. 하지만 나머지 오른쪽 팔을 끼우기도 전에 갑자기 '빨간 넥타이'라는 단어가 떠오른다. 남자는 한쪽 팔만 끼워진 재킷을 좌우로 흔들며 빨간 넥타이를 찾아 헤맨다. 재킷 주머니에 매달린 채 남자가 몸을 돌릴 때마다 출렁거리는 넥타이를 바라보고 있노라면 관객들은 답답하고 안타깝지만 무대를 향해 뛰어들 수는 없는 노릇이다.

남자는 이제 옷걸이에 걸린 모든 옷을 뒤지기 시작한다. 하지만 어디에서도 빨간 넥타이를 찾을 수가 없다. 그의 시선은 갑자기 '빨간색 드레스'로 향한다. 한참을 만지며 빨간 드레스를 응시하던 남자는 이내 손길을 옮겨 카키색의 '교복 재킷'을 집어 든다. 그는 자신의 남색 재킷을 바닥에 떨구고 갑자기 교복 재킷을 입는다. 그의 얼굴에 살짝 미소가 번진다. 순간, 두 개의 이동식 옷걸이는 무대 양쪽으로 치워져 세로로 세워지고, 가려졌던 뒤쪽 공간이 열리며 네모난 정사각형의 낮은 단상의 무대가 모습을 드러낸다. 카키색 교복 재킷이 촉발한 학창 시절의 기억이 '교실'이란 공간을 구현할 필요를 느꼈기 때문이다.

'톰'의 기억을 관장하는 두뇌의 '해마'를 형상화한 무대는 책상과 의자의 배치를 통해 '교실'이 된다. 낮은 단상 바깥으로 서 있던 다른 퍼포머들은 양쪽으로 배치된 옷걸이에서 톰과 똑같은 교복을 꺼내 입고 무대 위로 올라선다. 밝은 표정의 퍼포머들은 수업 시간에 선생님 몰래 장난을 치고, 문제풀이 정답을 알려달라고 친구에게 쪽지를 보내며 책상 위에 무언가를 열심히 계산하고 써 내려간다. 밝은 오렌지 혹은 황색의 조명은 오직 '해마'를 상징하는 낮은 단상의 무대 공간에만 비춰진다. '톰'의 기억에 변화가 생길 때면 관련이 없는 인물들이나 오브제들은 낮은 단상의 무대 바깥쪽 '어둠' 속으로 위치하게 된다. 흥미로운 점은 무대 밖에서 '톰'을 바라보는 인물들, 즉 다른 퍼포머들의 눈빛이 때로는 측은하게, 때로는 이해할 수 없다는 듯, 때로는 절망스럽게 '톰'을 바라보고 서 있다는 사실이다. 희미하지만 어둠 속에서 말할 수 없는 답답함을 드러내는 듯 속으로 안타까워하는 그들의 모습은 마치 연결된 기억들이 자신이 속해야 할 곳으로 가지 못함을 슬퍼하며 '톰'이 불러줄 때를 기다리고 있는 것만 같다.

'교복'으로 촉발된 기억은 무언가 단서가 될 만한 다른 것이 '촉매'로 작용할 때마다 다른 '공간'을 불러오고, 또 그 공간에 속했던 '사람'을 불러온다. 그리고 '사건'이 발생한다. 좋아하는 남자에게 몰래 쪽지를 써서 책상 위에 올려놓는 여자아이, 그 여자아이 옆으로 자리를 옮겨 앉기 위해 수업 시간에 몰래 친구와 자리를 바꿔 앉는 톰, 아침마다 엄마가 머리를 단정하게 빗겨주고 옷매무새를 잡아주면 귀찮다는 듯 엄마의 손길을 피해 자전거를 타고 학교로 질주하는 톰, 여자 친구와 자신의 가장 친한 친구와 셋이 자전거를 함께 타고 정신없이 페달을 밟았던 행복했던 어린 시절의 기억들… 사랑하는 아내와의 결혼식, 밤새 즐겼던 피로연, 선생님으로 부임한 자신의 모교에서의 수업들, 첫아이 소피를 임신했을 때의 기쁨, 그리고 무엇 때문인지는 명확히 알 수 없지만 달리는 차 안에서 부부싸움을 하던 중 생긴 듯 보이는 비극적인 교통사고까지…. 초반의 기억들은 꽤 선명하기에 관객들은 '톰'이 느끼는 감정을 충분히 이해할 뿐 아니라 자신의 기억 어딘가에 숨어 있는 감정들과 연결시킨다. 빵가게 창문에 얼굴을 들이밀고 군침을 뚝뚝 흘리는 아이들의 모습이나 실제로는 고정되어 있는 자전거를 타고 달리면서도 전속력으로 질주하는 듯 보이는 마임과 연기, 그리고 음악과 절묘하게 어우러지는 기억의 '단절'을 표현하는 동작들과 움직임은 절묘하고 놀랍기만 하다.

마치 오래된 낡은 필름의 무성영화 속 장면들을 보고 있듯 대사 없이 '몸'으로만 구현되는 무대는 너무나 리얼하다. 하지만 '톰'의 정신이 흐려지고 다른 기억에 의해 방해를 받을 때마다 그는 낮은 단상의 무대에서 벗어나 현실로 되돌아오고, 관객들은 자연스럽게 톰의 정신이 '망각'의 과정을 거쳐 가고 있음을 인식하게 된다. '톰'이 단상의 무대 위로 올라갔다 내려오는 과정이 반복될수록 선명했던 기억의 장면들은 조금씩 어긋나고 변형되며 스러지기 시작한다. 책상들의 숫자가 줄어들고, 인물들이 사라지며, 일그러진 화면처럼 의자와 테이블, 술잔과 사람들이 옆으로 기울어지기 시작하면, '톰'은 어떻게든 그것들을 원래의 모습대로 되돌려놓기 위해 애를 쓴다. 하지만 어느 것 하나 결코 쉽지가 않다. '톰'의 반복되는 같은 기억의 장면들은 관객들로 하여금 처음과의 차이를 발견하도록 만든다. 점점 연결고리를 찾을 수 없게 망가지고 변해가는 톰의 기억 속에서 관객들은 함께 안타까워하며, 처음과 같은 '이미지'를 불러내려고 고군분투하는 톰의 모습을 바라보면서 기억을 잃어가는 사람의 '고통'을 느끼기 시작한다.

자신의 딸조차 기억하지 못하는 '톰'이지만 성장의 과정에서 축복으로 느껴졌던 순간들, 후회와 죄의식으로 얼룩져 고통으로 자리한 기억들은 남아 있다. 그 중 가장 핵심에 놓여 있는 것은 다름 아닌 아내 '이자벨라(Isabella)'에 대한 기억이다. 그녀를 처음 만났던 가장 어린 시절의 기억, 그 기억을 놓지 않으려는 '톰'의 노력은 처절하고 아름답기만 하다. 피지는 《더 바일 블로그(The Vile Blog)》와의 인터뷰에서 이렇게 말한다. "나는 관객들이 극장을 나설 때 얼굴에는 미소를 띠고 눈에는 눈물을 가득 담고 있기를 바랍니다. 부서지기 쉬운 삶의 조각들에 대한 잊을 수 없는 경험을 간직한 채로 말이죠." 고통스럽지만 가장 소중한 사람에 대한 기억을, 자신의 삶의 모든 것과 연결되어 있는 아내에 대한 기억을 간직하고 싶었던 '톰'은 결국 실타래의 너무 많은 부분들이 끊어져 버려 다시 이을 수 없는 조각나버린 기억들을 하나로 완성하지 못한다. 이제는 너무 늙어버린 어머니와 가장 친한 친구 '마이크(Mike)'가 케이크를 들고 찾아왔음을 알리는 딸 '소피 (Sophie)'를 향해 처음으로 아버지 '톰'은 이렇게 외친다. "소피!"

아름다움은 하나가 아니다. 아름다움에는 여러 감정이 섞여 있다. 어떤 것들은 슬프기에 아름답고, 또 어떤 것들은 빛나기에 아름답다. 눈부시게 찬란한 것이 있는가 하면 빛이 바래고 스러져감에도 그 애잔한 슬픔에 왠지 목이 메어 '아름답다' 말할 수밖에 없는 것들도 있다. 떨어지는 눈물방울을 훔치면서도 '슬프다'가 아니라 '아름답다' 라고 말하게 되는 경우가 있는가 하면, 시선을 뗄 수 없이 너무나 환하게 빛나기에 자신도 모르게 '아름답다'고 말하게 되는 경우도 있다. 만약 이 두 가지가 모두 공존하는 '아름다움'이라면 그것에 '감동'하지 않을 사람이 있을까?

"모든 기억이 사라지고 나면 남는 것은 무엇인가?"라는 질문에 대해 피지는 이렇게 말한다. "때로는 무대 위에서 은유로 창조된 것들이 말로는 표현할 수 없는 진실에 더 가까이 다가서도록 만듭니다. 부서지기 쉬운 삶 속에서 기억이 모두 사라지고 난 뒤 남게 되는 것은 우리 모두가 공유하는 영원한 '무언가'라고 나는 생각합니다."

말로는 표현할 수 없는 무언가, '몸'으로 표현되기에 감각과 직관으로 느끼게 되는 무언가를 체험하고 공감하며 어떤 공통된 '이해'에 도달하도록 만드는 '아름다운' 공연, 우리의 가장 빛나는 시절, 가장 행복했던 시간의 '기억'을 놓아줄 수밖에 없는 '슬픔'을 이보다 더 잘 표현할 수 있는 공연이 또 있을까?

* 본 글은 2019.02.13.~2019.02.18. 부산문화새난 우탄2경에서 공연된 피지컬 씨어터 〈네이처 오브 포겟팅〉를 관람한 후 작성된 칼럼입니다.

분노와 복수심에 구속된
광대의 '악몽'

🎭 장 랑베르-빌드 〈리차드 3세: 충성심의 구속〉

  덴마크의 심리치료사 일자 샌드(Ilse Sand)는 『서툰 감정』에서 감정은 "움직임을 향한 충동, 또는 욕망을 내포"하고 있기 때문에 "'감정'은 곧 '움직임'의 전 단계"라 할 수 있다고 말한다. 가령, '분노'와 같은 감정은 "공격적인 행동을 하고 싶은 충동"을 일으킨다. 따라서 만약 상대방에게 공격적인 행동을 할 때 얼굴이 밝아지면서 웃는 반응을 보이게 된다면 그것은 곧 자신이 '분노'의 감정을 느끼고 있음을 드러내는 표시라 할 수 있다. 하지만 모든 분노의 감정은 사실상 그 이면에 "상처받기 쉬운 연약한 감정"을 감추고 있고, 그 상처 입은 마음이 '복수'의 형태로 충동적으로 나아가도록 만들기 때문에 우리가 분노에 잠식당하지 않으려면 "그 이면에 숨겨진 슬픔이나 두려움에 주목할 필요"가 있다. 샌드에 따르면, 어떤 의미에서 분노는 장애물을 제거하고 현실을 자신이 원하는 방향으로 바꿔놓기 위해 맞서 싸우는 "강력한 에너지"를 품고 있는 "현실이 달라질 것이라는 '희망' 혹은 '의지'의 표현"이라 할 수 있다.

  2018년 6월, 국립극단의 해외초청작 장 랑베르-빌드(Jean Lambertwild)의 연극 〈리차드 3세: 충성심의 구속(RICHARD III: Loyauté me lie)〉의 내한공연이 있었다. 영국의 극작가 윌리엄 셰익스피어의 『리처 드 3세(Richard III)』를 장 랑베르-빌드와 제랄드 가루티(Gérald Garutti) 가 2인극으로 각색한 〈리차드 3세: 충성심의 구속〉은 환상 속의 그로 테스크한 '악몽' 혹은 '마술쇼'와 같은 무대를 관객들에게 선보였다. 광대(clown)로서 '리차드(Richard)'의 역할을 연기하는 배우 랑베르-빌 드와 리차드로 인해 불행을 겪게 되는 여인들뿐 아니라 다른 모든 인 물을 연기하는 로르 올프(Laure Wolf)는 오직 두 명의 배우가 채우는 무대임을 믿을 수 없을 만큼 다채롭고 변화무쌍한 공연을 선사했다.

순회하는 서커스단의 천막극장에서 펼쳐지는 연극을 관람하는 듯 한 인상을 남기는 무대세트는 배우의 분장실로 보이는 커다란 거울 이 달린 화장대와 의자를 중심으로 양 날개가 접혀 있다. 곧이어 등 장한 광대는 연극을 시작함과 동시에 무대세트의 양 날개 부분을 옆 으로 펼쳐 보인다. 2층으로 구성된 무대 배경은 축제장에서 마주치게 되는 오락게임들, 가령 다트판 맞추기나 풍선 터뜨리기, 망치 내려치 기, 과녁 맞히기와 같은 옛날 게임들과 술, 솜사탕, 풍선, 팝콘을 파는 행상들을 활용하고 있다. 〈리차드 3세: 충성심의 구속〉은 배우가 옷 을 갈아입는 의상실의 모습을 그대로 드러내거나 무대 바닥을 청소 하는 대걸레, 무대 가림막으로 사용되는 커튼 등을 노출하면서 끊임 없이 '연극'임을 드러낸다.

공동연출을 맡은 로랑조 말라게라(Lorenzo Malaguerra)는 유제니 파 스토(Eugénie Pastor)와의 인터뷰에서 "우리 공연에서 제3의 배우는 무 대장치이다. 거대한 장난감과 같은 세트는 갖가지 소리를 만들어내고 다양한 오브제를 보여주며 마치 마술 상자와 같은 재미와 궁금증을 자아낸다"고 말했다. 그는 또 다른 공동연출자임과 동시에 리차드를 연기하는 배우인 랑베르-빌드가 이러한 무대장치의 기술적인 부분들을 적극적으로 활용하며 극에 "기묘함을 불어넣고 동시에 놀랍도록 고풍스러운 분위기를 선사한다는 점"을 강조했다. 실제로 한꺼번에 여러 배역을 소화해야 하는 올프가 혼자 만들어낼 수 없는 장면들이나 어린 조카들과 유령들이 등장하는 장면의 경우, 기계적 음성으로 표현되는 녹음된 목소리나 솜사탕이나 풍선, 베개에 투사되는 인물 비디오 영상, 도르래에 의해 줄에 매달려 움직이는 퍼펫(puppet) 등으로 대체되며 흥미로움을 낳는다.

처음 막이 열리면 공연에 늦기라도 한 듯 허겁지겁 달려 나온 하얀 분칠의 광대가 미안한 표정으로 관객들을 향해 수줍게 미소를 짓는다. 광대는 무대 한가운데 위치한 분장실 거울 앞에 앉아 목주름 장식을 두르고 갑자기 셰익스피어의 『리차드 3세』의 첫 대사를 시작한다. 관객들은 광대가 연기하는 무대 위 리차드가 그의 대사를 통해 묘사하는 꼽추의 등을 달고 있지도 않으며, 절름거리는 불편한 다리나 말라비틀어진 팔을 드러내는 연기를 선보이지도 않는다는 점을 발견하게 된다. 그는 시종일관 푸른색 줄무늬의 파자마를 입고 있을 뿐, 도자기로 만들어진 유려한 갑옷을 덧입을 때와 왕위에 올라 광대 모자를 왕관처럼 쓸 때를 제외하고는 복장의 변화도 전혀 없다. 광대는 하얀 분칠을 한 얼굴의 양미간 위쪽으로 선명하게 두드러져 보이는 '두 개의 검은 점'을 사악하게 움직이며, 이제 분노와 악의에 가득찬 리차드로 변모하기 시작한다.

랑베르–빌드의 리차드는 '분노'에 초점을 맞춘다. 그는 자신을 흉물스럽게 빚어낸 자연에 분노하며, 어머니에게 외면당하고 지나가는 개에게조차 비웃음을 당하는 세상에 '복수'할 것을 다짐한다. 그는 '분노'의 겨울이 지나가고 먹구름이 사라진 여름이 온 것이 마음에 들지 않는다. 평화 속에서 배가되는 그의 외로움과 우울함은 주변의 모든 사람이 품고 있는 욕심과 거짓, 조롱과 배신을 마음껏 비웃고 벌하고픈 '복수 지향적' 행동들을 강화시킨다. 그런 의미에서 무대 배경은 리차드의 '세상을 보는 시선'을 상징하게 된다. 그에게 세상은 우스꽝스러운 '서커스'이며 '곡예'이고, '가장'이며 '게임'이다. 자신에게 반기를 드는 '헤이스팅스 경(Lord Hastings)'의 목을 치는 일이나 왕위에 오르는 데 있어 걸림돌이 되는 많은 신하들을 처형하는 일은 모두 망치 내려치기나 모래주머니로 과녁 맞추기와 같은 '게임의 일환'일 뿐이다. 또, 둘째 형 '조지(George, Duke of Clarence)'나 어린 조카들을 죽이는 일도 얼굴 영상만 허공에 떠 있는 풍선을 터뜨리거나 솜사탕을 깃털처럼 날려버리는 일과 같은 게임으로 여겨질 뿐 그 어떤 도덕적 판단이나 양심의 소리가 개입되질 않는다. 큰형 '에드워드(King Edward IV)'는 베게에 수염을 달고 왕관을 씌워 줄을 매달아 움직이는 2층 의자를 차지하고 있는 '영혼 없는 시체'일 뿐이며, '앤(Lady Anne)'은 '반지'로 상징되는 유혹에 쉽게 사로잡히는 목발 짚은 '불구자'일 뿐이다. 또한, 권력의 향방에 따라 유리한 쪽으로 정치적 선택을 하는 '버킹엄 공작(Duke of Buckingham)'은 리차드의 '분신' 혹은 '분열된 자아'로 표현된다. 신하들은 모두 같은 모습의 과녁판 '인형'이거나 레코드판처럼 도는 둥근 접시들이 만들어내는 '소리'로만 존재하는 환영일 뿐이고, 왕좌는 마치 뻐꾸기시계에서 튀어나오는 뻐꾸기인 양 2층에 매달려 앞으로 쭉 뻗어 나와 있는 높은 '의자'에 불과하다.

기이하고 그로테스크한 리차드의 '사악한 꿈' 혹은 '악몽'과 같은 무대는 끊임없이 관객을 참여시킨다. 리차드는 관객을 일으켜 세워 무대 바닥을 쓸던 막대걸레로 몸을 훑는가 하면 객석을 뛰어다니며 팝콘(popcorn)과 과자를 던져주고 관객들을 무대 위로 끌어내 '모래주머니 던지기' 게임에 동참시킨다. 관객들은 자연스럽게 리차드에 의해 조종당한다. 관객들은 리차드가 던져주는 과자를 받기 위해 경쟁적으로 손을 흔들면서 물질에 미혹된 '수하들'이 되기도 하고, 그에게 반기를 든 신하들을 처형하는 게임에 선수로 참여해 '공범자'가 되기도 하며, 2층에 매달려 있는 '왕좌'에 앉게 된 리차드를 향해 환호와 박수를 보내는 어리석은 '군중'이 되기도 한다. 변화무쌍한 오브제의 사용과 놀라운 상상력이 합체된 기술적 효과, 그리고 관객들을 유연하게 무대로 끌어들이는 광대의 익살스러움은 무대 위에서 펼쳐지는 '기이한 리차드의 세상'을 관객들이 맘껏 즐기도록 만든다.

하지만 바로 이 지점에서 관객들의 '불편함'이 피어나기 시작한다. 익살스러운 광대인 랑베르-빌드가 연기하는 '리차드'와 앤, 버킹엄 공작, 요크 공작부인(Duchess of York), 엘리자베스(Queen Elizabeth), 자객(Murderer), 시종(Richard's page) 등으로 수시로 변모해 놀라움을 선사하는 배우 '올프'에게 흠뻑 빠져든 관객들은 웃고 즐거워하는 사이 어디에선가 퍼져 나오는 '섬뜩함'과 '불편함'을 동시에 느낀다. 관객들은 연극을 위해 리차드가 시키는 대로 게임에 동참하면서도 그 '행위' 뒷면에 숨겨져 있는 '살인'과 '폭력'이라는 끔찍한 의미에 도달하게 될 때, 밀려드는 '뜨끔함'과 날카로운 '죄의식'에 서늘함을 느낀다. 어쩌면 그것은 리차드의 내면에 숨겨져 있는 '양심'의 소리인지도 모른다. 무도덕으로 점철된 그의 잔혹한 세상이 '비극'으로 향해야 함을 관객들이 긍정하도록 만드는 '이성'의 소리 때문인지도 모른다.

리차드의 세상을 향한 '복수'는 사회에서 외면당한 현대인들이 벌이는 21세기의 '분노의 범죄'와 닮아 있다. 검은 상복과 베일(veil) 차림의 어머니 요크 공작부인은 자신의 배 속에서 태어난 아이인 리차드를 '괴물'이라 부르며 그의 잔혹한 행위들을 비난하고 입에 담을 수 없는 '저주'를 퍼붓는다. 이에 광분한 리차드는 자신의 감정을 이기지 못하고 양손에 든 총을 마구잡이로 난사한다. 하지만 타인을 향해 발사된 분노의 총알은 돌고 돌아 결국 리차드 자신을 조준하기 시작한다. 분노로 인해 방향성을 잃고 불특정 다수를 향해 '복수'의 칼날을 휘두르는 범죄의 발생은 리차드가 유일하게 1인 2역으로 연기하는 '자객'의 우발적 살해 장면을 통해 상징적으로 제시된다. 1인 다역을 연기하는 올프와 다르게 시종일관 리차드만을 연기하던 랑베르-빌드는 형 조지를 살해하기 위해 고용한 두 자객 중 '양심의 갈등'을 겪으며 우물쭈물하는 '소심한 자객'의 역할을 맡는다. 코주부 안경을 쓴 채로 벌벌 떨며 망설이던 자객은 별안간 조지로 형상화한 풍선을 '펑' 하고 터뜨려버린다. 이 장면은 터져버린 풍선이 '살해'를 의미하게 된다는 점에서 관객들에게 충격을 안겨준다. 리차드는 주변의 다른 풍선들마저 무작위로 마구 터뜨리고는 아무 일도 없었다는 듯 바닥을 쓸기 시작한다. 그의 이러한 모습은 관객들의 충격을 확산시킨다. 리차드의 '우발성'은 어머니 요크 공작부인을 향해 총을 난사하는 장면에서 또다시 반복되며, 분노가 광기로 변한 섬뜩한 '공포' 속으로 관객들을 몰아넣는다.

랑베르-빌드의 〈리차드 3세: 충성심의 구속〉에는 헨리 6세(King

Henry VI)의 미망인인 마가렛 왕비(Queen Margaret)와 튜더왕조의 시작인 리치몬드 백작(Earl of Richmond)이 등장하지 않는다. 정치적 맥락 속에서의 권력관계와 구조가 아니라 "복수를 위해 권력을 사용하려는 인간의 악의"를 드러내는 데 초점이 있기 때문이다. 랑베르-빌드는 프랑스 고어(古語)로 "충성심이 곧 나를 규정한다(Loyaulté me lie)"는 리차드 3세의 좌우명을 리차드가 자신이 믿는 것을 향해 "돈키호테(Don Quixote)와 같은 순진함"을 갖고 나아가는 것이라고 설명한다. 그는 리차드가 "비록 자신에 대한 일방적인 충성이었을지 모르지만 타락했다고 여기는 세상에서 유일하게 충성을 지킨 인물이라 할 수 있다"고 말한다. 무대는 마치 이미 죽음을 맞이한 리차드 3세의 '사후의 꿈' 혹은 어두운 구름 속을 배회하는 하얀 분칠을 한 유령의 기이한 '악몽'을 보고 있는 것만 같다. 왜곡된 영상이나 깃털, 풍선과 같은 오브제(object)로 표현되는 죽어서 '유령'이 된 인물들, 환상 속에서 들려오는 환청과 같은 음성들, 그리고 도르래로 연결된 접시들처럼 서로 맞물리며 힘의 방향만 바뀔 뿐 끊임없이 타락을 향해 움직이는 세상, 그 세상 속에서 자신을 지키기 위해 화려하게 빚어졌지만 깨지기 쉬운 도자기로 만들어진 갑옷을 입고 서 있는 리차드의 모습… 무대는 현실이 아닌 '환상'을, 현재가 아닌 '과거'를 드러내는 리차드의 '악몽'처럼 종말을 향해 나아간다.

2015년 3월, 530년 만에 발견된 리차드 3세의 유골로 실제 장례가 치러졌던 레스터 성당(Leicester Cathedral)의 영상이 스크린에 펼쳐지는 가운데 도자기로 된 갑옷을 벗어 던진 채 파자마 차림으로 왕좌였던 '의자'에서 뚝 떨어져 허공에 매달린 채 둥둥 떠 있는 리차드의 모습은 마치 지옥의 검은 구름 속에 떠내려가는 '육체'의 허망함을 마주한 것만 같다. 세상 속에서 '광대'처럼 한바탕 자신만의 논리에 맞춰 일방적인 '충성'을 추구했던 한 사람, '분노'에 사로잡히고 '복수심'에 구속되어 빠져나오지 못한 리차드의 '악몽'은 관객들에게 '공포'를 일깨운다.

악몽은 '경고의 메시지'이다. 마치 가상현실처럼 실제가 아닌 세상을 '현실'로 겪는 악몽은 인간이 스스로에게 남기는 교훈이며 무의식의 가르침이다. 악몽이 현실이 될지 모를 무서움에서 벗어나려면 악몽을 가볍게 여겨서는 안 된다. 세상에서 외면당했다고 느끼는 자가 불러온 '분노'가 야기한 광기와 잔혹함의 결과를 우리는 결코 무시해서는 안 된다. 『서툰 감정』에서 샌드는 이렇게 말한다. "감정과 자신을 동일시해서는 안 된다. 감정은 우리가 소유하고 있는 어떤 것일 뿐, 우리 자신이 아니다." 랑베르−빌드의 〈리차드 3세: 충성심의 구속〉은 감정에 자신을 온전히 내맡긴 한 광대의 비극, 감정에 굴복해 버린 악의(惡意)에 찬 사람의 질주와 '공포'를 보여준다. 우리는 무대를 보며 웃지만 웃음으로 인해 더 큰 공포를 느낀다. 공포는 우리에게 묻는다. '당신은 감정에 굴복하기를 원하는가? 아니면 감정에 저항하기를 원하는가?' 샌드의 말처럼, 선택권은 전적으로 우리에게 달려 있다.

---

* 본 글은 2018.06.29.~2018.07.01. 명동예술극장에서 공연된 국립극단의 해외초청작 〈리차드 3세: 충성심의 구속〉을 관람한 후 작성된 칼럼입니다.

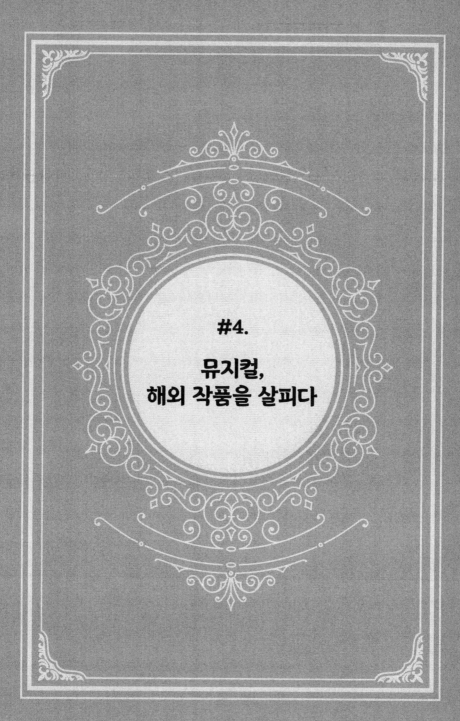

#4.

뮤지컬,
해외 작품을 살피다

소외와 고통, 자유와 '사랑'에 관한 시

🎭 뮤지컬 〈노트르담 드 파리〉

'세기말 증후군'이란 말이 있다. 한 세기가 지나고 새로운 세기를 시작하기에 앞서 집단의 사람들이 공통적으로 겪게 되는 이상 심리 현상, 불안하고 우울한 정서가 지배적이 되는 이 시기에는 종말론과 사이비 종교가 속출한다. 100년이라는 시간을 두고도 미래에 대한 불안으로 이런 몸살을 앓는데 하물며 새로운 1,000년을 앞둔 시기라면 그 불안감이 어떠할까? 실제로 2000년의 시작을 앞두고 있던 1999년, 전 세계는 새로운 천년의 문턱에서 지구 종말에 관한 초조한 불안에 시달렸다. 1994년 영화 〈노스트라다무스(Nostradamus)〉가 프랑스에서 개봉된 데 이어 1998년 영화 〈딥 임팩트(Deep Impact)〉와 〈아마겟돈(Armageddon)〉이 미국의 할리우드를 강타하기까지 세상 사람들은 16세기 프랑스의 점성술사였던 노스트라다무스의 1999년 7월 '종말론'이 실제로 실현될 것인가에 대한 호기심과 두려움을 감추지 못했다.

불안이 증폭되던 1998년 9월 16일, 파리에 위치한 팔레 데 콩그레 극장(The Palais des congrés de Paris)에서 프랑스인들의 마음을 단번에 사로잡은 뮤지컬 〈노트르담 드 파리(Notre-Dame de Paris)〉가 초연되었다. 3,700석에 달하는 객석을 채우고 120회의 공연을 성공적으로 마친 뮤지컬 〈노트르담 드 파리〉는 관객들의 열띤 성원으로 인해 예정보다 한 달 정도 연장한 1999년 1월 31일까지 공연을 이어나갔다. 뮤지컬 〈노트르담 드 파리〉에 대한 관객들의 사랑은 OST 앨범에 대한 관심으로 이어졌고, 이미 개막 1년 전에 발매되었던 앨범이 프랑스 차트에서 17주간 1위를 차지하는 기염을 토했다. 특히 종지기인 꼽추 '콰지모도(Quasimodo)'와 노트르담 성당 주교인 '프롤로(Frollo)', 근위대장 '페뷔스(Phoebus)'가 각기 '에스메랄다(Esmeralda)'의 아름다움을 놓고 자신의 관점에서 '사랑'을 노래하는 'Belle'는 44주간 부동의 1위를 지키는 놀라움을 선사했다. 프랑스 관객들은 뮤지컬 〈노트르담 드 파리〉의 어떤 점에 열광했던 것일까? 또한 20년이 넘는 세월을 지나 지금까지 전 세계 관객들의 사랑을 받으며 여전히 그 힘을 잃지 않는 이유는 무엇일까?

2018년 뮤지컬 〈노트르담 드 파리〉의 한국어 버전 개막 10주년을 맞아 전국투어 공연이 펼쳐졌다. 1998년 초연 이후 20년 동안 전 세계 20개국에서 4,000회가 넘는 공연을 하며 1,200만의 누적 관객을 돌파한 뮤지컬 〈노트르담 드 파리〉는 2008년 1월, 세종문화회관에서 한국어로 첫선을 선보였다. 1482년, 파리 노트르담 대성당(Notre-Dame de Paris)을 배경으로 꼽추 콰지모도와 아름다운 집시 여인 에스메랄다, 프롤로 주교, 근위대장 페뷔스의 비극적인 "욕망과 사랑의 이야기"를 다루고 있는 뮤지컬 〈노트르담 드 파리〉는 프랑스의 대문호 빅토르 위고(Victor Hugo)의 동명소설을 기반으로 하고 있다. 소설이 발표되었던 1831년은 '프랑스 대혁명'(1789) 이후 로베스피에르(Maximilien Robespierre)의 공포정치(1792~1794)와 1830년의 '7월 혁명', 즉 출판의 자유를 금하고 하원 해산, 선거권 제한을 발표한 샤를 10세 (Charles X)에 반발한 민중들이 바리케이드를 쳤던 '3일간의 혁명'이 막 지난 상당히 어수선한 시기였다. 자유와 평등, 박애를 중요시했던 당시 29살의 위고는 어느 날 노트르담 대성당을 살펴보다 한쪽 구석에 손으로 새겨 넣은 듯 보이는 'ANArKH(아나키아)'란 단어를 발견하게 된다.

그리스어로 '숙명'이란 뜻을 가진 이 단어는 위고로 하여금 '고통'에 대해 생각하도록 만든다. '도대체 어떤 고통이 한 영혼으로 하여금 이런 글자를 새기도록 만들었을까'에 대한 궁금증과 장구한 세월 속에 닳아서 잘 보이지도 않는 글씨만 남긴 '삶의 스러짐'에 대한 사유는 모든 '고통의 역사'가 시간의 거대함 속에 사라져버리는 세상에 대한 '연민'으로 이어진다. "작가의 임무는 사회의 불운한 구성원들을 옹호하는 것"이라 생각했던 위고는 파리라는 도시와 프랑스라는 국가의 상징으로 '노트르담 대성당'을 프랑스인들의 마음속에 굳히는 역할을 한다. 당시 '노트르담 대성당'은 대혁명 이후로 계속된 역사적 소용돌이 속에서 붕괴된 채 점점 더 흉물스럽게 허물어져 가고 있었고, 이는 마치 성직자와 귀족들로 구성된 사회의 특권층에 맞서 '불합리한 구체제(Ancien Régime)'를 개혁하기 위해 일어섰던 모든 시민의 바람이 쇠퇴하고 있는 현실을 반영한 '상징물'처럼 느껴졌다. 1482년, 신이 모든 것의 중심이었던 중세의 시대가 가고 인간 중심의 사고와 자유로운 문화, 예술, 학문이 번성하기 시작했던 르네상스 시대로의 격동기에 있던 파리는 위고가 살아가고 있던 1830년대의 프랑스를 반영하기에 아주 적절한 시기였다.

어쩌면 클래식 음악에 밀려 뮤지컬이 큰 인기를 얻지 못하던 1990
년대에 "가장 프랑스적이면서도 세계 어디서나 공감할 수 있는 작품"
을 만들고 싶었던 뤽 플라몽동(Luc Plamondon)이 '콰지모도'라는 이름
에 마음을 빼앗긴 건 지극히 자연스러운 일이었는지도 모른다. 한 세
기가 지나고 새로운 세기를 맞이하는 혼란스러운 마음과 불안한 사
회의 변화는 중세에서 르네상스로 옮겨가는 중요한 변곡점을 다루던
소설의 시대적 배경과 궤를 같이하고 있었고, 중세의 위상을 상징하
는 고딕양식의 대성당 위에 앉아 있는 낙숫물받이 돌 장식 '가고일
(Gargoyle)'을 닮은 콰지모도의 외모는 그 자체로 지나간 시대의 '모순'
을 상징하는 것이었기 때문이다. 신을 섬기는 가장 성스러운 곳인 성
당 위에 앉아 '사악한 악령'들을 쫓거나 교회를 찾는 신도들에게 '공포
심'을 심어주기 위한 목적으로 이용되었다는 '가고일 석상'은 '악마
(evil)'라는 이름으로 매도되었던 이교의 신들을 모델로 한 '반인반수
(半人半獸)'의 모습으로, 무서우면 무서울수록 좋았다고 한다. 노트르
담 성당의 종지기로서 늘 '가고일 석상' 사이에 앉아 파리 시내를 굽
어보고 있는 꼽추 콰지모도는 귀머거리, 애꾸눈, 절름발이의 흉물스
러운 모습이다. 하지만 외모와 다르게 그의 내면은 한없이 맑고 순수
하며 진정한 사랑과 희생을 품을 줄 아는 따스함을 담고 있다. 오히려
그 추악함에 고개를 젓도록 만드는 것은 신의 사랑을 실천해야 할 위
치에 있는 대성당의 주교 '프롤로'와 거리의 질서를 바로잡고 시민을
보호해야 할 의무를 지닌 근위대장 '페뷔스'이다.

뮤지컬 〈노트르담 드 파리〉는 "하늘 끝에 닿고 싶은 인간들이 유리
와 돌에 자신들의 역사"를 새기던 '대성당의 시대'가 가고 이교도의
무리들이 성문으로 돌진하는 '새로운 천년'이 도래했음을 알리는 음

유시인 '그랭구와르(Gringoire)'의 서곡으로 시작된다. 시간은 흐르고 결국 지나간 시대의 사람들이 어떻게 살았는지, 무엇을 이루었는지에 관한 '이야기'는 조각상과 시와 같은 '예술'로 남겨지게 될 것임을 강조하는 그랭구와르는 "이 세상의 끝 또한 2000년에 예정되어 있음"을 노래한다. 파리 성문 밖을 떠돌며 불행하고 타락한 삶을 살아가고 있는 이방인들은 프롤로 주교에게 '은신처'를 내어줄 것을 요구하고 근위대장 페뷔스는 부랑자들을 파리에서 추방할 것을 명령한다. '보헤미안(Bohémienne)'을 노래하는 집시 여인 에스메랄다에게 시선을 빼앗긴 페뷔스는 이미 결혼을 약속한 귀족 출신의 '플뢰르 드 리스(Fleur-de-Lys)'가 있음에도 불구하고 이국적인 매력의 에스메랄다를 향한 뜨거운 '욕망'에 사로잡힌다. 대중들의 길거리 축제인 '광인들의 축제(The Feast of Fools)'에서 어릿광대들에 의해 "미치광이 교황(The King of Fools)"으로 선출된 콰지모도는 마을 사람들의 조롱거리가 되고, "세상에서 가장 추한 모습"으로 태어난 자신의 신세를 한탄하며 에스메랄다를 향한 사랑을 노래한다. 하지만 "이방인이자 마녀, 창녀이자 길거리의 짐승"과 다름없는 그녀를 훔쳐보는 것조차 '죄악'이라 말하는 프롤로 주교는 '교화'를 명목으로 에스메랄다를 '납치'해 탑에 가둘 것을 콰지모도에게 명령한다. 성당 앞에 버려진 자신을 거두어준 프롤로 주교를 '은인'으로 여기고 복종하던 콰지모도는 그를 거부하지 못한 채 에스메랄다를 미행하기 시작하지만 곧 페뷔스에게 들켜 '바퀴형틀(The Great Wheel)'에 묶여 태형을 당하게 된다. 한편, 자신을 구해준 페뷔스에게 반한 에스메랄다는 다음 날 밤 '카바레(the Cabaret du Val d'Amour)'에서 그와 만날 것을 약속한다.

위고의 소설을 뮤지컬로 만드는 과정에서 가장 크게 변화한 것으로 보이는 인물은 이방인들의 우두머리인 '클로팽(Clopin)'이다. 뮤지컬 〈노트르담 드 파리〉에서는 클로팽이 단순히 부랑자들을 이끄는 '두목'이 아닌 버려진 자들을 이끄는 '주동자'이자 에스메랄다의 '보호자'로 등장한다. 열여덟도 되지 않은 나이에 어머니를 잃은 에스메랄다가 이용만 당하고 버려질 것을 우려한 클로팽은 남자들의 음흉한 속내에 대해 충고한다. 그는 프롤로 주교가 자신의 끓어오르는 욕망을 다스리지 못하는 무능력을 오히려 에스메랄다의 '유혹'의 탓으로 돌리고 그녀를 "원죄의 씨앗이자 악마의 화신"으로 규정하여 감옥에 가두었을 때 누구보다 적극적으로 그녀를 구하기 위해 나서며, "자유와 해방, 평등과 수용, 평화와 안식"과 같은 것들은 인간이라면 누구나 세상을 향해 당연히 주장할 수 있는 권리들임을 강조한다. 그는 결국 불법체류자들을 모두 체포하고 진압할 것을 명령한 페뷔스로 인해 '죽음'에 이르게 되지만 죽어가면서도 끝까지 남겨진 이방인들을 잊지 말 것을 에스메랄다에게 부탁함으로써 오직 '사랑'을 위해 모든 것을 바치겠다던 에스메랄다를 '역사'를 바꾸기 위해, 자신과 같은 이방인들의 자유와 권리를 주장하기 위해 나설 수 있는 여인으로 변모시킨다.

  뮤지컬 〈노트르담 드 파리〉의 극본 및 가사를 쓴 플라몽동은 욕망을 이기지 못해 갈등하는 인간의 고통과 사랑에 대해 이야기하면서도 동시에 종교와 국가의 권위와 체제를 상징하는 프롤로와 페뷔스가 힘없는 한 개인인 에스메랄다를 어떻게 속박하고 능멸하며 이용하고 버릴 수 있는지를 보여줌으로써 사회 비판적 기능을 부여한다. 페뷔스로 대변되는 권위가 보이는 호의에 무지와 순진함으로 다가서지만 쉽게 버림받고, 프롤로가 대변하는 종교의 거짓된 허울과 음모에 속아 결국 '죽음'의 비극으로 내몰리는 에스메랄다는 사실상 힘없는 이방인, 소외된 하층민의 '방치된 삶'을 대변한다. 자신의 '욕망'을 채우기 위해 소비하려던 에스메랄다를 얻을 수 없게 되자 곧바로 다른 선택지인 자신의 약혼녀에게로 되돌아가 외면하는 페뷔스나 자신의 음흉한 속내를 숨긴 채 에스메랄다를 '함정'으로 몰아넣고 페뷔스를 칼로 찌른 범인으로 몰아 교수형에 처하도록 만드는 프롤로는 '가면'을 뒤집어쓴 기득권 세력의 부조리와 부도덕을 고발한다. 결국 그녀를 구하고 탈옥에 성공시키는 것은 클로팽을 따르는 분노한 '이방인들(The Refugees)'이며, 모든 마을 사람에게 무시당하고 핍박받던 꼽추 '콰지모도'이다.

갈 곳 없는 에스메랄다에게 종탑을 내어준 콰지모도는 다른 사람을 향한 애정으로 가득한 채 자신이 속고 이용당하고 있는 줄도 모르고 잠들어 있는 에스메랄다를 보며 신을 원망한다. 그는 묻는다. "신은 누구를 위한 것인가요? 오만한 자들을 위한 것인가요? 신은 정말로 오만하고 탐욕스러운 자들을 더 사랑하는 것인가요?" 콰지모도의 질문은 불공정하고 불평등한 삶을 살아가는 인간이라면 누구나 하늘을 향해 묻게 되는 '정의'와 '존재'에 관한 질문이라는 점에서 관객들의 마음에 와닿는다. 도저히 에스메랄다를 구원할 수 없는 자신의 미약함에 좌절하고 고통스러워하던 콰지모도는 프롤로 주교를 향해 "당신도 고통을 느낄 수 있는 가슴이 있나요?"라고 묻고, 프롤로는 그녀를 교수대에 묶이도록 만든 것이 다름 아닌 자신임을 고백한다. '은인'이라 믿기에 거부할 수 없었던 주교의 위선과 배신에 분노한 콰지모도는 프롤로를 성당 계단에서 밀어 버린다. 노예처럼 복종하던 콰지모도는 마침내 주인에게 매여 있던 사슬을 끊어내고 자신의 '자유의지'를 되찾지만 그의 유일한 사랑이었던 에스메랄다는 이미 차디찬 주검으로 변해버린 상태이다. 그는 노래한다. "나를 위해 춤을 춰봐요. 나는 내 죽음보다도 더 그걸 원해요. 나도 그대와 함께 떠나게 해줘요. 그대와 함께라면 죽음도 죽음이 아니니까요!" 콰지모도의 간절한 외침에 관객들이 전율하는 것은 에스메랄다의 사랑과 콰지모도의 사랑의 속성이 결국 같은 것임을 가장 잘 알기 때문이다. "숨 쉴 수 있는 공기와 자유, 사랑"이 가장 소중했던 에스메랄다와 콰지모도의 순수한 사랑이 억압과 권위를 대변하는 두 주체에 의해 스러질 수밖에 없음은 '자유, 평등, 박애'라는 프랑스 대혁명의 정신을 일깨우도록 만든다. 콰지모도의 절규 뒤로 줄에 매달린 남녀가 춤을 추는 아름다운 장면은 그것이 결코 현실이 될 수 없는 '환상'임을 인지하기에 슬픔을 배가한다.

음유시인 그랭구와르의 노래처럼 "작은 것은 큰 것을 대신"하고 지나간 자리에 다시 둥지를 튼다. 그들이 각자 사랑을 갈구하며 고통에 절규했던 감정들은 시와 노래, 춤이라는 예술을 통해 현대의 관객들에게 전달된다. 더 이상 아무도 소외되지 않는 세상, 가난과 국경이 없는 세상, 굴욕이 없는 세상을 원했던 클로팽과 이방인들의 소망은 15세기를 살아가던 사람들에게도, 19세기의 혼란한 시기를 거쳐 가던 사람들에게도, 21세기를 맞이하던 사람들에게도 마찬가지이다. 그들 모두가 바랐던 것은 '수용'이고, '자유'이며, '평등'이다. 뮤지컬 〈노트르담 드 파리〉는 소외와 고통, 수용과 자유, 그리고 '사랑'에 관한 시이다.

* 본 글은 2018.11.02.~2018.11.04. 인천문화예술회관에서 공연된 뮤지컬 〈노트르담 드 파리〉를 관람한 후 작성된 칼럼입니다.

뮤지컬 〈엘리자벳〉

　〈신데렐라〉와 〈백설공주〉, 〈잠자는 숲속의 미녀〉와 같은 동화를 읽고 난 후 품게 되는 의문은 보통 하나이다. ‘과연 왕자와 공주는 행복했을까?’ ‘행복’의 개념조차 제대로 정립되지 않은 나이에 접하게 되는 동화 속 결말은 늘 해피엔딩이다. “그 후로 그들은 오랫동안 행복하게 살았답니다!” 도대체 누구의 관점에서 그들이 행복했다는 것일까? 왕자와 공주의 관점에서일까? 아니면 동화를 읽는 아이들의 ‘기대감’을 고려한 어른들의 관점에서일까? 그것도 아니라면 사실상 ‘고난’으로 가득한 삶을 조금이라도 아름답게 보길 원하는 어른들의 ‘바람’ 때문일까? 하지만 동화는 동화일 뿐 실제 역사 속에서 발견하게 되는 왕자와 공주의 결혼은 결코 행복하지 않다. 세계 역사를 둘러싼 왕가의 ‘러브 스토리’의 결말은 대부분 ‘비극’이며, 권력을 둘러싼 암투와 질투, 스캔들, 정신병과 우울증, 자살과 사고가 난무한다. 왕가의 로맨스에는 행복보다는 ‘죽음’의 그림자가 어른거린다.

　영국의 역사가 앤드류 싱클레어(Andrew Sinclair)에 따르면, 민족주의가 대두되기 전까지 서구 유럽 제국의 영토를 지켜주었던 것은 “전쟁이 아닌 왕실의 결혼"이었다. 제국의 통치는 수상과 장교, 대신들과의 정치적 논의보다 상속과 결혼을 통해 혈연으로 맺어진 사촌들 간의 은밀한 소통에 의해 이루어졌고, 전통과 예법, 규율에 따르는 '엄격함'이 강조되었다. 왕조들은 근친상간으로 인한 정신병과 혈우병의 위험에도 불구하고 자신의 아들들과 딸들을 결혼시켰다. 왕족들이 가장 두려워했던 것은 무정부주의자들과 공화주의자들, 적국의 첩자들에 의한 '암살'이었고, 이 때문에 그들은 수백 년간 이어져 온 왕실의 핏줄 외엔 그 누구도 신뢰하질 못했다. 유럽의 가장 영향력 있는 왕실, 오스트리아를 비롯해 헝가리, 체코, 스페인, 이탈리아 남부, 벨기에, 네덜란드에 이르기까지 넓은 영토와 지배권을 자랑했던 '합스부르크 왕가(The Austrian Habsburgs)'에는 프란츠 요제프 황제(Kaiser Franz Joseph)와 '씨씨(Sisi)'라 불리던 "왕실의 가장 아름다운 여인" 엘리자벳 황후(Kaiserin Elisabeth)의 '러브 스토리'가 존재한다.

1853년 8월, 23세의 젊은 황제 요제프는 이미 오랜 인연으로 얽혀 있는 합스부르크 왕가와 비텔스바흐 왕가(The Wittelsbachs)의 맞선 자리에서 예비 황후로 낙점되어 있던 '헬레네(Helene)'를 마다하고 그녀의 동생 '엘리자벳'과 사랑에 빠지게 된다. 전통과 규율을 따르던 왕실의 혼인에 '정치'가 아닌 '사랑'이 개입되었다는 사실은 엄청난 스캔들을 불러왔고 왕실의 로맨스는 순식간에 세간의 주목을 받게 되었다. 하지만 예법 교육에 매진하던 언니와 달리 자유분방한 삶을 영위하던 소녀에게 궁정이라는 낯선 곳이 편할 리 없었다. 16살이란 나이에 갑자기 사랑에 빠져 엄격한 규율과 의무만이 강조되는 궁정에 갇힌 어린 황후의 삶은 '감옥 생활'이나 다름없었다. 아름다운 황후에게 쏠리는 대중의 지대한 관심은 황후의 일거수일투족을 감시하는 시어머니 '소피 대공비(The Archduchess Sophie)'의 억압과 훈육을 더욱 심하게 만들었고, 아이들마저 빼앗기고 아무것도 할 수 없게 된 황후는 조금씩 자신의 '자유'와 '독립'을 위해 소피 대공비와 맞서기 시작했다. 역사적 변곡점을 향해 흐르던 자유주의와 민족주의의 물결에 관심을 보이던 엘리자벳은 자신의 '아름다움'을 향한 대중들의 관심과 명성을 등에 입고 요세프의 곁을 떠나 주로 헝가리에 머물며 왕실과 거리를 두었다. "모든 아름다움을 갖춘" 왕가의 여인과 젊은 황제의 영원히 행복할 것 같았던 결혼은 어린 딸의 죽음과 남편의 외도, 그리고 1889년 아버지와 갈등을 일으키던 황태자 '루돌프(Crown Prince Rudolf)'의 자살이라는 비극을 통해 점점 더 암흑 속으로 빠져들어 갔다. 아들이 죽은 후 검은 상복의 드레스를 평생 벗지 않았다는 황후 엘리자벳은 모든 정치적 영향력을 내려놓은 채 극소수의 수행원만을 대동하고 유럽의 여러 도시를 떠돌다 1898년 스위스 레만호(Lake Geneva) 근처에서 이탈리아의 무정부주의자 루이지 루케니(Luigi Lucheni)의 칼에 찔려 사망하였다. 당시 그녀의 나이 61세, 오스트리아의 왕실이라는 '감옥'에 갇혀 오로지 '자유'를 꿈꾸며 자신만의 삶을 찾기 위해 투쟁한 지 44년째 되던 해였다.

2018년 겨울, 미하엘 쿤체(Michael Kunze) 작사, 실베스터 르베이(Sylvester Levay) 작곡의 뮤지컬 〈엘리자벳(Elisabeth)〉의 네 번째 재공연 무대가 펼쳐졌다. 1992년 미하일 쿤체는 전형적인 브로드웨이 뮤지컬과는 결이 다른 "새로운 어떤 것"을 선보이기 위해 오스트리아의 황후 '엘리자벳'의 이야기에 주목했다. 보다 "극적이고, 서사적이며, 음악적으로도 포괄적인 작품"을 탄생시키기 위한 그의 노력은 비엔나의 초연 무대에서 관객들의 폭발적인 반응을 이끌어냈다. 관습과 전통이 가장 중요했던 시대에 다른 사람들에 의해 강요된 모습이 아닌 자신만의 모습을 찾기 위해 투쟁했고, 자신을 향해 쏟아지는 모든 편견에 맞섰으며, 자유를 위해 많은 것을 내주어야 했던 황후 엘리자벳의 삶이 "매우 현대적"이라는 쿤체의 해석은 '다름'을 추구하는 '새로운 뮤지컬'이라는 장르에 적합한 소재로 여겨졌다. 그는 삶에 대한 주체성, 자유와 독립의 추구는 현대인들에게 '당연한 것'으로 여겨질지 모르지만 19세기라는 당대의 한계와는 또 다른 방식으로 사람들에게 여전히 '억압'으로 작용하는 많은 것들이 있다는 점에서, '엘리자벳의 삶'이 관객들에게 또 다른 '울림'을 줄 것이라고 덧붙였다.

실제 엘리자벳 황후가 남긴 일기장과 시, 편지들을 토대로 극을 구성했다는 쿤체는 2009년 《브로드웨이 월드(Broadway World)》와의 인터뷰에서 자신의 작품들의 특징을 "드라마뮤지컬(dramamusicals)"이란 용어로 설명했다. "음악이 있는 드라마"를 강조하는 그는 음악은 중요한 요소이지만 "드라마의 가장 중요한 요소는 이야기"이기 때문에 음악은 이야기를 전달하는 데 반드시 어떤 기여를 해야 한다고 말했다. 그는 대본을 먼저 쓰고 음악을 덧붙이는 자신의 작업 방식이 음악이 이야기에 종속되어야 함을 의미하는 것은 아니며, 단지 "음악이 이야기를 말하기 위해 사용되어야 함"을 강조하는 것뿐이라고 덧붙였다. 쿤체는 이렇게 설명했다. "'드라마뮤지컬'이란 용어는 내가 만들어낸 것이 아니라 언론에 의해 붙여진 이름이다. 나는 그것이 보다 유럽적인 특징을 설명하는 단어라고 생각한다. 뮤지컬이라는 예술 형식이 훨씬 드라마적인 이야기를 바탕으로 한 오페라의 전통에 가깝다고 생각하기 때문이다. (…) 나는 관객들이 공연을 통해 단순히 하룻저녁을 즐기는 것이 아니라 연극적 경험을 통해 진정한 정서적 감흥에 이르고 무언가에 대해 더 논의할 수 있기를 바란다고 생각한다."

쿤체의 '연극적인 경험'에 대한 생각은 엘리자벳 황후의 삶에 드리워진 죽음과 비극의 그림자를 '토드(Der Tod)'라는 하나의 인물로 형상화하는 상상력을 발휘하도록 만든다. 사냥을 좋아하고 자유로움을 추구하며 여성편력과 방랑벽이 심했던 아버지 '막스 공작(Duke Max of Bavaria)'을 따라 서커스 구경을 하거나 말을 타고 집시들과 어울려 춤과 노래를 배우는 모험을 감행했던 엘리자벳은 19세기라는 시대적 제약을 벗어난 자유로운 삶을 꿈꾸게 된다. 자신을 두고 혼자 떠나버린 아버지를 기다리며 줄타기 연습을 하던 엘리자벳은 어느 날, 나무에서 떨어져 죽을 뻔한 위기에 처한다. 쿤체는 엘리자벳의 삶에 드리워진 '죽음'의 그림자를 그녀의 아름다움에 현혹되어 '죽음'을 유예시키고 그녀의 생명을 구한 죽음의 신 '토드'로 형상화한다. 꿈속에서 왕자님을 만난 듯 포근했던 아련한 기억은 엘리자벳의 가슴에 '토드'를 향한 알 수 없는 그리움을 남기고, 위기의 순간이 닥칠 때마다 '안식'을 갈망하는 '죽음'의 그림자를 드리운다.

사실 '죽음'이라는 존재가 엘리자벳의 주변을 맴돌며 그녀가 불안한 선택을 하거나 고통에 흔들릴 때마다 자신과 함께 춤을 출 것을 요구하고 유혹한다는 설정은 꽤 섬뜩하다. 하지만 매력적인 존재로 그려지는 '토드'의 모습에 관객들은 그가 '죽음'이라는 사실을 문득 잊게 된다. 언뜻 '죽음(토드)'은 살고자 분투하는 엘리자벳에게 포기할 것을 요구하는 악마처럼 비춰지기도 하지만 사실 그가 대변하는 것은 궁극적인 삶의 종착지와 진실을 의미할 뿐, '죽음' 그 자체보다는 모든 삶의 노력을 포기하고 죽음으로 달려가 안기고픈 '고통스러운 마음'이라고 할 수 있다. 요제프 황제와의 결혼을 선택한 엘리자벳을 향해 "이 세상 누구보다 특별한 너"를 외치며, "너의 선택이 과연 진심일까? 그를 향한 환상은 착각일 뿐! 미소를 지으며 안겨 있지만 곧 환상에서 깨어날 거야. 마지막 춤, 넌 나와 춰야 해!"라고 노래하는 '토드'는 사실상 진실을 설파한다. 왕실의 대를 잇기 위해 의무 속에 자신을 희생하고 줄에 매인 꼭두각시처럼 그 어떤 것도 마음대로 할 수 없는 황후의 삶은 '사랑'만 있다면 그 어떤 굴레와 시련도 이겨낼 수 있다고 맹세했던 엘리자벳의 마음을 흔들기 시작한다. 소피 대공비에게 사정없이 휘둘리는 요제프에게서는 그 어떤 '보호'도 받을 수 없음을 깨닫게 된 엘리자벳은 고통스러운 순간마다 찾아오는 '토드'의 유혹을 피해 끊임없이 '자유'를 되찾고자 조금씩 전진하며 자신의 '정치적 입지'를 구축해나가기 시작한다.

상당히 많은 시간을 투자해 '아름다움'을 지키고 운동을 통해 몸매를 가꾸었던 그녀의 '미에 대한 집착'과 관련해 싱클레어는 "비엔나의 고루한 인습과 전통이 강조했던 장대한 의식에 대한 그녀만의 일종의 사적인 복수라 할 수 있다"고 평가한다. 황후라는 자리에 그녀가 '부적합한 사람'이라는 비엔나 궁정의 시선에 반발이라도 하듯 그녀의 아름다움은 세간의 엄청난 관심을 불러일으켰고, 인기라곤 없던 요제프에게 대중의 지지를 불러왔을 뿐 아니라 전 유럽 왕실의 아이콘이 되도록 만들었다는 것이다. "낡은 세대의 제국주의적 독재자"로 여겨졌던 요제프와 다르게 엘리자베스가 헝가리와 아일랜드에서 불어오는 자유를 위한 투쟁과 독립을 위한 저항에 관심을 표하고 기꺼이 그들의 '명분'이 되기를 선택했던 것은 소피 대공비와 대적하기 위함이기도 했지만 끝없이 새장 속에서 벗어나기를 바랐던 그녀의 '정체성' 때문이기도 했다. 어쩌면 노동자 계급이 부상하고 자유주의와 민족주의적 흐름이 '혁명'과 '독립'을 외치도록 만들었던 시기에 가장 강력한 규율과 법도가 강제되는 왕실에서 '죽음' 외엔 그 위계질서에서 벗어날 길이 없는 황후가 반(反)전통과 혁명을 추구하고 '해방'을 노래하는 시인 '하인리히 하이네(Heinrich Heine)'의 시를 탐독하며 독립된 국가 헝가리에 머물기를 원했던 것은 지극히 당연한 일이었는지도 모른다.

뮤지컬 〈엘리자벳〉의 또 다른 흥미로운 구조는 엘리자벳 황후의 서사를 전달하는 사람이 다름 아닌 암살자 '루이지 루케니'라는 사실이다. 이는 이미 절대적 권력을 주장했던 왕조의 그림자가 사라지고 자유와 독립을 추구하는 일이 지극히 당연하게 여겨지던 후세의 사고에서 그녀를 비추게 된다는 점에서 역사가 바라보는 '엘리자벳'을 드러내게 된다. 막이 열리면 100년 동안 목이 매달려 황후 엘리자벳을 암살한 혐의로 재판을 받고 있다는 루케니가 등장한다. 그는 재판장에게 자신은 일평생 '죽음'을 사랑하며 스스로 죽기를 원했던 그녀를 도와줬을 뿐 아무런 죄가 없다고 항변한다. 100년이 지난 시점에서 황후 암살의 숨겨진 배후에 관한 질문을 한다는 설정은 엘리자벳의 삶에 드리워진 '죽음'의 존재에 대한 증언을 하기 위해 '죽은 자'들을 소환하도록 만든다. 며느리가 예민했을 뿐 "너무 많은 것을 원한 탓에 불행했다"고 말하는 소피 대공비, "늘 공허했던 삶"을 부르짖으며 아내를 향한 변치 않는 사랑을 토로하는 요제프, "혼자 남겨졌다는 외로움"에 지쳐 죽음을 선택했다는 루돌프, 세상이 부여한 모든 무게를 벗어던지려던 그녀가 진정으로 원한 것은 "자신만의 자유"였음을 외치는 루케니는 그녀를 향해 묻는다. "살아서도 죽어서도 하나 될 수 없는 그녀! 그대 아름다운 자, 어떤 꿈을 꾸었나? 대체 무엇을 원했나? 무엇이 그대를 망쳤나?"

언제나 '자유'를 갈망했으나 '죽음' 외에는 안식과 평화를 찾을 수 없었던 여인, 정신병원에 갇혀 자신이 '황후'라 주장하는 미친 여인을 바라보며 몸이 묶여 있는 그녀보다 영혼이 묶여 있는 자신이 더 불행하다 여겼던 여인, 오직 광기와 죽음 외엔 탈출구가 없는 것인가 의심하며 그저 끊임없이 한 발씩 내딛으며 왕실로부터 멀어지기 위해 유럽 전역을 떠돌았던 여인…. 사실 무정부주의자 루케니에게 엘리자베스는 목적을 달성하기에 가장 적합한 표적이었다. 그는 암살 후 심문 과정에서 "나는 내가 걸어가는 길에서 만난 첫 번째 왕족을 암살했을 뿐이다. 나는 본보기를 보이고 싶었고 그것이 왕자든 황후든 황제든 상관없었다. 내가 죽여야 할 사람은 반드시 중요한 위치에 있는 사람이어야 했고, 그의 죽음이 신문 곳곳에 실릴 수 있는 유명인사여야만 했다"라고 진술했다. 오로지 암살 행위를 통해 봉건주의 질서를 파괴할 필요를 알리고 사생아로 태어나 고아원에서 자란 불행한 삶에 대한 복수를 하는 것이 목적이었던 루케니에게 '벨기에의 백작부인(A Belgian Countess)'으로 변장했으나 이미 스위스 언론에 의해 그 소재지가 모두 드러난 황후는 매우 쉬운 표적이었다. 그녀의 이러한 행보는 세간의 사람들에게 '죽음'을 향해 스스로 다가간 여인이란 평을 듣도록 만들었고, 평소 그녀의 '예정된 끝'에 대한 언급 또한 '죽음'을 사랑한 여인이라는 상상을 가능하도록 만들었다. 엘리자벳은 '죽음'을 이렇게 설명했다고 한다.

"나는 항상 나의 운명과 조우하기 위해 걸어왔다. 그 어떤 것도 내 운명의 날이 나에게 다가오는 것을 막을 수는 없을 것이다. 가끔 운명은 자신의 눈을 감기도 하지만 곧 다시 눈을 뜨고 우리를 바라본다."

벗어날 수 없는 굴레와 속박, 의무와 역할 속에서 자신의 주체적 삶을 영위할 수 없었던 여인, 민중의 어머니 역할을 했을지 모르지만 자신의 아이에게조차 어머니가 될 수 없었던 여인, 시대가 허락하는 '해방'을 추구했지만 자립심이 오히려 이기심으로 읽혀서 왕실로부터 온전히 받아들여질 수 없었던 여인이 간절히 바랐던 것은 그 무엇에도 속박되지 않고 자유롭게 날아갈 수 있는 세상이었다. 사후 120년이 되도록 그녀의 삶이 이야기되고 예술로 형상화되는 것은 아마도 '자유'를 향한 모든 이의 희망이 같기 때문이 아닐까? 누구든 자신만의 상황 속에서 벗어날 수 없는 속박과 굴레를 느낄 때, 다른 사람의 잣대로 나를 규정하는 차가운 시선을 느낄 때, 나를 위한 삶이 이기적인 것이라 손가락질당하는 아픔을 느낄 때, 내가 힘들게 지켜온 모든 것이 싸구려 '키치(Kitsch)'로 전락하고 마는 좌절을 느낄 때, 엘리자벳의 "내 주인은 나야!(I Belong to Me, Ich Gehör Nur Mir)"라는 넘버를 흥얼거리게 되는 것은 모든 이가 외줄타기와 같은 위험한 삶일지라도 새장 속에 갇힌 삶보다는 자유로운 자신만의 삶을 원하기 때문일 것이다.

* 본 글은 2018.11.17.~2019.02.10. 블루스퀘어 인터파크홀에서 공연된 뮤지컬 〈엘리자벳〉을 관람한 후 작성된 칼럼입니다.

'공포'가 낳은
비극의 '그림자'

🎭 뮤지컬 〈미드나잇〉

　빛과 어둠, 낮과 밤이 인간의 정신에 미치는 영향이 있을까? 많은 신화와 전설 속에서 빛과 어둠은 선과 악을 대변한다. 낮 동안 숨어 지내던 악령과 괴물들은 밤이 되면 잠든 사람들 사이로 스며들고, 사람들로 하여금 알 수 없는 행동을 하도록 만들거나 끔찍한 일을 발생시킨다. 행동과학 전문가 위니프레드 갤러거(Winifred Gallagher)는『환경과 사고, 그리고 행동(The Power of Place)』에서 "인간 활동에 미치는 빛의 영향은 진화론적 역사에 뿌리"를 두고 있으며, "인류의 생존은 몸과 마음의 작용을 낮과 밤의 요구에 어떻게 맞추는가에 달려 있다"고 설명한다. 미국의 정신분석학자 토마스 베어(Thomas Wehr)는 인간의 삶이 "마치 지구라는 행성에 두 개의 세계가 있는 것처럼" 낮과 밤으로 분리되어 존재한다고 말한다. 인간은 낮과 밤에 따라 본성을 바꾸며, 낮 동안 활동하고 밤이면 에너지를 축적한다. 하루 낮의 길이를 측정하는 "생물학적 시계"는 축적된 빛의 정보를 통해 "일주기 리듬(circadian rhythms)"을 조절하고 인간의 행동에 변화를 가져온다.

　어쩌면 신화와 전설 속에 등장하는 수많은 밤의 악령들과 괴물들은 이러한 '일주기 리듬'으로 인한 호르몬의 변화와 인간의 마음속에 도사리고 있는 두려움, 고통, 죄의식, 공포와 같은 어두운 감정의 '상징적 표현'이었는지도 모른다. 떠오르는 태양의 찬란함이 생명의 탄생과 밝음, 행복과 희망을 상징한다면, 칠흑 같은 어둠은 죽음과 공포, 불안과 고통을 상징한다. 땅거미가 깔리고 어둠이 깊어져 오늘이라는 시간이 내일로 넘어가는 경계에 이를 때, 일몰에서 멀어져 빛의 흔적을 어디에서도 찾아볼 수 없는 '자정(Midnight)'이라는 시간이 다가올 때, 인간의 불안과 후회는 증폭된다. 해가 뜨려면 아직도 너무 많은 시간이 남아 있는 한밤중, 대부분의 사람들이 깊은 잠에 빠져 의식이 아닌 무의식에 의해 지배를 받을 때, 마녀와 악마, 괴물과 악령이 움직이기 시작한다고 생각했던 것은 어쩌면 빛을 잃은 인간의 '불안'과 '공포' 때문이었는지도 모른다.

2018년 겨울, 아제르바이잔(Azerbaijan)의 부총리이자 작가인 엘친 아판디예프(Elchin Afandiyev)의 연극 〈지옥의 시민들(Citizens of Hell)〉을 원작으로 한 영국 뮤지컬 〈미드나잇(Midnight: A New Musical)〉이 오리지널 프로덕션팀의 연출로 무대에 올랐다. 2017년 한국 초연에 이어 두 번째로 무대에 오른 뮤지컬 〈미드나잇〉은 오리지널 작품의 가장 큰 특징인 '액터 뮤지션(actor-musician)'의 역할을 보다 강조함으로써 풍부한 음악과 역동성을 더했다. 배우들이 바이올린과 콘트라베이스, 기타와 플루트를 포함한 악기들을 실제로 무대 위에서 직접 연주하고, 연기와 노래, 춤을 병행하는 '액터 뮤지션'의 존재는 빛을 발하며 원작이 갖고 있는 매력을 한껏 발휘했다. 2015년 런던의 세인트 제임스 스튜디오(St. James Studio)에서 워크숍 공연으로 소개되었던 뮤지컬 〈미드나잇〉은 2018년 9월, 런던 유니온 씨어터(The Union Theatre)

공연을 통해 《더 스테이지》로부터 "잔인한 블랙 유머가 드리워진 암울하고 진지한 뮤지컬"이라 불리며 "스마트한 무대 디자인으로 에너지 가득한 무대를 선보였다"는 긍정적 평가를 받았다. 스탈린 시대 소비에트연방에서 1936년부터 1938년까지 공식적으로 68만 명이 넘는 사람들이 '반혁명분자'나 '인민의 적'으로 고발되어 숙청당했던 '대숙청(Great Purge)'을 시대적 배경으로 하고 있는 뮤지컬 〈미드나잇〉은 숙청이 가장 집중되었던 1937년에서 1938년으로 넘어가는 12월 31일, '자정(midnight)'을 소재로 하고 있다. 명확한 이유도 없이 사람들이 잡혀가고 거짓된 고발로 인해 고문과 총살, 유형, 죽음이 끝도 없이 이어지던 아제르바이잔의 수도 바쿠(Baku)의 한 아파트에는 남자[Man(맨)]와 여자[Woman(우먼)]가 살얼음판 같은 현실 속을 어떻게든 버텨나가기 위해 불안한 삶을 이어가고 있다. 옆집 문이 두드려지고 오늘도 또 다른 부부에게 알 수 없는 고발과 이별, 폭력과 공포가 닥친 순간 여자는 떨리는 손으로 두 귀를 틀어막으며 아직 돌아오지 않은 남편을 초초하게 기다린다. 제발 그에게는 아무런 일이 없기를 바라며 집안을 서성이는 여자는 밖에서 들려오는 비밀경찰 '엔카베데(NKVD)'의 고함소리와 가구가 넘어지는 소리, 저항하는 남자가 아내를 안심시키는 소리와 흐느끼는 울음소리를 애써 무시하며 새해를 맞이하기 위한 테이블을 준비한다.

뮤지컬 〈미드나잇〉의 원작인 엘친의 연극 〈지옥의 시민들〉은 2013년 데이비드 패리(David Parry)에 의해 영국 런던에 처음 소개되었다. 아제르바이잔과 친분이 두터웠던 패리는 "20세기 역사의 가장 어두운 시기 중 하나"를 다루고 있는 이 작품을 영국 무대에 소개한 이유에 대해 "정치적 편집증과 영적 디스토피아를 탐구할 수 있는 작품을 항상 마음속에 그려왔기 때문"이라고 말했다. "서구 엘리트층에게 정치인으로서의 엘친이 아닌 작가로서의 엘친을 소개하는 장이 되었으면 좋겠다"고 했던 그의 바람은 2015년 티모시 냅맨(Timothy Knapman)의 대본과 로렌스 마크 위스(Laurence Mark Wythe)의 음악을 통해 새롭게 탄생한 뮤지컬 〈미드나잇〉을 통해 어느 정도 이루어진 것으로 보인다. 엘친은 새해를 맞이하는 한 부부의 저녁 식사에 낯선 이방인이 찾아오면서 펼쳐지는 대화를 통해 불편한 비밀들과 숨겨진 진실들을 파헤쳐나가는 과정을 '스릴러'와 '사이코드라마'를 통해 구현했는데, 뮤지컬 〈미드나잇〉은 원작의 골격을 그대로 따르면서도 탱고, 클래식, 재즈를 넘나드는 풍성한 음악과 '액터 뮤지션'이라는 존재의 역동성과 유연함을 통해 훨씬 더 흥미진진한 공연을 선보였다.

한국에서는 생소한 '액터 뮤지션'은 영국에서 이미 '반연극의 움직임(counter-theatre movement)'이 시작되었던 1936년에 뿌리를 두고 있으며, 뮤지컬이 번성했던 1950년대 후반에서 1960년대를 지나 1990년대부터 많은 교육 기관들을 통해 인재가 배출되어온 '다재다능한 퍼포머'라 할 수 있다. 뮤지컬 〈미드나잇〉에서 '액터 뮤지션'은 1930년대 스탈린 시대를 상기시키는 복장을 한 채 두 눈 아래 검은 그림자를 드리운 죽은 이들의 '유령'과 같은 모습으로 등장해 옆집 사람들, 변호사 부부, 엔카베데, 과거 속 인물들을 연기할 뿐 아니라 때로는 코러스로, 때로는 오케스트라로 쉴 새 없이 변모하며 자유자재로 무대를 가로지른다. 협력 연출을 맡은 제임스 로버트 무어(James Robert-Moore)는 프로그램북을 통해 "액터 뮤지션들은 이야기에 많은 것을 시도할 수 있는 기회"를 제공하기 때문에 "관객들이 그들로 인해 더해진 것에 보다 매료되고 흥미롭게 느끼기를 바란다"고 말했다.

무대는 "현실적인 아파트"라는 공간을 구현하지만 12월 31일 '자정' 이 되기 몇 분 전에 찾아오는 방문객[Visitor(비지터)]은 "현실적이면서 도 비현실적인 존재"이기 때문에 한 꺼풀씩 벗겨지는 남자(맨)와 여자 (우먼)의 비밀과 과거의 기억들이 드러날 때마다 액터 뮤지션들은 시 공간을 초월해 움직이며 경계를 무너뜨린다. 무대 뒷면을 가득 채우 는 거대한 스탈린 초상화는 한 가정에 드리운 압제와 공포, 두려움을 상징한다. 모든 것이 감시되고 도청되며 어디로도 숨을 곳이 없는 불 안함은 벽이 없이 '틀'만 존재하는 뻥 뚫린 집의 공간으로 대변된다. 액터 뮤지션들은 "집 밖의 공간, 즉 바깥세상에 존재하는 무언가"라 할 수 있기 때문에 현실적인 이야기가 진행될 때에는 집안의 공간으 로 들어오지 않지만 알 수 없는 미스터리한 존재인 '비지터'가 비밀경 찰 엔카베데의 모습으로 들어와 남자와 여자의 삶을 휘젓기 시작하 고 마치 '악마'처럼 혹은 '심판자'처럼 모든 것을 뒤흔들기 시작할 때 집 안으로 침범한다.

간부회의가 늦게 끝나 집에 일찍 올 수 없었다는 남자는 옆집에 불 어닥친 '불행'에 대해 이야기하며 자신의 집에도 그런 일이 생길까 봐 불안하다고 말하는 여자에게 12시가 되면 모든 일이 해결되고 밝은 미래와 찬란한 새해가 열릴 것이라 약속한다. 하지만 더는 이렇게 삶 을 유지할 수 없을 것 같은 아내에게 12시를 알리는 종소리에 맞춰 샴 페인을 터뜨리자는 남편의 제안은 들리지 않는다. 그녀는 오늘 스페 인 반혁명 단체 스파이라고 고발당했다는 107호 남자와 얼마 전 자신 의 집에 와 저녁 식사를 하며 즐거운 시간을 보냈던 변호사 부부에게 닥친 끔찍한 '불행'에 대해 이야기하며 회상에 잠긴다. 자신들의 신분 보다 높은 위치에 있었던 변호사 부부는 시를 읊고 와인을 마시며

"위대한 각하의 건강을 위하여!"라고 건배를 외쳤던 사람들이었지만 테러 조직에 관여한 반역자로 고발되어 본부로 끌려가 고문을 당하고 총살을 당했다. 고상한 척, 잘난 척하는 위선자였을 뿐 "불 피우지 않은 곳에 연기가 나진 않아"라고 말하는 남편에게 아내가 묻는다. "당신은 정말 아무렇지도 않아? 당신 친구였잖아. 그 사람이 잘못한 거라고? 머리가 커지니까 조직에서 반역자로 몬 거잖아!" 남편이 대답한다. "사람은 어차피 죽어. 우리는 그저 고개를 숙이고 조의를 표할 뿐, 남아 있는 사람들은 다시 살아가야 하는 거야! (…) 우리가 뭘 할 수 있었겠어? 이 거대하고 악한 세상에 우리는 그저 힘없는 두 사람일 뿐이라고!"

아내를 지극히 사랑하는 남편, 그리고 남편에게 무슨 일이 생길까 봐 노심초사하는 아내, 두 사람의 가정은 험악하고 공포스러운 세상 속에서도 안식처를 찾은 듯 작은 평화와 행복을 품고 있다. 하루 종일 남편을 기다리며 "어둠 속에서 누군가가 칼을 들고 튀어나오기라도 할까 봐" 불안에 떤다는 아내를 안심시키기 위해 남자는 국가에 지대한 공로를 세운 사람들에게만 주어지는 일종의 면책권, 즉 '프로텍션(Protection)'을 받았음을 밝힌다. "방탄복을 입은 것이나 다름없다"는 남편은 암시장에서 구해 온 아내가 좋아하는 '재즈 음반'을 건네며 춤을 청한다. "한 곡 추실까요?" 하지만 그들의 행복한 순간은 엔카베데(비지터)의 요란한 외침과 문 두드리는 소리로 인해 공포로 변하고, 옆집 남자를 호송하던 동료들이 지나치게 흥분한 나머지 자신을 두고 돌아갔다는 비지터는 전화를 빌려 쓰겠다며 무례하게 집 안으로 들어선다. 아주 작은 노크 소리에도 민첩하게 반응하는 것이 충성심 가득한 엔카베데의 행동임을 강조하는 비지터는 "최근에 숙청으로 인해 너무 많은 이름들이 삭제되는 바람에 그 속도를 따라갈 수 없어 전화번호부 출판이 중단되었다죠?"라는 끔찍한 말을 농담으로 던진다. 비지터가 전화를 거는 동안 드레스 자락 뒤로 레코드판을 숨기고 있던 아내에게서 몰래 음반을 건네받아 책들 틈에 숨기던 남편은 갑자기 '모든 시간이 멈췄다'는 사실을 깨닫는다.

응접실 의자에 거만하게 앉아 국가를 위해 할당량을 채우며 누군가가 고발한 반역자들을 고문하고 처형하는 엔카베데의 노력에 고마움을 표하지 않는 사람들을 비난하는 '비지터'의 넘버는 섬뜩한 유머로 가득하다. 음악은 경쾌하고 밝지만 내용이 끔찍한 넘버는 그 괴리로 인해 더 음산함을 느끼도록 만든다. "자정까지 한 놈! 할당량을 다 못 채웠죠!"라고 외치는 비지터는 여자의 손을 잡고 춤을 추다 급기야 키스를 하기에 이른다. 과로로 인한 실수였다며 사과하는 비지터에게 남편은 당장 떠나줄 것을 요구하지만 그냥 갈 수 없다며 위스키를 한잔하자는 비지터는 점점 더 불길하고 위협적으로 변해간다. 그는 아직 공식적으로 발표되지 않은 남편의 '프로젝션'에 대해 알고 있을 뿐 아니라 부부가 좀 전에 집안에서 무슨 행동을 하고 무슨 말을 나눴는지에 대해서도 정확히 알고 있다. 두려움에 떨며 도청장치를 찾는 남편과 겁에 질린 아내 앞에서 능청스러운 얼굴로 빵을 먹던 비지터는 아내가 모르는 남편의 비밀들을 하나씩 폭로하기 시작한다.

내가 살기 위해 남을 고발하고, 어차피 죽을 사람이기에 괘념치 않고 당국이 원하는 대로 거짓 증언을 하며, 그 누구도 믿을 수 없고 그 누구도 배신할 수 있는 세상에서 목숨을 부지한다는 건 어떤 의미일까? 모든 사람의 관계를 분열시키고, 모두 흩어져 하나로 맞설 수 없도록 이간질을 일삼으며, 아무리 가까운 사이라도 남몰래 비밀을 간직하도록 만드는 세상에서 '사랑'을 지키는 일이 가능할까? 자기 자신조차 잡아먹는 '권력'이라는 끔찍한 괴물 앞에서 죽음이라는 시간을 유예하기 위해 인간은 어디까지 자신을 저버릴 수 있을까? "누구나 악마죠. 때로는!"이라 노래하는 '비지터'의 말처럼 인간의 가면을 찢고 보면 그 아래에 놓인 것은 "더럽고 끈적끈적한 죄악"뿐인 걸까?

뮤지컬 〈미드나잇〉은 스탈린의 숙청 시대에 끝없이 계속되던 '공포' 속에서 자신의 '생존'을 위해 끊임없이 다른 누군가를 '죽음'으로 내몰아야 했던 '무고하지만 무고하지 않은 사람들'의 타락한 영혼과 잃어버린 양심을 관객들에게 적나라하게 드러내 보인다. 관객들은 남편의 비밀에 경멸을 보이고 혼란스러워하던 아내 역시 여러 비밀을 깊숙이 간직하고 있었다는 사실을 알게 될 때 위선과 허위로 가득 찬 '한 인간'과 직면하게 된다. 뿐만 아니라 점점 더 과격한 폭력과 광기로 변해가는 그녀의 변화를 보면서 '인간의 본성'에 관해 질문을 던지기 시작한다. 냅맨은 프로그램북을 통해 "관객들은 사람들이 끔찍한 순간에서 벗어나기 위해 어떤 짓까지 할 수 있는지를 보게 될 것"이고, "자신이 사랑하는 사람을 보호하기 위해 누구를 배신하고 무엇을 희생하는지를 보게 될 것"이라고 말했다. 위스 또한 "자기 자신과 사랑을 동시에 지켜내기 힘든 세상에 살고 있던 그들이 다른 시간과 장소에서라면 행복할 수 있었을지도 모른다"는 사실에 주목할 필요가 있음을 강조했다. 뮤지컬 〈미드나잇〉은 모두가 평등하고 자유로우며 행복하게 살 수 있는 '유토피아'를 꿈꿨던 평범한 사람들이 자신들이 믿었던 신념과 이상에 배신당하고 '생존' 외에는 추구할 것이 아무것도 없을 때 얼마나 이기적이고 잔인한 존재가 될 수 있는지를 폭로한다.

'비지터'는 부족한 "한 명"이라는 할당량을 채우기 위해 부부를 이간질하고 갈라놓으려는 현실 속 엔카베데일 수도 있고, 남자와 여자의 영혼을 데려가기 위해 나타난 비현실 속 악마일 수도 있으며, 그들의 마음속 깊은 곳에 잠들어 있던 고통스러운 양심의 흔적일 수도 있다. 그는 '진실'과 '타당한 응징'을 부르짖는다. 드디어 멈췄던 시간이 다시 흐르고 '자정'을 알리는 종소리가 울려 퍼질 때 관객들의 마음이 무겁고 아픈 것은 '비지터'의 마지막 말이 비수처럼 꽂히기 때문일 것이다. "무서워? 뭐가 무서워? 꼬챙이를 든 악마? 불구덩이? 네가 갈 곳은 그런 곳이 아니야. 사실 여기보다 그렇게 나쁘지도 않을걸? 거긴 웃음도 있고 음악도 있고 춤을 출 수도 있거든. 하지만 넌 지옥같이 어마어마한 시간을 보내게 될 거야!"

암흑 속에서 우리를 '공포'로 몰아넣는 것은 죽음이라는 끝일까? 아니면 사후의 삶일까? 나의 '생존'을 위해 다른 누군가를 '죽음'으로 몰아넣던 사람들이 두려워했던 것은 죽음이었을까? 아니면 죄에 대한 처벌이었을까? '사랑'을 지키기 위해, 나의 '가족'을 지키기 위해 인간은 어디까지 악(惡)해질 수 있는 것일까? 선과 악, 빛과 어둠 그 경계에서 선택해야 하는 순간이 온다면 나는, 우리는, 무엇을 선택하게 될까? 빛이 보이지 않는 어둠 속에서 길을 잃었을 때 우리는 무엇에 기대어야 할까?

* 본 글은 2018.12.04.~2019.02.10. DCF대명문화공장 2관 라이프웨이홀에서 공연된 뮤지컬 〈미드나잇〉을 관람한 후 작성된 칼럼입니다.

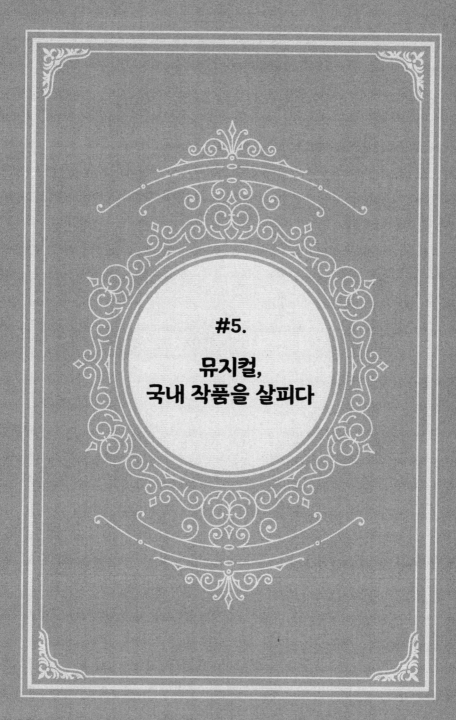

#5.

뮤지컬,
국내 작품을 살피다

신이 아닌
인간을 향한 투쟁

🎭 뮤지컬 〈프랑켄슈타인〉

인간에게 '불'을 선물한 죄로 독수리에게 간을 쪼아 먹혀야 했던 프로메테우스(Prometheus)! 인간을 사랑했기에 제우스(Zeus) 몰래 불을 훔쳐다 주었던 프로메테우스는 매일 밤 새로 돋아나는 간을 다음 날 또 파 먹히는 고통 속에 3,000년이란 시간을 보내야 했다. 제우스는 자신이 금지한 불을 거부하지 않고 받아들인 인간들 또한 벌하기 위해 최초의 여인 '판도라(Pandora)'를 만들었고, 그녀의 호기심은 금지된 상자를 열고 '희망(hope)'을 제외한 모든 불행을 세상에 쏟아 놓았다. 완벽한 예지능력을 지녔던 프로메테우스는 왜 금지된 '불'을 인간에게 선물했을까? 그는 '불'을 거머쥔 인간이 제우스라는 신에 대적할 만큼 충분히 문명을 발전시킬 수 있다는 사실을 미리 알았던 것일까? 이유야 어쨌든 프로메테우스의 선물은 인간에게 '과학'이라는 엄청난 발전을 불러왔고 동시에 '전쟁'이라는 끔찍한 재난을 초래했다. 그리고 인간은 늘 '죽음'과 '생명'의 문제를 고민하게 되었다.

2014년 왕용범 극작과 연출, 이성준 작곡과 음악감독으로 초연된 창작 뮤지컬 〈프랑켄슈타인(Frankenstein)〉은 관객들의 뜨거운 사랑을 받으며, 같은 해 '제8회 더뮤지컬어워즈'에서 올해의 뮤지컬상을 포함한 9개 부문의 수상을 휩쓰는 화제를 낳았다. 2016년 98%의 객석점유율을 선보이며 재공연에 성공한 뮤지컬 〈프랑켄슈타인〉은 2018년 여름, 세 번째 재공연 무대에서도 여전히 뜨거운 관객들의 사랑을 받았다. 초연 당시 왕용범 연출은 《연합뉴스》와의 인터뷰에서 뮤지컬 〈프랑켄슈타인〉은 "신이 되려 한 인간과 인간을 동경했으나 버림받은 괴물, 두 존재 간의 특별한 이야기"이며, "〈프랑켄슈타인〉은 우리 모두 안에 있는 마음"이라고 말했다. 인간이 지닌 한계인 욕망으로 인해 이기적인 선택을 하고 중요한 것을 잃게 되는 비극은 누구에게나 가능한 것이므로 '빅터 프랑켄슈타인(Victor Frankenstein)'의 이야기는 곧 우리 '삶'의 이야기라 할 수 있다는 것이었다.

1818년 출판된 메리 셸리(Mary Shelley)의 원작 소설 『프랑켄슈타인』 역시 "인간 본성의 기본 원리에 관한 진실"을 밝히기 위해 집필된 작품이다. 1815년 4월, 지금의 인도네시아 지역의 탐보라 화산(Mount Tambora)이 폭발했고, 이어지는 간헐적 분출과 화산재로 인해 유럽은 악몽과 같은 나날을 보내야 했다. 하늘을 뒤덮은 화산재는 갑작스러운 기후 변화를 가져왔고, 수천만 명의 사람들이 기근에 시달리고 추위로 얼어 죽는 혹독한 환경과 싸워야 했다. 1816년 제네바에서 "여름 없는 한 해(Year Without a Summer)"를 보내야 했던 메리는 눈이 내리는 추운 6월을 보내면서 "인간이 태초부터 품고 있던 미지의 세계에 대한 공포를 자극해 처절한 전율을 느끼도록 만들 이야기"를 쓰기로 마음먹었다. 그로부터 2년 뒤 18살의 나이에 불과했던 메리는 죽음으로부터 생명을 만들어낸 한 인간이 그로 인해 공포와 고통, 절망과 분노 속에 갇히게 되는 놀라운 소설 『프랑켄슈타인』을 발표했다. 19세기라는 시대적 한계로 인해 당시 익명으로 출판되었던 소설은 '생(生)'의 경계를 넘나드는 위태로운 삶을 살아야 했던 메리가 많은 죽음과 탄생을 겪으며 고찰했던 생명과 창조, 욕망과 죽음, 소외와 고통, 책임과 같은 문제들을 담고 있었다. 그녀는 「서문(Preface)」에서 인간이 생명을 창조한다는 소설의 뼈대는 다윈을 비롯한 생리학자들의 이론에 바탕을 둔 것이지만 그것이 불가능한 일이라 할지라도 "소설 속 사건은 인간의 감정을 실제보다 더 포괄적이고 설득력 있게 그려낸다는 점에서 상상력의 힘을 보여준다"고 말했다.

뮤지컬 〈프랑켄슈타인〉은 원작 소설의 틀이라 할 수 있는 죽은 사체들의 신체를 접합해 생명을 창조하는 '빅터 프랑켄슈타인'과 창조되었지만 버려졌기에 복수하려는 '괴물(The Creature)'의 플롯을 그대로 유지하면서도 상당 부분 새로운 설정과 사건을 더해 "지금까지 없던 이야기"를 완성했다. 무엇보다 독특한 점은 창조주인 '빅터'와 피조물인 '괴물'의 새로운 관계 설정이었다. 왕용범 연출은 '괴물'을 전쟁터에서 같은 연구를 하며 함께 이상을 나눴던 빅터의 유일한 친구 '앙리'로 설정함으로써 새로운 생명을 창조하고픈 인간의 오만과 야망, 무책임으로 인해 비극에 이르게 되는 '이상주의자 빅터'가 아닌 죽음의 트라우마를 극복하려는 열망과 집착으로 인해 어리석은 선택을 하게 된 '불행한 빅터'를 탄생시켰다.

"가끔은 초라해 보이고, 비열해 보이며, 모자라 보일지라도 인간, 그 자체를 그리고 싶었다"는 왕용범 연출은 빅터를 '죽음을 받아들이지 못하는 인간'으로 설정한다. 어린 시절 흑사병으로 인해 어머니를 잃은 빅터는 죽은 어머니를 되살리겠다는 일념으로 땅에 묻힌 시체를 침대로 끌고 온다. 미신적 행위와 주술이 빈번하던 시대에 빅터의 행위는 '마녀의 소행'으로 읽히게 되고, 흑사병마저 마녀의 저주라고 생각하던 사람들은 빅터의 가족에게 '마녀의 낙인'을 찍는다. 그의 '생명'에 대한 집착은 이때부터 시작된다. 미신이 아닌 과학을 통해 생명의 신비를 밝히려는 빅터는 생명을 '우연의 조합'으로 받아들인다. 복제된 세포와 유전자의 작용, 돌연변이와 같은 신체 현상으로 인식되는 생명은 지극히 육체적인 것이기에 그는 인간의 정신과 영혼의 문제를 간과한다. 이 때문에 자신의 사촌 줄리아가 아끼던 강아지가 마차에 치여 죽었을 때에도 그는 강아지를 다시 움직이게 만들면 되기라도 하듯 부서진 몸을 접합하고 생명의 에너지를 불어넣는다. 그는 되살아난 강아지가 자신의 주인을 알아보지 못하고 극도의 공포심으로 인해 자기방어의 차원에서 줄리아를 공격해 다치게 만들었다는 사실을 인식하지 못한다.

이 사건은 빅터가 앙리의 시체를 이용해 '괴물'을 창조할 때에도 똑같이 반복된다. 그는 여전히 신체 접합술과 부패되지 않은 신선한 뇌, 강렬한 에너지 주입과 같은 육체적인 것들에 집착할 뿐 되살아난 생명이 어떤 존재가 될 것인지, 어떤 영혼을 가지게 될 것인지에 대해서는 고민하지 않는다. 살인을 통해 신선한 뇌를 구해 온 장의사에게 분노해 돌로 내리쳐 그를 죽게 만든 빅터는 자신의 죄를 대신 뒤집어쓰고 생명을 창조하는 '꿈'의 성공만을 기원한 채 죽음에 이른 앙리를 되살리는 실험에 나선다. 하지만 그가 창조한 것은 앙리의 머리를 가졌을 뿐 '전혀 새로운 존재'로 세상에 두 발을 딛게 된 '괴물'이다. '괴물'은 자신을 향해 두려움을 장착한 채 공격할 준비를 갖춘 '룽게'를 우발적으로 죽이지만 이는 극도로 낯선 환경에 놓인 존재가 자신을 보호하기 위해 보일 수 있는 자기방어본능이라 할 수 있다. 빅터는 새로운 존재의 당혹스러움과 공포를 전혀 이해하지 못한다. "불행한 운명"이라는 굴레에 사로잡혀 몸부림치고 있던 빅터는 친구의 죽음을 방조하고 양심을 외면한 채 '생명의 창조'라는 목적 하나만을 추구해 온 자신의 결과물이 예측했던 것과 전혀 다르다는 사실에 분노한다. 그는 '괴물'인 생명체를 창조함으로써 스스로 신의 '저주'를 완성했다는 절망감에 빠져 자신이 창조한 생명체를 방치한다. 그가 괴물을 향해 보이는 이기적 태도와 무심함, 무책임과 방임은 그가 신을 향해 비난하는 점과 같다는 측면에서 아이러니를 보인다.

어차피 죽을 목숨을 세상에 제멋대로 불러온 신이 인간에게 부여한 고통과 슬픔, 아픔과 불행, 외로움은 창조주인 빅터가 괴물에게 선사한 것과 같은 것들이다. 자신을 향해 총을 겨누는 빅터로부터 도망쳐 온갖 고통을 맛봐야 했던 외로운 존재 '괴물'이 창조주를 향해 가지는 '분노'와 '복수'의 감정은 빅터가 신을 향해 갖는 감정과 일치한다. 어떤 의미에서 두 존재는 하나이다. 모두에게 인정받고 사랑받기를 원하지만 언제나 돌팔매질을 당해야 했던 것도, 자신의 존재를 스스로 저주라 여기는 것도, 자신을 불행하게 세상에 방치한 무책임한 창조주를 향해 분노의 주먹을 휘두르는 것도 빅터와 괴물, 두 존재에게 공통적이다. 왕용범 연출은 인간에게 내재한 이율배반적 모순과 인간들이 만들어낸 세상의 끔찍함을 드러내기 위해 극 중 모든 인물들을 '이중(double role)'으로 설정한다. 앙리는 괴물을 연기하고, 빅터는 격투장 주인 '쟈크'를 연기하며, 빅터의 누나 '엘렌'은 격투장 안주인 '에바'를, 약혼녀 '줄리아'는 하녀 '까뜨린느'를 연기한다. 사실 폭력이 난무하며 돈의 논리가 지배하고 거짓과 속임수, 배신과 욕망으로 가득 찬 격투장은 인간이 만들어낸 잔인한 세상의 축소판이라는 점에서 "신의 세상이 아닌 좀 더 훌륭한 인간의 세상"을 만들고 싶다는 빅터의 이상주의를 무력화한다.

타인을 연민하고 포용하는 대신 자신과 다른 모습의 사람들을 혐오하고 배척하며, 자신의 이익을 위해 타인을 가차 없이 희생시키고, 스스로를 정당화하며 책임을 전가하는 사람들… 인간이 서로에게 퍼붓는 폭력과 혐오, 잔인함은 먹이사슬의 가장 하위에 위치한 하녀 까뜨린느로 하여금 "인간이 없는 북극에 가서 사는 것"이 '소원'이 되도록 만든다. 그녀에게 사람이 없는 북극은 그 어떤 슬픔과 억압도 존재하지 않는 자유의 공간이며, 상처받거나 싸울 일이 없는 평화의 공간이다. 하지만 북극은 인간의 육체가 생존할 수 없는 불모의 공간이며, 모든 따스함이 죽어버린 차갑고 외로운 공간이기도 하다. "인간이 만든 쓸모없는 장난감"이라 불리는 괴물에게 까뜨린느의 북극은 유일하게 인간의 따스함을 느낄 수 있었던 공간이자 배신의 상처를 또다시 입게 되는 공간이 된다. 괴물에게 친절을 베풀었다는 이유로 끔찍한 폭력에 노출된 까뜨린느는 자유를 사주겠다는 투자자 '페르난도'에게 속아 싸움을 앞둔 괴물의 마실 물에 약을 탄다. 그녀는 "산다는 게 구역질이 나!"라고 외치며 죽으면 땅에 묻혀 썩게 되는 것은 "짐승이나 인간이 매한가지"임을 인식하지만 온통 찢긴 삶의 고통에서 벗어나고자 곰에게 죽을 뻔한 자신을 구해준 괴물을 희생시킨다.

자신을 위해 남을 희생시키는 인간, 뮤지컬 〈프랑켄슈타인〉이 가장 비난하고 있는 점은 바로 그것이다. 애초에 빅터는 자신의 '꿈'을 실현하기 위해 친구 '앙리'의 생명을 희생시켰고, '생명 창조'라는 그의 목적을 위해 모든 수단을 정당화했다. 그에게 전쟁터는 실험에 필요한 시체를 정당하게 확보할 수 있는 실험 장소였으며, 시체를 되살려 보다 강력한 군대를 만들겠다는 국가의 연구는 자본을 확보하기 위한 명분이었다. 그는 자신의 연구가 인간을 미신의 구렁텅이에 빠뜨려 몰상식과 무지 속에 광기로 치닫게 만든 '신'에게서 벗어나려는 '투쟁'이라 말하지만 사실상 그는 자신의 목표를 실현하고픈 "욕망과 야심"에 눈이 멀어 있다. 자신이 "위대한 이상에 저당 잡힌 영혼"임을 인식하고 있는 빅터는 저지르지 않은 죄를 뒤집어쓴 앙리의 죽음을 막아야 함을 알면서도 오히려 지연하고 그 기회를 이용해 실험을 완성하는 범죄를 저지른다.

어쩌면 그가 맞서 싸워야 했던 것은 '신'이 아니라 '인간'이었는지도 모른다. 괴물이 탄생한 순간부터 "피 냄새를 맡고 축복 대신 저주를 목에 걸고 나와야 했던" 이유는 어린 빅터가 마을 사람들에게 배척당했던 이유와 같다. 미지의 것에 대한 공포로 쏟아내는 비난과 야유, 자신을 구한다는 명목으로 행사하는 폭력, 다르다는 이유로 채찍과 칼날을 들이대는 인간의 비열함과 추악함, 그것 때문인 것이다. 만약 빅터가 공포와 어둠, 고통과 슬픔을 방치한 '신'의 무책임을 비난하고자 한다면, 그는 목적을 관철하기 위해 '괴물'을 창조하고 방치한 자신의 무책임 또한 비난해야 한다. 세상에 태어난 존재의 사랑과 자유 추구를 인간만이 가질 수 있는 것이라 규정한 것은 인간의 오만이다. 세상에 존재하는 모든 것은 저마다의 이유와 목적이 있고, 그들의 생명을 좌지우지할 권리 같은 건 애초에 인간에게 주어진 적이 없다. 이 때문에 혼자 남은 존재가 겪을 고통과 외로움을 이해시키고자 자신을 북극까지 쫓아오도록 만든 괴물이 인간에게 품는 질문은 하나이다.

"인간은 왜 이 세상이 자신의 것이라 믿는 걸까?"

　세상은 한 번도 인간의 것이었던 적이 없다. 단지 인간이 그렇게 착각했을 뿐…. 지금 인간에게 가장 필요한 것은 죽음을 극복하고 생명을 창조하는 신의 능력이 아니라 자신의 손안에 놓여 있는 현재의 세상을 보다 따뜻한 곳으로 만들기 위해 책임과 노력을 다하는 투쟁, 바로 그것이 아닐까?

* 본 글은 2018.06.20.~2018.08.26. 블루스퀘어 인터파크홀에서 공연된 창작 뮤지컬 〈프랑켄슈타인〉을 관람한 후 작성된 칼럼입니다.

울새를 쏘아 죽인 것은
누구일까?

뮤지컬 〈인터뷰〉

2008년 영국 런던의 노바스 갤러리(the Novas Gallery)에서는 '나의 모든 것(All Of Me)'이란 제목의 한 전시회가 열렸다. 전시회에는 '해리성 정체감 장애(Dissociative Identity Disorder)'를 앓고 있는 킴 노블(Kim Noble)의 14개의 인격이 각기 다른 이름으로 그린 30여 점의 그림이 전시되어 있었다. 33세가 되어서야 비로소 '해리성 장애'란 진단을 받게 된 킴은 미술 테라피 치료를 받던 중 자신의 다른 인격들이 매일 그린 그림을 통해 '예술가'로 성장할 수 있었다고 말했다. 2011년 50세가 된 그녀는 《가디언》과의 인터뷰에서 완전히 구분된 자신만의 이름과 나이, 성격, 성별의 100명에 달하는 사람들이 자신 안에 존재함에도 그들을 모두 '킴'이라고 부르는 것은 합당하지 않다면서 "킴 노블은 그저 출생증명서에 적힌 이름일 뿐"이라고 설명했다.

불행한 결혼과 경제적 어려움에 시달리던 부모가 그녀를 이웃에 방치한 탓에 1살에서 3살 사이 극단적이고 반복적인 학대에 노출된 것으로 보이는 그녀는 감당할 수 없는 고통의 기억들로부터 벗어나기 위해 자신의 인격을 여러 개로 분리하기 시작했다. 감당하기 힘든 새로운 사건이 생길 때마다 새로운 자아가 생겨난 킴의 경우, 주요 인격들은 대부분 '학대'에 대한 기억을 갖고 있지 않으며 각 인격들은 각자의 이메일 주소와 비밀번호를 사용하고 독립된 삶을 유지한다. 이 모든 인격이 서로 엉키지 않도록 중재하는 '주인 격'으로 여겨지는 패트리샤(Patricia)는 '하나로 통합된 인격을 원하지 않느냐'는 질문에 이렇게 대답했다. "내가 어떻게 하나로 통합된 기억을 가질 수 있겠어요? 나는 그 일이 일어났을 때 거기에 없었는데요."

정신분석학자 발레리 시나손(Valerie Sinason)은 충격의 순간에 성격의 일부가 떨어져 나와 새로운 자아를 형성하는 '해리현상'이 "굉장히 창의적인 생존 장치"라고 말한다. 그는 때로 다중 인격의 '억제되지 않는' 속성들이 "예외적인 능력을 보여줄 수 있기 때문"에 사회 속에서 상당히 전문가적인 성공을 누리며 안정적인 삶을 살아갈 수 있는 기회를 가질 수 있음을 긍정한다. 하지만 '킴 노블'처럼 20명의 화가를 한 몸에 품은 '예술가'로 인정받는 '행운'을 누리지 못한 경우, 해리성 장애를 겪는 사람들에게는 무슨 일이 일어날까? 끊임없이 지속적인 '학대'에 노출된 그들이 점점 더 인격을 분리시켜 나가는 동안 사회는, 우리는 무엇을 하고 있었을까? 그 모든 '악순환'을 끊어낼 방법이란 존재하지 않는 것일까?

2018년 여름, 태어났을 때부터 방치되었고 끝없는 학대에 시달려야 했던 한 소년이 '고통'에서 도망치기 위해 자신의 정체성을 조각낼 수밖에 없었던 가슴 아픈 이야기를 다룬 창작 뮤지컬 〈인터뷰(Interview)〉의 재공연 무대가 펼쳐졌다. 2016년 초연된 이후 일본 교토, 도쿄를 거쳐 2017년 2월, 미국의 오프 브로드웨이(Off-Broadway) 무대에 진출한

뒤 국내로 되돌아온 뮤지컬 〈인터뷰〉는 충격적인 살인 사건을 파헤치는 가운데 인물들의 심리를 분석하고 진실에 다가서는 스릴러적 요소가 강한 작품이다. 뮤지컬 〈인터뷰〉는 '가정폭력'으로 인해 '해리성 장애'에 이르게 된 인물이 대부분 그렇듯 자신의 인격이 여러 개로 조각나 있음을 인식하지 못하는 주인공과 정신분석학자 사이의 '인터뷰'를 중심으로 사건의 전말을 파헤쳐나가는 구조를 이루고 있다.

막이 열리면 런던의 한 작은 사무실에서 살해된 여인들과 호수, 오두막이 담긴 슬라이드 사진들을 보고 있는 베스트셀러 추리소설 작가 '유진 킴(Eugene Kim)'이 등장한다. 그는 휴대용 녹음기에 대고 이렇게 말한다. "2001년 2월 17일 오늘이 다섯 번째다. 뉴스에서 떠들어대는 여론을 더 이상 버티기 힘들다. 하지만 나는 믿는다. 믿고 싶다. 오늘은 꼭 진실에 다가설 수 있기를 진심으로 바래본다." 이어 그는 2000년 여름 영국을 떠들썩하게 만들었던 '오필리어 살인범'이라 불리는 연쇄 살인범이 자살을 시도하기 전에 써놓았던 유서를 노래한다. "깨어진 나의 조각들, 내가 기억하지 못하는 또 다른 이야기들. (…) 나조차 내가 누군지 모르는데 나를 부를 이름이나 있을까?"

이야기의 중심은 셰익스피어의 『햄릿』에 나오는 '오필리어의 죽음'을 그린 영국의 화가 존 에버렛 밀레이(John Everett Millais)의 그림 〈오필리아(Ophelia)〉 속 여인처럼 하늘거리는 원피스 차림으로 물에 빠져 죽은 여인들을 남기는 '연쇄 살인범'이 도대체 누구인가를 찾아가는 과정에 놓여 있다. 밀레이의 그림과 똑같은 모습으로 의문의 죽음에 이른 18세 소녀를 다룬 소설 『인형의 죽음』의 작가 유진 킴은 보조작가 지망생으로 '면접'을 보러 온 '싱클레어 고든(Sinclair Gordon)'에게

도리어 범인이 아니냐는 추궁을 당하기 시작한다. 유진 킴의 책이 유명해지기 시작한 것은 소설 속에 묘사된 살인들이 현실에서 일어나면서부터임을 지적하는 싱클레어는 유진에게 묻는다. "기분이 어땠어요? 10년 전 인형의 집에서 참혹한 죽음을 당한 실제 모델 '조안 시니어(Joan Senior)'를 모른다면 이 책을 쓸 수 없어요!" 유진을 조안의 살해범이라 확신하는 싱클레어는 자신이 이름을 바꾼 채 10년이나 그의 뒤를 쫓아온 조안의 4살 어린 남동생, '맷 시니어(Matt Senior)'라고 자신을 소개한다. 하지만 조안의 죽음 이후 갑자기 사라진 '맷'을 찾느라 10년을 헤맸다는 유진은 자신이 살인범이라고 생각한다면 그에 합당한 증거를 대라고 말한다. "허상이 만들어낸 이야기는 아무것도 증명할 수 없다"는 유진 앞에서 조안의 죽음을 둘러싼 미스터리들을 설명해나가던 맷은 점점 다른 모습을 보이기 시작한다.

런던대학의 심리학자 피터 포나기(Peter Fonagy)는 "인간의 정신은 분리가 가능"하며, "의식이 정신적 외상을 불러일으키는 사건들을 '작은 상자들'에 넣고 해리시키는 것은 일종의 '회복력의 조짐'으로 볼 수 있다"고 말한다. 정신의 탄력성은 극단적으로 참기 힘든 고통들을 다른 기억들과 단절시킴으로써 스스로를 보호하고 '해리'를 자기방어 기제로 사용하게 된다는 것이다. 이미 맷이 태어나기도 전에 음주운전 뺑소니 사고로 남편을 잃고 우울증에 빠져 삶을 저주하기 시작한 '엄마', 아직 어린 나이에 갑자기 아빠를 잃고 폭력적으로 변한 엄마로부터 매질을 당하기 시작한 누나 '조안', 그리고 태어남과 동시에 원망 속에 방치될 수밖에 없었던 아기 '맷'! 엄마가 돌보지 않는 아기를 안고 울지 못하게 하려고 안간힘을 쓰던 조안은 굶주림에 울부짖는 아기로 인해 엄마에게 매질을 당할 때마다 그 억울함에 맷을 괴롭힌다. 맷이 조금 컸을 무렵, 엄마와 재혼한 알콜중독자 새아버지는 아이들을 때리기 시작한다. 조안은 어느덧 자란 맷이 새아버지에게 학대받는 자신을 막아주고 대신 매질을 당해줄 수 있음을 깨닫게 되자 맷에게 말한다. "네가 있어서 정말 다행이야. 대신 맞아줄 거지? 네가 항상 지켜준다고 했잖아. 대신 내가 항상 네 곁에 있어 줄게. 내가 항상 너를 돌봐줄게." 누나가 읽어주는 에드거 앨런 포(Edgar Allan Poe)의 시「애너벨 리(Annabel Lee)」에 기대어 누나를 절대 떨어질 수 없는 "사랑 중 사랑(a love that was more than love)"으로 인식하게 된 맷은 나중에 커서 "이야기를 쓰는 사람이 되기"를 꿈꾼다.

  태어난 후 그 누구에게도 제대로 사랑받지 못한 아이, 누나를 엄마이자 누나, 여인이자 사랑으로 인식한 아이, 자신의 사랑이「애너벨 리」시에서 말하듯 "천상의 날개 달린 천사도 부러워할 만큼 특별한 사랑(a love that the winged seraphs of Heaven coveted her and me)"이라고 믿었던 외롭고 안타까운 아이… 하지만 18살이 된 조안은 학교 교생으로 부임한 금발머리의 남자와 함께 런던으로 몰래 떠날 계획을 동생에게 털어놓는다. "그럼 나는?"이라고 묻는 맷에게 "귀찮게 굴지 마! 우리가 아직도 어린 애야? 다 자란 어른에겐 장난감 따윈 필요 없어!"라고 날카롭게 외치는 조안의 대답은 맷이 평생 동안 묻어둔 모든 고통을 한꺼번에 쏟아놓도록 만든다. 관객들은 더 이상 연쇄살인범이 누구인가를 궁금해하지 않는다. '싱클레어', '지미(Jimmy)', '우디(Woody)', '앤(Anne)', '노네임(No Name)'으로 분열된 맷의 다른 인격들이 어떻게 생겨난 것인지, 누나 조안이 왜 죽게 된 것인지, 그것이 궁금할 뿐이다. 뮤지컬〈인터뷰〉는 유진과 마주하는 맷의 분열된 인격들이 각기 다른 순간에 등장할 때마다 보게 되는 조안의 환영들과 맷의 다른 인격들이 각자 털어놓는 기억의 조각들을 통해 '맷'의 삶을, 그의 의식과 기억을 통합해나간다. 관객들은 깊은 우울증에 빠진 젊은 엄마가 어린 두 아이에게 불러주던 섬뜩한 자장가가 극 전체를 관통하고 있음을 깨닫게 된다.

> "누가 울새를 죽였니, 나 참새가 말했어. 내 활과 화살로 내가 죽였어. 누가 수의를 지을까, 나 풍뎅이가 말했어. 조그만 바늘로 내가 지을게. 곡괭이 삽으로 무덤을 파고 내가 목사가 되어 장례를 치르지. 불쌍한 울새를 위해서 울려 퍼지는 종소리, 모두가 흐느껴 운다네."

16세기부터 유럽 대륙 전체에 퍼져 있던 것으로 추정되는 영국의 동요이자 자장가라 할 수 있는 이 노래의 원제는 '누가 울새를 죽였나?(Who Killed Cock Robin?)'이다. 원곡을 편집해 일부만 차용한 것으로 보이는 노래의 내용은 울새를 죽인 참새, 이를 목격한 파리, 그 피를 받은 물고기가 수의를 짓는 풍뎅이, 무덤을 파는 부엉이, 목사인 까마귀, 햇불을 옮기는 방울새, 상주 역할을 하는 비둘기 등 다른 새들의 도움을 받아 모두 함께 울며 장례식을 치르는 내용으로 구성되어 있다. 해석이 분분한 이 노래의 핵심은 참새가 울새를 죽인 이유를 알 수 없지만 그것을 목격한 파리가 있고, 그 피를 받아 마신 물고기가 있으며, 그의 죽음을 애도하는 장례식을 치르기 위해 모든 동물과 새들이 일정 부분의 역할을 한다는 데 있다. 1865년에 등장한 다른 버전에 따르면 결국 울새를 죽인 잔인한 참새는 엄청난 슬픔을 야기한 죄로 교수형에 처해진다. 마치 맷이 살인을 저질렀던 이유는 알 수 없지만 죽음을 야기하고, 많은 다른 사람들의 삶을 빼앗고, 사회에 슬픔과 공포를 불러온 죄를 묻지 않을 수 없는 것과 마찬가지로 말이다.

이 모든 비극의 시작은 무엇이었을까? 무엇을 풀어내면 모든 것을 제자리로 되돌릴 수 있는 것일까? 관객들의 마음이 무겁고 슬픈 것은 우리가 그 답을 할 수 없음을 알기 때문이다. 개인이 스스로 해결할 수 없는 고통, 감내하고 이겨낼 수 없는 고통, 모든 것의 시작은 그 '고통'에 있다. 인간의 삶에는 자신이 스스로를 돌보지 못하면 그 누구도 도와줄 수 없는 것들이 존재한다. 정신적인 것이든, 육체적인 것이든, 자신을 집어삼킬 것 같은 고통의 감정과 싸워 이기는 일은 언제나 혼자만의 처절한 전투가 될 때가 많다. 폭력에서 폭력으로 이어지는 악순환의 고리를 끊으려면 애초에 시작이었던 엄마의 불행을 막아야 했다. 그녀의 불행을 막으려면 남편의 교통사고를 막아야 했고, 그 교통사고를 막으려면 술을 마신 음주 운전자를 막아야 했다. 그 음주 운전자를 막으려면 술을 마시지 못하게 해야 했고, 술을 마시지 못하게 하려면 애초에 술이 탄생할 이유가 없어져야 했다. 그렇게 거슬러 올라가다 보면, 결국 인간이 '희로애락'을 느끼지 못하는 존재였다면 애초에 '고통' 자체가 없었을 것이란 결론에 이르게 된다. 그랬다면 우울증으로 자식을 방치하거나 학대하는 부모도, 애정 결핍과 폭력에 시달리며 자신의 자아를 조각내야 하는 아이의 불행도, 그 아이로 인해 아무 죄도 없이 살해당해야 했던 여인들도 존재하지 않지 않았을까?

하지만 인간이 감정의 동물인 이상 우리에게는 항상 처절한 고통에 휩싸일 '가능성'이란 것이 존재한다. 그리고 고통과의 전투에서 승리하는 길은 언제나 스스로의 고통과 마주하는 끔찍한 '아픔'의 과정을 필요로 한다. 이 때문에 대부분의 인간들은 '외면'이란 쉬운 길을 택한다. 외면은 궁극적으로 문제를 해결하지 못하기 때문에 끊임없이 불만을 증폭시키고, 자아는 상대를 비난하고 함부로 대하는 폭력의 방식으로 불편한 자신의 모든 감정을 표출한다. 그렇게 가해지는 폭력이 가장 약한 존재, 대항할 힘이 전혀 없는 어린 존재에게 가해질 때, 그것도 다름 아닌 아이의 부모에 의해 행해질 때 우리가 그 폭력을 막을 방법은 존재하는 것일까? 누나를 지키기 위해 모든 고통을 감내해온 맷에게 조안이 조금만 더 너그러웠다면, 남편을 잃은 엄마가 아직 어린 딸 앞에서 자신의 슬픔과 고통을 조금만 덜 보일 수 있었다면, 어린 두 아이와 함께 혼자 힘들어하는 엄마에게 위로를 건넬 수 있는 누군가가 옆에 있었다면, 맷이 조금만 더 일찍 유진 킴과 같은 정신분석학 전문의를 만나 도움을 받을 수 있었다면, 그랬다면 맷의 삶 속에 펼쳐진 이 모든 비극은 처음부터 존재할 수 없지 않았을까? 어쩌면 맷 역시 '킴 노블'처럼 어린 시절 자신의 꿈이었던 소설가로 성공해 우리에게 다른 이야기를 들려줄 수 있지 않았을까?

법정 청문회에서 맷이 심각한 인격분열에 시달리고 있는 환자임을 증언하는 유진 킴 박사의 말처럼 "누군가의 가족 내에서 일어나는 폭력에 대해 관심을 가지는 건 불편한 일"이다. 하지만 우리가 "진실을 묵인하고 눈을 감아버리는 탓"에 어디에선가 또 다른 '맷 시니어'가 자라도록 방치하고 있는 것은 아닐까? 그는 말한다. "맷 시니어는 자신이 저지른 죄에 대한 죗값을 치러야 할 것입니다. 하지만 왜 이런 괴물이 생겨났는지 그 이유를 찾아보지 않은 채 처벌만 해버린다면 우리 사회에 이런 비극은 또다시 반복될 것입니다!"

어쩌면 참새가 울새를 쏘아 죽이도록 만든 것은 그 모든 일을 지켜보고 있던 파리와 피를 받아 마신 물고기, 수의를 짜고 종을 울리며 장례식을 준비하던 숲의 모든 새와 동물들이었는지도 모른다. 그들이 조금만 더 참새와 울새에게 관심을 기울였다면 비극은 발생하지 않았을지 모른다. 우리는 이 모든 비극을 멈추기 위해 과연 무엇을 할 수 있을까?

* 본 글은 2018.07.10~2018.09.30 드림아트센터 1관에서 공연된 창작 뮤지컬 〈인터뷰〉를 보고 작성된 칼럼입니다.

두려움에 맞서는 용기, 그리고 선택

🎭 뮤지컬 〈마리 퀴리〉

"삶은 우리 중 그 누구에게도 쉽지 않다. 하지만 그게 뭐 어떻단 말인가? 우리는 인내심을 가져야 하며, 무엇보다 우리 자신에 대한 확신을 가져야 한다. 우리는 자신이 재능을 가지고 태어났고 그것은 성취되고 획득되는 것임을 믿어야 한다."

삶에서 "두려워해야 할 것은 아무것도 없고 오직 이해되어야 할 것이 있을 뿐"임을 외쳤던 과학자, 이제 "더 많은 것을 이해함으로써 두려움에 맞설 수 있는 시대가 왔다"고 주장했던 과학자, "이룬 것보다 이루어야 할 것들"에 관심이 더 많았던 과학자, 중단 없이 연구를 이어갈 수 있는 환경을 마련하기 위해 모든 노력을 다했던 과학자… 라듐(Ra)과 폴로늄(Po)의 발견자인 폴란드 출신의 과학자 '마리 스클로도프스카 퀴리(Maria Skłodowska-Curie)'를 설명함에 있어 가장 많이 사용되는 단어는 다름 아닌 '첫 번째'일 것이다. 노벨상을 수상한 첫 번째 여성, 물리학과 화학 각기 다른 분야에서 노벨상을 두 번 수상한 첫 번째 과학자, 파리대학 최초의 여성 교수, 국가적 영웅만 묻힐 수 있다는 프랑스 파리의 '팡테옹(The Paris Panthéon)'에 안장된 첫 번째 여성! 조국 폴란드에 대한 깊은 애정과 검소한 삶, 자신의 실험실에서만 기쁨을 느낄 수 있었던 위엄 가득하고 냉철한 인물로 알려진 마리 퀴리는 종종 20세기와 21세기 과학 발전에 위대한 업적을 남긴 성인(聖人)이자 개척자, 선구자로 여겨진다.

'2018 창작산실 뮤지컬 부문 올해의 신작'으로 선정된 뮤지컬 〈마리 퀴리〉는 2017년 스토리 작가 데뷔 프로그램인 '글로컬 뮤지컬 라이브 시즌 2'의 선정작으로 뽑힌 후 발전을 거쳐 완성된 작품이다. 뮤지컬 〈마리 퀴리〉는 역사적 사실에 '허구'를 가미한 '팩션(Faction)'이라는 장르를 적용하고 있기 때문에 시기적으로 맞지 않는 사건들을 서로 연결함으로써 허구적 상황을 창조한다. 작품 속에 등장하는 중요한 사건들 중 가장 연대가 맞지 않는 설정은 1920~30년대 미국에 큰 파장을 일으켰던 라듐 피해자들의 소송 사건과 1906년에 사망한 마리 퀴리의 남편 '피에르 퀴리(Pierre Curie)'의 죽음을 같은 시점으로 연결시키고 있다는 것이다. 마리 퀴리가 프랑스 물리학자인 '앙리 베크렐(Henri Becquere)'과 피에르 퀴리와 함께 노벨 물리학상(The Nobel Prize in Physics)을 공동 수상한 것은 1903년이었고, 비 오는 밤 마차 사고로 인해 피에르 퀴리가 갑자기 세상을 떠난 것은 1906년의 일이었다. 반면, 마리 퀴리와 피에르 퀴리가 공익을 위해 특허권을 주장하지 않고 인류에게 무상으로 내어준 '라듐(Radium)'이 세상에서 가장 비싼 물질로 불리며 모든 산업에 이용되고 '만병통치약'으로 여겨진 탓에 심각한 문제를 일으키기 시작한 것은 1917년에 이르러서였다. 라듐의 과도한 노출은 '라듐 걸스(Radium Girls)'로 알려진 미국의 도장공들뿐 아니라 라듐을 연구하던 과학자들에게도 상당 부분 이루어졌기 때문에 재생불량성 빈혈과 백혈병, 골수암으로 인한 과학자들의 죽음도 이어지고 있었다. 결국 1920년대 후반에는 마리 퀴리의 딸인 '이렌 퀴리(Irene Curie)'에게도 이상 징후가 나타났고, 마리 퀴리 또한 이미 백내장을 포함한 여러 방사능 피폭 증상으로 고통을 겪고 있었지만 그녀는 자신의 상태를 비밀리에 숨기고 있었다.

뮤지컬 〈마리 퀴리〉의 연출을 맡은 김현우는 온라인 매체 《CY Stage》와의 인터뷰에서 "과학을 위한 과학에서 인간을 위한 과학으로 나아가는 인간 마리"를 보여주기 위해 "인생에서 첫 번째 영광의 순간인 노벨상 수상 시기와 그 이후에 발발한 '라듐 걸스' 사태를 연결시켜 가장 영광의 순간에 가장 큰 딜레마에 직면하는 마리의 모습을 보여주고자 했다"고 밝혔다. 이 때문에 과학자 마리 퀴리의 전기적 사실에 대한 이해가 깊은 관객들에게는 상당 부분 사실 관계가 어긋난다거나 다르게 표현된 부분들이 있다고 느껴지는 것이 사실이다. 하지만 김현우 연출은 이미 잘 알려진 과학자가 아닌 한 인간으로서 겪을 수 있는 '내면의 갈등'을 상상을 통해 구현함으로써 "과학자로서 마리가 휴머니즘 앞에서 어떤 선택을 하게 되는지 관객들이 지켜볼 수 있도록 만들고 싶었다"고 말했다. 이렇듯 뮤지컬 〈마리 퀴리〉가 역사적 사실들을 변형하거나 조합하면서 궁극적으로 제시하고 싶었던 가장 큰 질문은 "아무리 현명한 사람이라도 진실 앞에서 무엇을 선택하느냐가 그 사람이 어떤 사람인가를 결정한다. 당신은 어떤 사람인가?"였던 것으로 보인다.

뮤지컬은 마리 퀴리가 1896년 앙리 베크렐이 발견한 '베크렐선(Becquerel ray)' 연구를 연장해 실험하던 중 우라늄(Uranium)보다 150배 많은 방사능을 방출하는 새로운 원소 폴로늄(Polonium)을 발견하고 우라늄의 900배 방사능을 방출하는 두 번째 새로운 원소 '라듐'을 발견하게 된 1898년을 배경으로 시작한다. "눈에 보이지는 않지만 주변에 막대한 영향을 미치는 것"에 대한 마리의 열정은 새로운 원소의 발견이라는 커다란 업적을 낳지만 프랑스 과학 아카데미(Académie des sciences)는 "눈에 보이는 수치를 가져오라"든가 "기준이 바뀌었다"는 잣대를 들이대며 그 존재를 인정하려 들지 않는다. 폴란드 이민자이자 여성인 마리가 19세기라는 시대의 제약으로 인해 겪어야 했던 어려움은 노벨상 수상자 발표에 있어 '마리 퀴리'가 아니라 '마담 퀴리(Madame Curie)'로 호명된다든가 연구를 주도적으로 진행한 것은 남편인 피에르 퀴리였을 것이라는 단정 섞인 과학자들의 비아냥으로 표현된다. 여성이 대학에서 고등교육을 받는 일도, 위대한 과학자로서 인정을 받는 일도 힘들었던 당대의 한계를 굳건히 헤쳐나갔던 마리 퀴리의 내면은 "내 이름은 퀴리 부인이 아냐. 잘 들어. 내가 누군지. 내 이름은 마리!"라는 외침으로 대변된다.

새로운 세상, 더 큰 우주와 진리, 의문을 품게 만드는 모든 것들을 들여다보고 싶고 알고 싶은 마리의 열정은 어둠을 밝혀주는 '라듐 시계'를 만드는 '언다크(Undark)' 시계 공장의 직공들의 장면과 병행하듯 배치되며 갈등 구조를 형성하기 시작한다. 다른 직종에 비해 상당히 많은 돈을 버는 시계 직공들은 각자 저마다의 꿈을 꾸며 가느다란 타조 털로 된 붓을 세워 라듐가루가 섞인 페인트를 찍고 바르는 일을 계속한다. 2016년 케이트 모어(Kate Moore)가 쓴 『라듐 걸스』에 따르면, 폭이 1mm밖에 되지 않는 시계판을 칠하기 위해서는 직공들이 붓을 입에 넣어 끝을 뾰족하게 만들어 쓰는 '립 포인팅' 기술을 사용해야 했는데, 당시 "역사상 가장 위대한 발명품"이자 "경이로운 약품"인

라듐을 먹고 만지는 일은 오히려 "감사해야 할 일"로 여겨졌기 때문에 직공들은 일하는 과정에서 자연스럽게 다량의 라듐을 섭취할 수밖에 없었다. 마리는 피에르가 자신의 오래된 상처에 라듐을 주기적으로 쏘여 '변질된 피부조각을 정상화'시킬 수 있는 가능성을 발견했음을 알아차리고, 라듐을 활용해 피부염이나 종양을 치료할 수 있는 방법을 연구하기 시작한다.

1871년, 자신이 4살이던 때에 폐결핵(tuberculosis)으로 아프기 시작한 엄마를 10살의 어린 나이로 잃게 된 마리는 불치병의 치료법을 발견하는 것에 남다른 의미를 부여한다. 1882년 결핵균(tubercle bacillus)이 발견되고 1905년에 제대로 된 백신이 나올 때까지 폐결핵은 "유럽에서 걸어 다니는 가장 위험한 질병"이었다. 뮤지컬 〈마리 퀴리〉는 마리가 라듐 시계 공장에서 일하는 '안느'에게서 라듐의 위해성을 묻는 편지를 받고 실험을 통해 합리적 의심을 할 만한 결과를 얻었음에도 '암 치료를 위한 연구 기회'를 잃을지 모른다는 사실 때문에 주저하고 외면하는 이유를 이러한 전기적 사실에서 찾은 듯 보인다. "매혹적이고 흥미로운 가설"과 그 가설을 증명하고픈 타오르는 열정 외에도 그녀는 30년 전에 누군가가 장티푸스(typhoid)와 폐결핵의 치료법을 발견했더라면 살아 있을 언니와 엄마에 대한 기억을 떠올린다. 하지만 자신의 '라듐 치료법'이 살릴 수 있는 사람들에만 초점을 맞춘 채 다른 곳에서 '라듐'으로 인해 죽어가는 사람들을 외면하는 그녀의 '양면성'은 관객들로 하여금 고개를 갸우뚱하도록 만든다. 마리에게 보낸 편지의 답장을 기다리는 동안에도 세 명의 동료가 더 죽었음을 알리며 시간이 없음을, 더 매달릴 곳이 없음을 호소하는 안느의 편지와 프랑스 의학 아카데미로부터 온 라듐 치료의 임상 시험 지원을 약속하는 편지는 완벽하게 대비된다. 그 가운데 홀로 라듐의 위해성에 관한 실험을 계속하고 있는 피에르가 서 있다. 피에르의 표정은 점점 더 어두워져 가고, 안느는 "입이 썩고 이가 빠지고 턱이 부서지는 질병"으로 죽어간 자신의 언니와 동료들을 "매독에 걸린 창녀"로 몰아가는 언다크의 사장 '루벤'과 맞서기 위한 재판을 준비한다.

언론과 경찰, 그 어느 곳에서도 진실을 알려주려 하지 않고, 부검조차 못 하게 하며, 증인들을 매수하는 루벤을 향해 반드시 '진실'을 파헤치겠다는 안느를 비웃으며 그는 이렇게 말한다. "진실! 아름답지. 양심! 항상 옳아. 정의! 너무 매력적이야. 하지만 또 다른 진실! 과연 그걸 감당할 그릇이 되는가? (…) 네가 날 이길 수 있겠어? 감히 나를? 차라리 돈을 더 챙겨! 머리를 쓰라고. 넌 아무것도 아니야. 그래서 너의 진실이 공허한 거라고. 이 모든 성장의 역사에 희생이 없었던 적이 있었나? 위대한 변화 앞에서 우리 모두 미물이 아닐 수 있냐고?" 질문은 성장을 추구하는 사회, 역사의 발전을 위해서는 개인이 희생되어도 된다고 생각하는 사회, 진실과 맞설 수 있는 용기가 부족한 사회로 향한다. 무엇을 위해 발명을 하고 무엇을 위해 지식이 필요한가? 무엇을 위해 성장이 요구되고 무엇을 위해 발전이 계속되나? 역사의 거대한 흐름, 변화 그것을 누가 결정하나? 그것 역시 인간이 결정하고 세워온 것이 아닌가? 단지 소수의 사람들만이 진실을 알고 있었던 것이 늘 문제였을 뿐 역사를 만든 것도, 변화를 낳은 것도 항상 시작은 '한 개인'이었다.

더 이상 도망칠 곳이 없음을, 암흑의 나락으로 떨어질지 모를 두려움과 직면해야 함을, 감당하기 힘든 진실일지라도 외면할 수 없음을 인식하는 피에르는 자신의 몸에 직접 라듐의 위해성 실험을 감행하려 한다. 이를 막아서는 마리는 그레이스 병원에서의 암 치료 연구 임상 시험이 끝날 때까지만 좀 더 시간을 두고 버텨줄 것을 피에르에게 부탁하며 이렇게 말한다. "우린 발견자야. 구원자가 아냐!" 과학이 뚫을 수 없는 벽이란 없기에, 멈출 수 없기에, 어떤 일이 있어도 '길'을 찾겠다는 마리는 위해성이 알려지면 라듐을 이용한 암 치료 연구가 계속 진행될 수 없다는 사실 때문에 언다크 시계 공장의 직공들을 외면한다. 결국 "단 한 번만"이라는 바람은 희생자들을 낳는다. 단 한 번만 별문제 없이 넘어갈 수 있다면 모든 문제를 묻을 수 있다고 생각하는 '루벤', 단 한 번만 시간을 더 확보하고 연구할 기회를 가진다면 자신이 본 모든 것을 세상에 전해줄 수 있다고 생각하는 '마리', 단 한 번이 되더라도 너무 늦기 전에 진실과 마주해야 할 필요성을 인식하는 '피에르'… 재판에서 라듐의 위해성을 증언하려는 피에르에게 자신이 이루어온 모든 것과 앞으로 나아갈 수 있는 길들을 놓칠 수 없는 욕심을 드러내 보인 마리는 법원으로 가던 길에 마차 사고로 목숨을 잃은 피에르의 소식을 듣고서야 비로소 자신이 두려움 앞에서 고개를 돌려버린 '겁쟁이'였음을 깨닫는다.

믿었던 것들을 바라보며 더 먼 곳을 향해 앞으로 전진만 하는 삶에는 때로 감당하지 못할 진실들과 마주하게 되는 순간들이 있다. 가혹한 진실은 잔인하리만큼 깊은 상처를 남길 수 있지만 그러한 공포를 극복해야만 새로운 길을 향해 나아갈 수 있다. 혼자 남겨진 마리는 언젠가 피에르가 들려주었던 러디어드 키플링(Rudyard Kipling)의 소설 『정글북』의 이야기를 떠올린다. 끝없는 생존 경쟁과 미지의 두려움이 가득한 정글에서 가장 용감한 동물이 누구인지 궁금해 찾아간 모글리(Mowgli)에게 현명한 코끼리 '하티 할아버지(Hathi)'는 "두려움을 아는 것이 가장 용감한 것"이라고 말해준다. 두려움이 무엇인지 이해할 수 없었던 모글리는 어느 날 깊은 우물에 빠져 위기에 처하자 하티 할아버지의 말이 무슨 뜻이었는지를 이해하게 된다. 두려운 게 없다는 것은 오히려 위험하다. 누구에게나 두려움은 있고 자신을 가장 두렵게 만드는 것이 무엇인지를 알고 극복하는 일만이 자신을 위기에서 구원할 수 있게 만든다. 마리는 멈춰 서서 잘못된 모든 것을 인정하고 자신의 두려움과 맞서는 일만이 자신을 구원할 수 있다는 사실을 깨닫는다. 그녀는 "정글에는 모두가 어우러져 살아가는 법칙만 존재"할 뿐 왕이 누구인가는 중요하지 않으며, 라듐의 위해성을 인정하고 그 '위험'이 무엇인지를 연구해야 할 필요가 우선시될 뿐 자신의 가치를 세상에 증명하기 위해 두 눈을 감을 필요가 없음을 인식한다. 마리는 결국 라듐의 위해성을 공식적으로 인정하는 발표를 하고 임상 실험을 철회하는 동시에 "독이든, 약이든, 인간이 제어할 수 있다면 인류가 더 지켜봐야 할 가치가 있다는 뜻"임을 강조하는 연설을 한다.

2018년 10월 2일, 55년 만에 노벨 물리학상을 수상한 또 한 명의 여성 과학자가 탄생했다. "고출력 레이저를 만드는 기술을 발명해 연구개발(R&D)뿐 아니라, 산업과 의학 분야에 새로운 지평을 열었다"고 평가받은 캐나다 출신의 '도나 스트릭랜드(Donna Strickland)'는 마리 퀴리와 마리아 괴퍼트 메이어(Maria Goeppert-Mayer)에 이어 세 번째로 노벨 물리학상을 수상한 여성으로 기록되었다. 미지의 두려움으로부터 벗어나기 위해 세상에 숨겨진 더 많은 진리를 이해해야 할 필요성을 주장했던 마리 퀴리는 '미래의 더 나은 세상'을 꿈꾸며 이렇게 말했다고 한다. "개개인의 향상이 이루어지지 않은 상태에서 더 나은 세상을 건설하려는 희망을 품을 수는 없다. 그 목적을 위해 우리는 각자 자신의 개선과 향상을 위해 노력해야 한다. 그리고 동시에 모든 인류에 대한 전체의 책임을 공유해야 한다. 각자 자신이 가장 유용하게 쓰일 수 있다고 생각되는 사람들에게 그 어떤 도움을 주기 위해 특정한 의무를 다하면서 말이다."

우리는 각자 세상에 무언가를 제공하기 위해 태어났는지도 모른다. 그 무언가가 다른 사람들을 해치는 일이 아니라 이롭게 하는 일이 되도록 하기 위해 우리는 때로 무서운 진실과 마주해야 할지도 모른다. 하지만 하티 할아버지의 말처럼, 두려움이 없는 사람은 없다. 단지 자신이 두려워하는 것이 무엇인지 알고 용기를 내어 그 앞에 맞서는 사람이 있을 뿐! 자꾸만 흐려지는 진실을 붙들기 위해 우리에게 필요한 것은 자신의 두려움을 받아들일 수 있는 용기, 내가 아닌 '남'을 돌아보는 마음, 그리고 끊임없이 자신의 개선과 향상을 위해 전진하려는 노력이 아닐까?

* 본 글은 2018.12.22.~2019.01.06. 대학로예술극장 대극장에서 공연된 팩션 뮤지컬 〈마리 퀴리〉를 관람한 후 작성된 칼럼입니다.

'거짓말 같은 세상 속 진짜' 그리고 기억

2017년 10월 인간형 로봇, AI '소피아(Sophia)'는 사우디아라비아에서 세계 최초로 시민권을 부여받았다. 오드리 햅번(Audrey Hepburn)을 모델로 한 외모에 60여 개에 달하는 인간의 감정을 표현하며 사람과 자유롭게 대화할 수 있다는 AI 소피아는 2018년 '제3차 블록체인 이코노믹 포럼'에 등장해 '새로운 삶(The New Life)'이란 주제로 기조연설을 했다. 인공지능의 딥러닝 기술(Deep Learning)은 휴머노이드 로봇(Humanoid Robot)의 발달을 가속화했고, 전문가들은 빠르면 2030년대에 로봇의 시대가 열릴 것으로 예측한다. 사람의 감정을 읽어낼 뿐 아니라 자신의 눈썹과 입술을 움직여 감정을 표현할 수 있는 '감성로봇', 반려동물을 기르는 수고를 덜어주고 도움의 기능을 더한 '반려로봇', 상처 입은 인간의 마음을 달래주고 위로를 더할 수 있는 '힐링로봇', 아픈 사람들을 돌봐주는 '간병로봇' 등 사람과 똑같은 형상을 한 로봇이 인간을 돌보고 집안일을 대신할 뿐 아니라 서로 대화를 나누고 '치유'에 도움을 주는 미래는 생각보다 훨씬 더 가까이 와 있는지도 모른다.

2018년 여름, 독거노인으로 외로운 삶을 살아가고 있는 '엠마'와 어느 날 갑자기 집으로 배달된 휴머노이드 도우미 로봇 '스톤'이 전하는 따뜻한 감성의 뮤지컬 〈땡큐 베리 스트로베리〉의 창작 초연이 펼쳐졌다. 뮤지컬 〈땡큐 베리 스트로베리〉는 2014년부터 작품 개발을 시작해 2017년 '한국예술종합학교 졸업독회'에서 주목을 받은 후 2018년에 이르러 마침내 초연 무대에 오를 수 있게 된 작품이다. 극본과 연출을 맡은 박해림 작가는 《스테이지톡(Stagetalk)》과의 인터뷰에서 어느 날 혼자 청소를 하고 있는 '로봇 청소기'를 보다가 문득 작품을 구상하게 되었다고 설명했다. 또 극을 창작하는 과정에서 여러 문제도 있었고 변화도 있었지만 "기억과 삶의 문제를 반추하고 한 걸음 더 나아가게 되는 큰 틀은 지키려고 노력했다"고 덧붙였다. 뮤지컬 〈땡큐 베리 스트로베리〉의 특이점은 '휴머노이드 로봇'을 소재로 한 작품이라고 할 때 흔히 떠올리게 되는 '로봇과 인간 사이의 관계'에 초점을 맞추고 있지 않다는 데 있다. 독거노인들이 많이 살고 있는 영국의 한 마을에 유독 집 밖으로 나오지 않는 70대 노인 '엠마'의 집 앞으로 배달된 '도우미 로봇'은 사건의 발단이 될 뿐 이야기의 흐름은 '엠마의 과거의 삶과 기억'을 조명한다.

휴머노이드 로봇 AI 소피아는 포럼 기조연설에서 "생존력이란 기초대사와 재생산에 에너지를 사용하는 능력"이며, "인간 삶의 목적은 생존력을 극대화시키는 것"이라고 말했다. 하지만 인간은 스스로 자신의 생명을 포기할 수 있는 유일한 존재이다. 인간의 삶은 단지 생존력을 극대화시키기 위한 방식으로만 추구되지 않는다. 독일의 철학자 아르투어 쇼펜하우어(Arthur Schopenhauer)의 말처럼 인간은 고통과 지루함 사이를 오가면서도 잠깐씩 주어지는 행복에 기대어 그 행복이 영원히 지속되기를 바라며 살아가는 존재이다. 비록 그것이 영원히 이어질 수 없음을 자신이 더 잘 알고 있음에도 인간은 고통이나 지루함이 아닌 '행복'이 지속되기를 바란다.

엠마는 삶의 '지루함'의 끝에 서 있다. 그녀는 자신을 집 안에 가둔 채 그저 시간이 빨리 지나가기만을 기다리고 있다. 그녀의 삶 속에도 분명 '고통'과 '행복'이 존재했을 테지만 엠마는 그 모든 순간을 기억하지 않는다. 그녀의 삶은 정지되어 있다. 아침에 눈을 뜨면 햇빛이 두렵고, 또 하루를 견뎌야 한다는 사실이 '채찍질'처럼 다가온다. 그녀는 그저 주어진 삶이 끝나기만을 지루하게 기다리고 있다. 그러한 그녀의 일상에 "주인님의 마음까지 읽어드립니다"라고 말하는 최첨단 로봇 '스톤'이 배달된다. 요란스럽게 초인종을 울리며 "택배 왔어요!"를 외치는 소리에 어쩔 수 없이 현관문을 열어준 엠마는 사람과 똑같이 생긴 '스톤'을 발견한다. 스톤은 엠마의 집 안으로 들어와 "제가 마음에 드신다면 활성화 버튼을 눌러주세요!"라고 말한다. 엠마는 "아니, 왜 정부는 쓰레기를 우리 집에 버렸어?"라고 불평하면서 스톤을 내보내려고 하지만 오히려 활성화 버튼을 눌러버린다. 엠마 앞에 선 스톤이 말한다. "저는 독거노인들의 쾌적한 생활을 위해 만들어진 생활 로봇입니다. 저는 이제 엠마를 위해 존재합니다!"

뮤지컬 〈땡큐 베리 스트로베리〉가 주목하는 메시지 중 하나는 바로 '변화'이다. 정지된 것들을 움직이기 위해서는 외부의 '힘'이 필요한 법이다. '변화'는 위험한 것이기도 하지만 새로운 길로 나아가기 위한 '동력'을 공급한다. 자연의 법칙은 변화와 순환을 따르기 마련이고, 자연 속에 존재하는 인간 역시 그러한 법칙을 떠나 살아갈 수 없다. 흐르는 속성을 지닌 삶과 시간 속에서 인간은 원하든 원치 않든 그 흐름을 따를 수밖에 없다. 하지만 변화는 예측할 수 없는 것이기에 두렵고, 현재의 안정된 상태를 깨는 것이기에 귀찮고 불편하다. 인간의 딜레마는 바로 여기에 있다. 끊임없이 자연에 맞추어 변화해야 함에도 인간은 끝없이 어딘가에 안주하기를 원한다. 인간이 느끼는 '변화에 대한 두려움'은 마을 사람들에 대한 정보를 수집하며 매일 변화가 있는지 없는지를 체크하는 자칭 "마을의 평화를 지키는 비밀보안관" '버나드'를 통해 구현된다. 엠마 집에 찾아온 로봇 스톤으로 인해 생긴 변화는 버나드에 의해 인식된다. "이 시간에 저 집에 불이 켜져 있을 리가 없는데? 변화가 생겼어. 말도 안 돼! 도대체 무슨 일이 벌어지고 있는 거야?"

강박증 혹은 자폐증을 앓고 있는 듯 보이는 버나드는 걸음을 걸을 때도 오른발, 왼발의 순서를 맞춰야 하고, 흐트러진 물건들을 제자리에 가져다 놓지 못하면 불안과 좌절을 느낀다. 그는 이전에는 들리지 않던 피아노 소리가 들리고 늦은 밤까지 불이 켜져 있는 엠마의 집 현관문에 "살아 있습니까?"라고 묻는 쪽지를 붙인다. 버나드의 쪽지는 엠마에게 전해지지 않고, 고개를 갸우뚱거리며 그것이 무슨 의미인지 궁금해하던 스톤이 대신 적어 넣은 "네, 저는 살아 있습니다. 하지만 죽어 있는지도 모르겠습니다!"라는 답변만 되돌아온다. 이 답변은 버나드에게 엄청난 '불안'을 선사한다. 그에게 '변화'는 위험한 것이다. 한 번도 자신의 정체를 드러낸 적 없는 버나드는 혹시나 자신을 필요로 할지 모를 엠마를 구하기 위해 나름의 노력에 나선다. "엄마가 그랬어. 세상을 이롭게 하라고. 이제 그 임무를 완수할 때야. 제가 도와드릴게요!"

'살아 있지만 죽어 있는지도 모르겠다'는 스톤의 답변은 관객들에게 아이러니를 선사한다. 인간이 아니기에 살아 있다고 말할 수 없는 로봇의 상태를 설명하는 말이기도 하지만 동시에 엠마의 상태를 설명하게 되기 때문이다. 그녀의 육체는 분명 숨 쉬고 있지만 그녀의 정신과 기억은 모든 것을 망각한 채로 '죽음'과 같은 암흑 속에 놓여 있다. 스톤은 매일 아침 커튼을 열어젖히고 날씨를 알려주며 집 안을 청소하고 엠마에게 잔소리를 늘어놓는다. 창밖을 볼 것을 권하고, 적당한 운동과 비타민의 필요성을 강조하며, 우울증을 걱정하는 스톤이 말한다. "조금만 기다려 보세요. 당신은 분명 변하게 될 거예요. 그게 내 임무니까요!" 엠마는 자신을 중심으로 반경 5미터 밖을 벗어나지 못하고 늘 주변에서 움직이며 전원을 끄는 버튼조차 없는 스톤이 못마땅하고 거추장스럽다. 고집스럽게 창문의 커튼을 닫고 "한 번도 나가본 적이 없는 문밖은 절대 나갈 생각이 없다"고 외치던 엠마는 대청소를 한다면서 온 집안을 들쑤시고 다니는 스톤을 막기 위해 오랫동안 들어간 적이 없던 방에 들어선다.

먼지가 가득 쌓인 방, 열어본 지 오래된 듯 보이는 서랍장, 온통 회색빛으로 칠해진 무대는 오랜 세월 삶의 무게와 때를 간직한 엠마의 '기억 속 세계'를 보는 듯하다. 무언가로 가득 들어차 있지만 방치된 채 존재한 적도 없었던 듯 갇혀버린 기억들… 기억도 기계와 같아 가끔은 꺼내어 햇빛에 비추어도 보고, 버려야 할 것들을 털어내고 정리하는 작업을 거쳐야 하지만 앞을 향해 무작정 걸어온 사람들은 자신의 삶을 돌아보지 못한다. 커튼을 열어젖히는 행위는 '기억의 청소'를 위한 시작이라 할 수 있다. 창문을 뚫고 들어오는 빛의 밝음에 비추어보아야 얼마나 먼지가 쌓였는지 알 수 있고, 기억 위에 두껍게 쌓여 있는 검은 곰팡이들을 쓸어낼 수가 있기 때문이다. 햇빛은 '따스함', 즉 '온정'의 손길을 의미하고 한 줄기 빛은 회색의 죽어가는 공간을 살아 있는 공간으로 바꾸는 '희망'이 된다. 스톤이 아무거나 만지거나 함부로 버릴까 봐 따라 들어온 방에서 엠마는 그가 집어 드는 물건들을 통해 삶 속에 자리하고 있던 '기억의 조각들'을 떠올리기 시작한다. 이제는 향이 다 날아가버린 양초, 딸아이가 소중히 여기던 자전거, 생쥐를 잡겠다고 치즈를 벽에 그려놓은 낙서들, 딸아이가 받아 온 메달들, 함께 찍은 사진들…. 괴팍하고 무표정한 얼굴로 "땡큐"라는 말 한 마디만 해달라는 간절한 스톤의 애원을 매몰차게 거절하던 엠마는 처음으로 온 얼굴에 미소를 띠기 시작한다.

엠마는 점점 스톤에게 익숙해진다. 사람처럼 웃기도 하고 재미난 얘기를 들려주기도 하며, 함께 춤을 추기도 하고 자신의 이야기를 듣고 기억해주며, 자신보다 더 따뜻한 손을 가진 스톤을 통해 엠마는 자신의 삶 속에 자리했던 행복한 순간들을 하나씩 소환하기 시작한다. "인간의 기억은 너무 가벼워서 쉽게 잊혀지고, 변하고, 사라진다"고 말하는 스톤에게 엠마가 대답한다. "사라진 건 아니지. 어딘가에 숨어 있는 것일 뿐!" 인간은 머리로 기억하는 게 아니라 '마음'으로 기억한다고 말하는 엠마는 사실상 자신이 마음의 문을 닫고 있음을 인식하지 못한다. 하지만 "거짓말 같은 세상에 진실 같은 가짜"라 할 수 있는 스톤이 그녀의 삶에 불러온 알 수 없는 떨림과 두려움이 왠지 싫지 않다. 그녀는 스톤의 손에 이끌려 처음으로 아무도 없는 적막한 밤에 현관문을 열고 밖으로 나선다. 엠마의 정체된 삶 속에 꽁꽁 묶여 있던 '기억의 서랍장'은 그렇게 열리기 시작한다.

오래된 숄, 빨간 구두, 귀걸이, 원피스…. 서랍장에서 나온 물건들은 그 물건들이 품고 있던 과거의 기억들을 하나씩 현실로 불러온다. 행복했던 순간들, 아름다웠던 순간들, 그녀가 가장 빛났던 순간들… 기억은 과거의 모습뿐 아니라 느낌과 감촉, 냄새까지 모든 감각을 일깨운다. 스톤을 통해 '사랑'의 감정을 품었던 자신의 행복했던 순간들을 기억해낸 엠마는 애써 묻어놓았던 자신의 가장 고통스러운 기억마저 소환할 수밖에 없게 된다. 사랑으로 가득했던 '행복'이 무너지던 바로 그 순간이 고통과 절망의 순간이었던 그녀에게 고통과 행복은 맞닿아 있고, 기억은 어느 한쪽만 간직할 수 없기 때문이다.

개인이 시간을 인식하는 방식은 삶의 태도를 결정한다. 내가 의식하지 않는 시간은 '현재화'되지 않는다. 이 때문에 "기억이 없는 의식"이란 있을 수 없고, 나는 내가 기억하는 시간에 따라 과거에도, 현재에도, 미래에도 살 수 있다. 엠마는 자신을 '현재' 속에 가둔다. 그녀의 과거 속에 깊이 뿌리박힌 '고통스러운 진실'을 끊임없이 외면할 수만 있다면, 그 고통스러운 시간을 영원히 '현재화'하지 않을 수 있기 때문이다. 하지만 버나드가 전하는 그의 엄마의 말처럼 "살아간다는 것은 생각은 점점 젊어지는데 나이만 자꾸 많아지는 것"이고, "살아 있는지 죽어 있는지 잘 모르겠을 때에는 자꾸 기억을 해내야만" 한다. '과거의 나'를 기억하고 추억하며 또 다른 기억을 만들기 위해 '미래의 나'를 향해 허공으로 손을 뻗는 것, 그것이 곧 삶이고 기억이다. 변화하지 않으면 삶은 정지하고, 변화하는 자만이 삶을 지속할 수 있다.

엠마는 깨닫는다. 살다 보면 인간의 힘으로는 도저히 어쩔 수 없는 순간들이 있게 마련이고, 사랑하는 이들과의 이별도 만나지 못하는 것일 뿐 영원히 사라져버린 것이 아니다. 슬프고 아픈 기억을 잊기 위해 자신을 가둘 순 있지만 그와 동시에 아름답고 행복했던 소중한 기억들 역시 놓쳐버릴 수밖에 없다. 고통을 그 자체로 받아들이는 것, 나의 죄의식과 슬픔, 절망마저 사랑하는 것, "거짓말 같은 세상에 진짜를 만나 정말 아름다운 사랑을 했음"을 인식하는 것, 그것만이 잃어버린 사랑을 지속시키는 길임을 깨달은 엠마는 말한다. "사랑한 기억들, 아름다운 추억들, 잊지 못할 순간들, 땡큐! 땡큐 베리 스트로베리!"[4]

물론 뮤지컬 〈땡큐 베리 스트로베리〉에는 매끄럽게 이어지지 않는 과거와 현재의 시간들, 명확하게 밝혀지지 않는 버나드와 엠마의 관계, 어린 시절 죽음에 이른 딸 '미나'의 환영과 젊은 시절 엠마의 기억이 빚어내는 충돌과 같이 설명되지 않는 여러 지점들이 존재한다. 하지만 머리가 아닌 마음으로 기억하는 우리의 '삶'은 사실상 많은 논리적 오류를 품고 있을 때가 많다. 어쩌면 지나온 삶을 추억함에 있어 더 필요한 것은 '논리적 사실'이 아니라 '감정적 진실'이 아닐까?

* 본 글은 2018.08.01~2018.10.28 대학로 아트원씨어터 2관에서 공연된 창작 뮤지컬 〈땡큐 베리 스트로베리〉를 관람한 후 작성된 칼럼입니다.

---

4 주먹을 쥐었다가 손바닥을 펴 보이며 말하는 '땡큐 베리 스트로베리!'는 엠마와 남편이 서로를 향해 고마울 때 건네는 두 사람만의 '감사 표현'이다. 엠마의 행복했던 시절 사랑했던 사람과의 따뜻한 농담의 표현이 담겨 있는 '땡큐 베리 스트로베리!'는 특별한 의미를 따로 지니지는 않지만 남편과의 관계, 엠마의 고통과 행복으로 점철된 삶, 그리고 '스톤'이라는 휴머노이드 로봇을 보내게 된 남편의 사연 등을 모두 아우르게 된다.

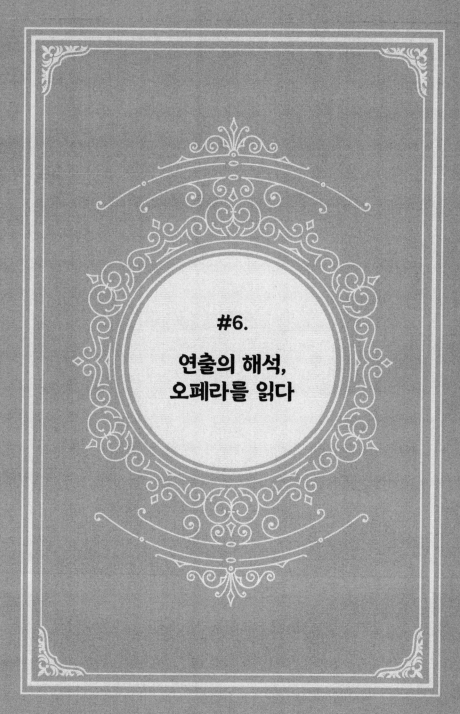

#6.

연출의 해석,
오페라를 읽다

'결핍'으로 인한 '욕망'이
불러온 비극

🎭 오페라 〈스페이드의 여왕〉

인간에게 '집착'이라는 비정상적이고 무분별한 행동을 하도록 만드는 가장 강력한 감정은 결핍과 욕망이다. 부재하는 무언가를 놓고 느끼는 허전한 감정인 '결핍'과 그것을 채우고자 하는 강렬한 감정인 '욕망'은 인간의 삶에 돌이킬 수 없는 '비극'을 불러오곤 한다. 사전적 정의에 따르면, 욕망(desire)이란 "무언가를 가지기를 원하는, 혹은 어떤 일이 발생하기를 원하는 강렬한 감정"이다. 우리가 무언가를 간절히 원하게 될 때 그것은 나에게는 없고 남에게는 있는 무언가, 즉 '결핍'에 대한 인식에서 비롯되는 경우가 많다. '결핍'이 손에 닿지 않는 것일수록, 쉽게 채울 수 없는 것일수록 그것을 향한 '욕망'은 간절해진다. 무의식 어딘가에서 '불가능'이란 단어를 떠올릴 때, 인간은 그 '상실'을 인정할 수 없기에 점점 더 갈증을 느낀다. 그러다 문득 희미한 '가능성'의 불빛이라도 보게 된다면, 인간은 그것이 '환상'일 수 있음을 인지하지 못한 채 '파멸'을 향해 발걸음을 내딛는다.

"러시아 문학의 아버지"라 불리는 알렉산드르 푸시킨(Alexander Pushkin)의 단편소설을 원작으로 하는 표트르 차이콥스키(Pyotr Ilyich

Tchaikovsky) 작곡의 오페라 〈스페이드의 여왕(Pique-Dame)〉 속 주인공 '헤르만(Herman)'은 어느 날 우연히 보게 된 귀족 여인 '리사(Liza)'를 갈망하는 자신의 통제할 수 없는 마음을 저주하며 이렇게 노래한다. "내가 너무 싫어. 스스로를 자제할 수가 없어. 그녀의 이름도 알고 싶지 않아. 인간의 이름으로 부르고 싶지 않으니까. (…) 스스로를 저주하며 열정을 녹이려 하지만 그럴 수가 없네. 그녀를 갈망해. 미친 듯이!" 독일 장교 출신으로 러시아에 와 있는 이방인인 헤르만은 이름조차 모르는 여인을 향해 멈출 수 없는 '욕망'을 드러내며 자신이 "치명적인 독에 빠졌음"을 한탄한다. 다른 여인을 찾아주겠다는 '톰스키 백작(Count Tomsky)'에게 단호하게 "그녀가 아니면 안 돼!"라고 말하는 헤르만은 그녀도 그를 갈망할지 모른다고 위로하는 백작을 향해 이렇게 노래한다. "그런 희망이라도 없다면 더 우울할 거야. (…) 만약 그녀를 가질 수 없다면 내게 남은 것은 오직 죽음뿐!"

유럽의 3대 음악축제 중 하나로 불리는 잘츠부르크 페스티벌의 2018년 '최고의 화제작'은 단연코 한스 노이엔펠스(Hans Neuenfels) 연출의 오페라 〈스페이드의 여왕〉이었다. 75세의 명지휘자 마리스 얀손스(Mariss Jansons)와 77세의 오페라 연출의 거장 노이엔펠스의 만남으로 프로그램 구성 때부터 화제를 모았던 오페라 〈스페이드의 여왕〉은 《뉴욕 타임즈(New York Times)》의 음악평론가 앤서니 토마시니(Anthony Tommasini)로부터 "작품 해석에 있어 항상 독특한 관점을 부여하는 것으로 유명한 아방가르드 연출가 노이엔펠스가 여전히 주목할 만한 감독임을 보여주었다"라는 평가를 받았다. 19세기를 대표하는 러시아의 낭만주의 음악가 차이콥스키가 작곡한 오페라는 총 10편이며, 그중 3편이 푸시킨의 작품을 원작으로 한다. 오페라 〈예브게니 오네긴(Eugene Onegin)〉에 이어 두 번째로 많이 공연되는 오페라라 할 수 있는 〈스페이드의 여왕〉은 차이콥스키가 말년에 작곡한 작품으로 "그로테스크한 선율의 조화와 초현실주의적인 분위기의 장대한 음악이 인간의 내면에 꿈틀거리는 욕망과 갈망을 잘 표현했다"는 평가를 받으며 초연 당시부터 많은 갈채를 받았다.

인간의 '사랑'을 향한 갈망, 욕망과 탐욕에 관한 오페라라 할 수 있는 차이콥스키의 〈스페이드의 여왕〉은 작가가 주인공에 대한 거리감을 유지하며 냉소적인 어조로 '탐욕'을 연구했던 푸시킨의 원작과는 상당히 차이를 보이는 작품이다. 오페라 극본(libretto)을 맡은 차이콥스키의 동생 모데스트(Modest Tchaikovsky)는 '인간을 파멸로 이끄는 것은 무엇인가'에 관한 심리연구를 위해 새로운 등장인물을 추가하고 원래 있던 인물의 출신 배경을 바꾸는 등 변화를 주어 두 주인공이 비극적인 죽음에 이르는 "멜로드라마(melodrama)"를 완성했다. 이 때문에 도박에서 승리하는 '세 장의 카드'의 비밀을 쥐고 있는 늙은 백작부인(Countess)과 그 비밀을 어떻게든 알아내려고 하는 독일 장교 헤르만의 '섬뜩하고 그로테스크한 이야기'는 완벽한 신랑감을 두고도 엉뚱한 사람과 사랑에 빠지는 리사와 처음에는 사랑을 갈구하지만 탐욕으로 인해 모든 것을 잃게 되는 헤르만의 '비극적인 사랑 이야기'로 바뀌는 결과를 낳았다.

오페라의 경우, 푸시킨의 원작과는 다르게 헤르만이 처음부터 '리사'를 향한 갈망으로 고통을 겪고 있으며, 리사는 백작부인의 시중을 들기 위해 고용된 양녀가 아니라 실제 손녀딸로 이미 자신보다 신분이 높은 '옐레츠키 공(Prince Yeletsky)'과 결혼을 약속한 상태에 놓여 있다. 흥미로운 것은 신분의 차이로 인한 '갈등'과 사랑의 '삼각관계'를 조성하기 위해 추가한 것으로 보이는 '옐레츠키 공'이 오히려 리사를 진심으로 아끼고 사랑하는 '지고지순한 인물'로 표현된다는 점이다. 그는 리사의 말대로 "지성, 외모, 신분, 재산이 모두 뛰어난" 흠 잡을 데 없이 훌륭한 사람이다. 하지만 결혼을 앞둔 그녀는 알 수 없는 두려움과 슬픔에 눈물을 흘리며 이렇게 노래한다. "왜 이렇게 슬픈 거지? 뭐 때문에? 소녀 시절의 꿈, 그 꿈은 어디로 가고. 슬픔과 두려움. 왜 자신을 속이는가?"

리사는 아직 헤르만과 사랑에 빠져 있지 않다. 단지 자꾸만 눈앞에 나타나는 "두려움과 격정을 감춘 사람"에 대한 호기심과 자신에게 무언가를 원하는 것 같은 "정체 모를 음울한 사람"에 대한 불안감으로 인해 상당히 불편을 느끼고 있을 뿐이다. 그런 그녀 앞에 사랑하는 여자를 다른 남자에게 그냥 빼앗길 수는 없어 "마지막으로 작별 인사를 하러 왔다"고 말하는 헤르만이 갑자기 나타난다. 모두가 잠든 밤에 창문을 활짝 열어 놓고 "행복과 평화를 앗아간 슬픔에 찬 시선"으로 "열정적인 사랑을 두 눈 가득 담은 채 추락한 천사처럼" 자신을 바라보던 남자에게 "영혼을 빼앗겼노라!" 노래하던 리사는 그만 소스라치게 놀란다.

노이엔펠스는 리사가 어딘지 모르게 불길하고 위험해 보이는 남자 '헤르만'의 사랑을 받아들이는 이유를 '열정적인 사랑에 대한 동경'에 둔다. 어려서부터 신분에 맞게 상류 사회의 법도를 익히고 기품을 잃지 않기 위해 행동하도록 교육받아온 그녀에게 헤르만은 모든 정해진 시스템을 뒤엎고 새로운 것을 시도할 수 있는 '기회'로 인식된다. 열정과 욕망에 모든 것을 내맡긴 채 행동하는 헤르만은 사실상 그녀가 늘 궁금해하던 '미지의 세계'에 속한 사람이라 할 수 있기 때문이다. 노이엔펠스는 이를 설득력 있게 제시하기 위해 옐레츠키 공이 진실한 사랑을 고백하는 장면에서 그와의 삶이 펼쳐낼 리사의 '미래'를 보여준다. 그녀를 "하인처럼 섬기고 친구처럼 사랑하겠다"는 옐레츠키 공의 애절한 고백 사이로 아이들이 하나씩 둘씩 등장한다. 리사는 커다란 식탁에 앉아 자신의 손길을 기다리고 있는 듯 보이는 아이들을 겁에 질린 눈으로 바라본다. 남자아이 한 명과 여자아이 두 명, 마지막으로 갓난아기를 안은 유모가 등장하자 리사는 도망친다.

오프닝 장면과 합창 장면, 막간 장면 등을 통해 연출가로서 자신만의 '해석'을 담는 것으로 유명한 노이엔펠스는 첫 장면부터 커다란 철창 상자에 갇힌 채 등장하는 '흰옷을 입은 아이들'을 배치시킨다. 가슴이 매우 부각된 흰 드레스를 입은 나이 든 유모들은 마치 개들을 산책시키기라도 하듯 '줄에 묶인 아이들'을 산책시킨다. 잠시 후 아이들은 여전히 줄에 묶인 채로 러시아의 적을 무찌르기 위해 열심히 훈련받는 병사들로 변모한다. 사회에는 지켜야 할 코드가 있고 따라야 할 규율이 있다. 시스템은 어릴 때부터 마음껏 놀 수 없고 규정된 행동을 강제하는 '억압'을 통해 유지된다. 노이엔펠스는 동영상 인터뷰에서 "리사는 남성의 시선에서 바라본 여성적 이미지에 갇혀 있지 않고 완전히 독립적인 여성으로 존재한다"고 말한다. 그는 편한 길을 두고 오히려 취약하고 위험해 보이는 길로 들어서는 독립적인 두 사람이 잘 이해되지 않는 방식으로 '만남'을 이어가고 '어쩔 수 없는 욕망'을 드러낼 때, 관객들이 인간의 본성에 관한 질문을 던지게 된다고 설명한다. 이어 노이엔펠스는 평범한 한 사람을 사회의 '아웃사이더

(outsider)'로 만들고 비정상적인 강박증에 휩싸인 광기로 몰고 가는 데에는 분명 "어떤 특정한 것들을 강요하는 사회, 특정한 욕망을 억누르도록 만드는 사회"가 존재하고, 인간은 그에 대한 '보상'을 받기 위해 다른 무언가를 찾게 되며, 그것이 "그 사회로 진입할 수 있는 수월한 길"이라고 믿게 되기 때문에 '파국'으로 들어설 수밖에 없다고 덧붙인다.

노이엔펠스는 오페라 〈스페이드의 여왕〉의 비극의 원인을 통제하려는 '억압'과 그 억압에 맞서려는 '욕망'이 부딪히는 과정에서 '결핍'을 채우려다 잘못된 방식으로 터져나가는 '열정'에 둔다. 무대와 의상은 모든 가치를 흑과 백으로 나누는 사회를 강조하듯 검은색과 흰색으로 통일된다. 단, 사회에서 유일하게 '아웃사이더'로 여겨지는 헤르만과 '과거'에 갇혀 있는 것으로 보이는 '스페이드의 여왕'인 늙은 백작부인만 '색깔'을 드러낸다. 헤르만은 줄곧 붉은색 군복을 입고 있으며 광기와 강박증이 심해질수록 맨살을 드러내며 재킷을 벗어 던진다. 채워지지 않는 '결핍'을 향해 솟구치는 뜨거운 열정과 과도한 욕망은 헤르만이 입고 있는 붉은색 재킷이 풀어헤쳐진 사이로 드러나 보이는 털이 수북한 가슴을 통해 상징된다. 한때 탐욕과 욕망에 불타올랐던 백작부인 역시 붉은색의 장갑과 구두를 착용하고 있지만 그녀는 80세라는 나이를 부인하려는 듯 '젊음'을 상징하는 연두색 원피스를 입고 있다. 그녀의 머리는 이미 다 빠져 한 줌도 남아 있지 않지만 '오렌지색' 가발로 가려져 있다. 노이엔펠스는 사회의 획일적인 가치와 제도들이 잠깐의 '행복'과 '화려함' 속에 머물다 거센 '폭풍'에 휘말려 결국 '무덤'만 남겨놓고 사라지는 인생에 비할 때 얼마나 무의미한 것인지를 해골만 남은 뼈에 온갖 보석을 치장한 '예카테리나 2세(Ekaterina II)'를 향해 환호하는 사람들을 배치함으로써 표현한다. 아무리 화려했던 것들도 결국 '시간'을 이겨내지 못한다. 어쩌면 그렇기에 인간은 더더욱 자신에게 '결핍'된 무언가를 채우고픈 '욕망'을 절대 놓을 수 없는 것인지도 모른다.

'사랑'을 인정받았지만 여전히 신분의 벽을 넘을 길이 없는 헤르만은 침울하기만 하다. 이 때문에 톰스키 백작이 들려준 '모스크바의 비너스(The Moscow Venus)'라 불리는 카드놀이의 귀재였던 여인의 이야기는 헤르만을 자극하기에 충분하다. 그는 "사랑에 이끌려 찾아온 세 번째 사랑이 세 장의 카드에 대해 알아내려 할 때 당신은 그 충격으로 죽음에 이르게 될 것이다"라는 예언에 대해 끊임없이 생각한다. 그 모든 비밀을 움켜쥔 여인이 리사의 할머니라는 사실은 그에게 마치 '운명'처럼 느껴진다. 결국 그는 리사를 만나기 위해 몰래 찾아든 백작부인의 방에서 발걸음을 떼지 못한다. 헤르만은 백작부인을 향해서 애원한다. "나의 영원한 행복이 당신에게 달려 있소. (…) 세 장의 카드! 그 비밀을 알려주시오!" 하지만 화려했던 과거의 삶 속 자신의 젊은 날에 대한 회상으로 가득 차 있던 늙은 백작부인에겐 오직 그가 '세 번째로 찾아온 사랑'으로만 여겨질 뿐이다. 헤르만을 끌어안으려 다가서는 백작부인에게 헤르만이 총을 겨누며 외친다. "당신에게는 필요 없는 거잖아! 설사 그것이 불행을 초래하고 악마에게 영혼을 파는 일이라 할지라도 당신은 이미 늙어버렸잖아! 내가 그 죄를 대신할 테니 비밀을 말해주시오!" 백작부인은 천천히 헤르만의 총을 가져다 자신의 입안에 넣고는 그를 끌어당긴다. 늙은 여인은 갑자기 스르륵 미끄러져 내리며 죽는다. 노이엔펠스는 "스페이드의 여왕"이라 불리는 늙은 여인의 죽음 역시 다시 젊어지고픈 '욕망', 그리고 다시 사랑받고픈 '욕망'을 포기하지 못해 스스로를 죽음으로 몰고 가는 '비극'으로 설정한다.

자신을 사랑한다던 남자가 도박에서 항상 이기는 카드의 비밀을 알아내기 위해 계획적으로 접근했을 뿐 아니라 자신의 할머니를 죽음에 이르게 했을지 모른다는 '불안'과 '두려움'은 리사를 끔찍한 '고통' 속으로 밀어 넣는다. 마지막으로 헤르만을 한 번만 더 믿어보기로 하고 짐을 싼 채 자정이 다 되도록 헤르만을 기다리는 리사의 마음은 초조하기만 하다. 하지만 그녀 앞에 나타난 헤르만의 광기 어린 모습은 오히려 리사를 비극적인 '죽음'으로 몰고 간다. 그녀는 죽은 스페이드의 여왕이 자신 앞에 나타나 윙크를 하며 카드의 비밀을 알려주었으니 함께 도박장으로 가자는 헤르만을 두고 절규한다. "오, 이제 지쳤어! 충분히 고통받았어! 폭풍이 몰아쳐 내 모든 것을 송두리째 파괴해버렸어! (…) 내 운명이 악당의 손아귀에서 놀아났어. (…) 아, 저주받은 운명이여!" 노이엔펠스는 모든 것을 잃은 절망과 수치심으로 인해 강에 몸을 던지는 리사를 매우 흥미로운 방식으로 표현한다. 리사는 사회에 의해 그려진 하나의 '이미지'였던 자신의 '실루엣'을 뜯어내고 '죽음'을 선택한다. 그녀가 뜯어낸 것은 기존의 사회가 강요해 온 자아이자 그녀가 꿈꿨던 허상으로 가득 찬 하얀 도화지 속 이미지이다. 하지만 헤르만은 그녀가 사라졌다는 사실조차 인식하지 못한다. '스페이드의 여왕'이 알려준 3, 7, 1의 카드 숫자만 끝없이 반복하던 헤르만은 결국 도박장으로 향한다.

사실 푸시킨의 원작과 다르게 '사랑'이라는 서사를 더한 오페라 〈스페이드의 여왕〉은 헤르만이 그토록 갈구하던 '사랑'을 쟁취하고도 '세

장의 카드'에 대한 미련을 버리지 못해 도박장으로 향하는 이유를 설명해야 할 필요를 낳는다. 토마시니는 헤르만이 왜 '도박'에 그토록 강박증을 보이는지에 관해 노이엔펠스가 충분한 설명을 제공하고 있다고 평가하면서, 드라마투르그 이본 게바우어(Yvonne Gebauer)와 노이엔펠스의 대화를 언급한다. 노이엔펠스가 헤르만을 해석함에 있어 주목한 것은 돈이 제공하는 힘과 자유를 마음껏 누릴 수 있는 '특권'을 갖고 태어난 사람들 사이에서 자신의 '존재'를 인식할 수 없었던 헤르만이 도박이 제공하는 무작위적 "임의성(randomness)"에 매료될 수밖에 없었다는 점이다. '성공할 수 있는 패'만 손에 쥔다면 새로운 삶을 살 수 있다는 유혹은 '아웃사이더'로 인식되던 헤르만에게 '열정'의 사랑마저 던져버리고 '세 장의 카드'를 위해 도박장으로 달려가도록 만들기에 충분히 강렬하다. 노이엔펠스는 편안하고 안락한 삶을 뒤로하고 오히려 위험하고 모든 것을 잃게 될지 모를 남자 '헤르만'을 선택한 리사 역시 인생을 놓고 게임을 한 "도박꾼(gambler)"이라 할 수 있다고 말한다. 게다가 사랑을 잃은 '옐레츠키 공'마저 한 번도 방문한적이 없던 도박장에 나타나 '복수'를 위해 헤르만과 마지막 도박판을 벌인다는 점을 감안한다면, 오페라 속 모든 인물들은 아무도 알 수 없는 '확률', 즉 위험하지만 모든 것을 손에 쥘 수 있을지 모르는 도박이 제공하는 '임의성'에 빠져 각자 자신의 '운명'을 시험하고 있다고 볼 수 있다.

"인생이란 게 뭔가? 선과 악, 그건 꿈에 불과해. 일과 명예, 쓸데없는 소리. 오늘은 너, 내일은 나. 힘들게 살 게 아니라 행운을 잡으라고. 운이 없으면 지는 거야. 그게 운명인 것을!" 도박이라는 '확률'을 통해 자신의 '결핍'을 채우려는 헤르만은 마지막 카드에 돈을 걸며 이렇게 노래한다. 하지만 그의 마지막 운이었던 카드는 스스로 자신의 모습을 바꿔 1이 아닌 '스페이드 퀸(Queen of Spades)'의 모습을 드러내 보이고, 카드 속 늙은 여인은 헤르만을 향해 미소를 짓는다. 커다란 도박 테이블은 모든 것을 잃은 헤르만의 '무덤'이 되고, '이방인'은 결국 자신의 '결핍'을 채우지 못한 채 '죽음'에 이른다.

  확률로 가득한 삶, 채울 수 없는 욕망, 끝없이 이어지는 결핍…. 어쩌면 도박판이나 다름없는 인생에 가지고 태어난 게 없어 무작정 '욕망'을 향해 내달리고 헛된 '희망'에 현혹되어 잘못된 '선택'을 하는 헤르만이 안타깝게 여겨지는 것은 우리 자신 역시 '결핍'에 시달리고 있기 때문이 아닐까? 유한한 삶 속에서 올바르게 산다는 것은, 옳은 선택을 한다는 것은, 어떤 기준에 근거해야 하는 것일까? 결핍된 것을 채우려는 '욕망'이 잘못된 것일까? 아니면 가질 수 없는 것을 추구하는 '탐욕'이 잘못된 것일까? '결핍'으로 인해 불타오르는 '욕망'을 느낄 때, 우리는 어떻게 해야 '비극'을 피할 수 있을까?

* 본 글은 2019.02.03.~2019.03.13 메가박스 클래식 소사이어티에서 상영된 2018 잘츠부르크 페스티벌 오페라 〈스페이드의 여왕〉을 관람한 후 작성된 칼럼입니다.

거대한 손 안에 든 운명, 자유 그리고 죽음

🎭 오페라 〈카르멘〉

'운명(fate)'이란 무엇일까? 사전에 따르면, 라틴어로 'fatum'인 운명은 "이야기된 것"을 의미하며, '숙명'과 거의 동의어로 쓰인다. 또한 그리스어로 'moira'라 불리는 운명은 "할당된 지분"이란 뜻을 가진다. 요약하면, 운명은 '신에 의해 예언된 삶의 몫'을 의미하게 된다. 그리스 신화에 따르면, 인간의 운명을 결정하는 여신들의 예언은 제아무리 '제우스'라 해도 벗어날 수 없었다고 한다. 결국 정해진 운명은 신조차 피할 수 없었던 셈이다. 하지만 어떤 힘에도 구속받지 않고 자신의 이상을 따라 자유롭게 나아가려는 인간의 '자유의지(free will)'는 늘 '운명'이라 불리는 것에 맞서왔고, '죽음'이라 불리는 것에 대적해왔다. 인간이 위대한 것은 어쩌면 피할 수 없다는 걸 알면서도 끝까지 대항하고 맞서는 열정, 그 '자유를 향한 갈망' 때문인지도 모른다.

브레겐츠 페스티벌의 2017-2018 시즌 프로그램이었던 오페라 〈카르멘(Carmen)〉은 아름다운 호수에 운명을 점치는 카드 한 벌이 손에서 떨어져 내리는 무대로 전 세계 많은 관객들의 눈을 사로잡았다. 여름밤 잔잔한 호수 위에서 펼쳐지는 화려하고 장대한 오페라로 유명한

'브레겐츠 페스티벌'의 역사는 1945년으로 거슬러 올라간다. 처음 호숫가에 배를 띄워놓고 무대를 만들어 공연했던 브레겐츠 페스티벌은 1948년 호수 위에 '떠 있는 무대(floating stage)'를 건설하는 방식으로 발전된 후 현재까지 이어지며 '자연과 함께하는 환상적인 오페라'로 관객들의 마음속에 각인되어 왔다. 오스트리아와 독일, 스위스의 접경지대에 위치한 알프스의 '보덴 호수(Bodensee or Lake Constance)'에서 매년 여름 7월부터 8월에 이르는 한 달간 펼쳐지는 브레겐츠 페스티벌은 '시각적인 스펙터클'을 자랑하는 무대 디자인으로 유명하다. 여름날 저녁, 노을이 지기 시작하는 호숫가에 마련된 객석에서 물 위에 떠 있는 거대한 무대를 바라보며 오페라 가수들의 아름다운 노래 선율에 몸을 맡기는 경험은 분명 평생토록 잊기 힘든 기억일 것이다. 이 때문에 브레겐츠 페스티벌은 '듣는 오페라'로서뿐 아니라 '보는 오페라'로서도 환상적인 경험을 선사하는 새로운 스타일의 오페라로 전 세계인들의 사랑을 받고 있다.

2017-2018 브레겐츠 프로그램으로 선정된 프랑스 작곡가 조르주 비제(Georges Bizet)의 오페라 〈카르멘〉은 런던 로열오페라의 감독을 맡았던 '카스퍼 홀텐(Kasper Holten)'의 연출과 U2와 레이디 가가(Lady Gaga), 비욘세(Beyoncé)와 같은 스타들의 무대 제작으로 유명한 디자이너 '에스 데블린(Es Devlin)'의 합작이라는 점만으로도 많은 관심을 모았다. "예술과 기술, 자연의 조합"이라 불리는 브레겐츠의 무대의 경우, 엄청난 사이즈와 무대 변환이 어렵다는 점 때문에 작품이 드러내고자 하는 메시지를 '디자인'을 통해 보다 명확하고 효과적으로 설명해야 할 필요가 있다. 이 때문에 브레겐츠의 무대들은 수십 년 동안 디자인계에 새로운 획을 긋는 작품들로 여겨져 왔고, '연출'이 강조

된 "연극과 같은 오페라"를 관객들에게 선보여왔다. 데블린은 〈카르멘〉의 무대에 관한 인터뷰 영상에서 거대한 두 개의 손 사이로 카드 한 벌이 펼쳐져 있는 무대는 "카르멘이 자신의 운명의 카드를 읽고는 공중으로 던져버리는 장면에서 영감을 얻었다"고 설명했다. 또한, 그녀는 영국의 디자인 매체 《디진(Dezen)》과의 인터뷰에서 무대는 "허공에 뜬 카드가 어디로 떨어지든 따라갈 준비가 되어 있다는 카르멘의 운명을 바라보는 자세를 담고 있다"고 덧붙였다.

호숫가의 7,000개의 객석에서 바라보는 '거대한 두 손'의 높이는 25미터, 두 손 사이의 거리는 30미터이다. 왼쪽 손에 들려 있는 6미터 길이의 담배와 피어오르는 연기는 '건강하지 못한 관계' 혹은 '위태로움'을 상징한다. 오른쪽 손에 끼워져 있는 커다란 반지는 '카르멘(Carmen)'과 '돈 호세(Don José)'의 '사랑'과 '구속'을 상징한다. 붉은 매니큐어를 바른 여인의 두 손 안에 펼쳐져 있는 18장의 카드들은 처음에는 하얀 스크린으로 존재하지만 곧 카드 2장이 뒤집어지며 카르멘과 돈 호세를 상징하는 '하트 퀸(Queen of Hearts)'과 '클로버 잭(Jack of Clubs)'의 모습을 드러낸다. '하트 퀸'은 욕망을 따르는 카르멘의 자유로운 사랑과 영혼을 상징하고, '클로버 잭'은 목표를 정하면 수단과 방법을 가리지 않는 돈 호세의 집요함과 집착을 상징한다. 두 손 사이로 떨어져 내리는 나머지 카드들은 무대 바닥에 쌓이며 호수까지 연결된다. 거대한 카드들은 세비야(Seville)의 광장이나 밀수업자들의 소굴, 산속 은신처, 투우장과 같은 무대로 활용되며, 물이 출렁거리는 호수는 실제로 공연에 활용된다. 오페라 대본(libretto)의 대사 중 일부는 편집되거나 생략된 듯 보이지만 무대 위에 펼쳐진 카드들이 스크린 영상으로 활용되며 인물들의 모습을 클로즈업하거나 그들의 운명을 상징하는 카드들을 계속 뒤집어 보여주기 때문에 극의 흐름을 유추하는 데 어려움은 없다.

　1막에서 담배 공장 여인들 사이로 카르멘이 등장하며 부르는 '하바네라(Habanera)' 선율은 그녀의 정체성을 대변한다. "사랑은 아무도 길들일 수 없는 새, 그 새가 길들 마음이 없다면 아무리 위협해도 길들일 수 없다네. (…) 사랑은 집시 아이와 같아 법 같은 건 알지 못해요. 만약 내가 사랑하게 된다면, 그땐 조심하세요!" 카르멘은 자신의 사랑이 '위험한 것'임을 경고한다. 잡았다 싶으면 도망가고 또 어느새 되돌아오는 그녀의 사랑은 통제할 수 없는 '제멋대로의 사랑'이다. 호세는 카르멘이 던진 장미꽃을 바지 주머니 속에 넣었다가 몰래 꺼내어 가슴에 품는다. 이 모든 장면을 지켜보던 미카엘라(Micaëla)는 호세의 어머니의 안부를 전하며 "끔찍한 악마의 제물"이 되지 말 것을 경고한다. 호세의 어머니가 보내는 키스를 전달하며 2중창을 하는 미카엘라와 호세를 바라보던 카르멘은 질투심에 휩싸인 표정으로 칼을 꺼내 든다. 담배 공장 여인과 싸움을 벌인 죄로 붙잡힌 카르멘은 하사관 호세를 향해 노래한다. "진정한 즐거움은 함께 나눠야 하는 법, 나를 사랑하는 사람은 많지만 나는 다른 남자를 원해요!" 카르멘은 여름날 쏟아지는 '폭우'와 같은 여인이다. 그녀의 사랑은 갑자기 퍼붓는 폭우처럼 피할 수도 없고, 어디로 흐르는지 알 수 없는 계곡물처럼 방향성도 없다. 아무리 손에 담으려 해도 손가락 사이로 빠져나가는 그녀의 속성은 '물'이다. 하지만 호세는 이렇게 응답한다. "내가 당신을 사랑하게 된다면 당신도 나를 사랑해야 하오!"

　2막을 적시는 폭우는 카르멘의 '열렬한 사랑'을 상징한다. 그녀는

"이번만큼은 일보다 사랑이 우선"이라고 노래하지만, 빗물에 젖어 잉크가 번지고 검게 얼룩진 카드들은 '불길함'을 상징한다. 카르멘은 호세에게 부대로 복귀하지 말고 자신과 같이 자유로운 '떠돌이 생활'을 할 것을 요구한다. 하지만 호세는 "조국을 배신하고 탈영하는 것은 명예롭지 못한 일"이라고 노래한다. 때마침 등장한 장교가 한낱 병사를 선택한 카르멘의 어리석음을 탓하자 질투심에 휩싸인 호세는 그에게 총을 겨눈다. 결국 호세는 집시들(gypsy comrades)과 '떠돌이 생활'에 동참한다. 간주곡과 함께 펼쳐지는 '산속 은신처'의 연출은 놀랍다. 조명이 모두 꺼진 카드들 사이로 모닥불처럼 군데군데 켜져 있는 붉은 조명들, 그리고 그 주변에 옹기종기 모여 총을 들고 보초를 서는 집시들, 클라이밍(climbing)을 하는 등산객인 양 줄에 매달려 에이리얼 퍼포먼스를 선보이는 곡예사들⋯. 스페이드와 클로버 문양으로 채워진 카드들은 순식간에 거대한 협곡으로 변모한다.

3막에서 '타로점(Tarot cards)'을 보는 집시는 노래한다. "카드야, 미래를 말해다오. 누가 우릴 배신할지 사랑할지." 배경을 이루고 있던 카드 한 장이 뒤집어지고, 낫을 들고 있는 해골 그림의 카드가 나온다. "LA MORT!" 카드는 '죽음'을 상징하고, 카르멘은 노래한다. "운명의 책은 진실하기 때문에 만약 무서운 단어가 적혀 있다면 스무 번을 섞어도 오직 죽음을 말할 뿐!" 한편, 미카엘라는 두려움을 무릅쓰고 집시들이 있는 은신처를 찾아와 호세에게 "어머니가 사경을 헤매고 있으니 함께 집으로 돌아가자"고 종용한다. 흥미로운 점은 미카엘라가 호세를 향해 노래하는 장면이 마치 미카엘라가 카르멘을 향해 호세를 놓아달라고 간곡히 부탁하는 것처럼 연출된다는 사실이다. '죽음'의 카드를 본 카르멘이 호세를 떠나보내려 하자 미카엘라는 고맙다는 듯 그녀의 두 손을 잡는다. 하지만 카르멘의 외면은 호세의 집착을 더욱 거세게 만들 뿐이다. 호세는 자신을 거부하는 카르멘을 향해 거칠게 외친다. "우리를 묶고 있는 줄은 죽음뿐! (…) 떠나지만 다시 돌아오겠소!"

홀텐은 카르멘을 '죽음'이라는 운명의 카드로부터 벗어나려 애쓰는 '자유로운 영혼'으로 그린다. 투우사 '에스카미요(Escamillo)'에게 키스하는 카르멘은 사랑을 말하지만 전혀 웃고 있지 않으며, 에스카미요는 그녀에게 슬쩍 돈을 건넨다. 그녀는 마치 죽음을 막기 위해 에스카미요를 선택한 듯 보인다. 홀텐은 "〈카르멘〉은 운명과 집착에 관한 오페라"이며, 카르멘과 호세의 사랑은 "열정적이지만 건강치 못한 관계라 할 수 있다"고 말한다. 그는 "카르멘은 잠시 동안 호세와 사랑에 빠지지만 그가 그녀를 무조건적으로 따르며 '밀수업자(the smugglers)'로 살아갈 수 없다는 것을 잘 알기 때문에 에스카미요의 접근을 허용한 것"이라고 설명한다. 타로 점성술사에 따르면, 카드는 해석하는 사람에 따라 다르게 읽힐 수 있다. 죽음의 카드는 '생의 끝'을 의미하기도 하지만 그만큼의 '큰 변화'를 의미할 수도 있다. 카르멘이 자신의 운명을 점친 카드는 분명 상서롭지 못한 전조였지만 어쩌면 의지와 노력으로 인해 변화로 나아갈 '기회'가 될지도 모른다. 결국 그녀는 자신의 운명에 굴복하지 않기 위해 '투쟁'에 나선다.

4막이 시작되면 붉게 물든 카드 스크린 위로 붉은 치마를 망토처럼 입고 플라멩코(flamenco)를 추는 무용수들의 모습이 비춰진다. 가장 높은 곳에서 붉은 립스틱을 바르고 붉은 스커트 자락을 휘날리며 춤을 추던 남자 무용수는 욕망과 죽음, 위험을 상징하는 바포메트(Baphomet)의 탈을 쓴 남자에게 키스하며 '죽음'을 예고한다. 화려한 음악과 현란한 폭죽 소리, 스크린에 비춰진 투우사의 움직임, 거대한 두 개의 손 뒤로 펼쳐지는 불꽃놀이… 그 장대함 속에 호수에 몸을 담근 채 돌아올 것을 애원하는 호세와 "그 누구도 나를 소유할 수 없어!"라고 외치는 카르멘이 서 있다. 아직 늦지 않았다는 호세를 향해 카르멘이 노래한다. "나도 때가 되었음을 알아. 하지만 살아서도 죽어서도 네 것이 될 수는 없어! (…) 난 천성이 자유로운 여자야. 차라리 자유롭게 죽겠어!" 그녀에게 가장 중요한 것은 '자유'이다. 흐르는 물처럼 한곳에 머물 수 없는 카르멘에게 호세의 집착은 족쇄이며 사실상 '죽음'을 의미한다. 호세의 집착은 카르멘이 반지를 손가락에서 빼는 순간 폭발한다. 홀텐은 호세가 카르멘을 칼로 찌르는 장면을 이성을 잃은 호세가 카르멘을 물에 빠뜨려 죽이는 장면으로 대체한다. 붉은 드레스를 입은 채 물 위에 떠 있는 카르멘의 모습은 호수 주변에 띄워진 수많은 장미꽃과 투우장을 상징하는 화려한 카드들과 대비되며 그 비극성을 배가한다.

죽음이 다가올 것임을 예감하면서도 끝까지 '자유'를 놓지 못하는 카르멘, 사랑이 아닌 집착에 눈멀어 '죽음'을 향해 돌진하는 호세, 그들은 모두 투우장의 황소처럼 투우사를 향해 돌진한다. 자유를 위해 돌진하든, 붉은 깃발에 집착해 돌진하든 투우사가 그들을 향해 칼을 꽂는 결말은 이미 정해진 '운명'이다. 죽음의 카드를 본 카르멘이 호세를 더 거세게 밀어내는 것은 '운명'이라는 거대한 손 안에서 탈출해보려는 그녀의 발버둥이라 할 수 있다. 그녀는 카드들을 공중으로 던져버리며 자신의 운명에 맞서지만 그녀의 '자유'를 향한 의지는 '운명'의 굴레를 벗어나지 못한다. 거대한 운명은 모든 것을 삼킨다. 카르멘의

'자유를 향한 갈망'은 그렇게 스러진다. 거대한 손 안에서 펼쳐지는 두 남녀의 불같은 사랑과 파멸, 그 장대함은 2017-2018 브레겐츠 페스티벌 오페라 〈카르멘〉을 통해 모든 것을 삼켜버린 넓은 호수와 함께 그 메시지를 전달한다. 어둠이 짙게 깔린 호수에 비춘 거대한 손의 그림자, 그 위에 떠 있는 카르멘의 붉은 드레스는 마치 꽃잎처럼 슬프게 반짝인다.

* 본 글은 2018.07.01.~2018.08.22. 메가박스 클래식 소사이어티에서 상영된 2017-2018 브레겐츠 페스티벌 오페라 〈카르멘〉을 관람한 후 작성된 칼럼입니다.

'증오'에 갇힌 투란도트의
'자아 찾기'

오페라 〈투란도트〉

기원전 8세기, 그리스 신들의 이야기를 집대성한 헤시오도스(Hesi-od)의 『신들의 계보』에 따르면, 어느 날 우주의 공간을 의미하는 '카오스(Chaos)'가 생겨났고, 세상은 대지의 여신 '가이아(Gaia)'와 '에로스(Eros)'를 통해 여러 자연현상을 창조하고 수많은 신과 인간을 낳았다. '태초의 사랑'을 의미하는 에로스는 "모든 신과 인간의 가슴속에 이성을 제압"하는 원초적 생명력, 즉 욕망과 열정을 불어넣어 세상이 다음 세대로 이어져 나갈 수 있도록 만들었다. 이 때문에 플라톤(Plato)의 『향연』에서 파이드로스(Phaedrus)는 에로스야말로 "가장 오래되고 인간에게 가장 도움이 되는 신"이라고 말한다. 그에 따르면, 인간으로 하여금 부끄러운 것에 수치스러워하고 아름다운 것을 열망하며 보다 큰 것을 향해 나아갈 수 있도록 만드는 힘은 다름 아닌 '사랑'이다. 그는 사랑하는 사람에게 부끄럽지 않기 위해 노력하고 죽음도 불사하는 용기를 발휘하는 사람들로 가득한 국가를 만들 수 있다면 "그보다 더 이상적인 조직은 없다"고 말한다. 정말로 사랑은 사람들에게 "덕과 행복을 가져다주는 가장 영향력 있는 신"이며 그 자체로 완벽한 '아름다움'이라 할 수 있는 것일까?

장석주 시인은 사랑에 대한 탐구를 담은 책『사랑에 대하여』에서 "사랑은 종종 피로 물든다"라고 말한다. 사랑의 감정을 불러일으키는 욕망과 열정이 세상을 발전시키기도 하지만 동시에 파괴하기도 하기 때문이다. 뜨거운 불과 같은 '열정'은 때로 과도하게 타오른 탓에 집착으로 변질되어 파괴를 낳고, 상처로 인해 차가워진 마음은 얼음과 같은 '증오'로 화살을 날린다. 이 때문에 그는 "사랑은 분명 그 자체로 알면 알수록 어렵고 복잡한, 그래서 이성으로는 풀어낼 수 없는, 헤겔(Friedrich Hegel)이 말하는 '가장 괴이한 모순'"이라고 말한다.

2018년 1월, 이탈리아의 토리노 레지오 극장(Teatro Regio Torino)에서는 매번 파격적인 무대로 화제를 모아온 스테파노 포다(Stefano Poda) 연출의 오페라 〈투란도트(Turandot)〉의 막이 올랐다. '불'같은 열정과 '얼음' 같은 증오, 인간의 마음이 품을 수 있는 '뜨거움'과 '차가움'에 관한 오페라인 〈투란도트〉는 얼음과 같이 차가운 공주 '투란도트(Turandot)'와 불타오르는 사랑으로 인해 죽음도 불사하는 '칼라프(Calaf)' 왕자, 아무것도 소유할 수 없음에도 자신의 모든 것을 희생하는 노예 '류(Liù)'를 통해 '사랑'의 본질에 관한 깊은 질문을 던진다. 이탈리아 작곡가 지아코모 푸치니(Giacomo Puccini)의 유작으로 유명한 〈투란도트〉는 1926년 초연 당시 지휘를 맡았던 토스카니니(Arturo Toscanini)가 '류의 죽음'까지만 완성한 채 암 치료 후 급작스럽게 세상을 떠나게 된 푸치니를 기리며 연주를 중단하고 "푸치니 선생님은 여기까지 작곡하고 돌아가셨습니다"라고 말한 뒤 지휘봉을 내려놓았다는 일화로 유명하다. 푸치니는 오페라 〈투란도트〉의 결말을 완성하기 위해 3년 반이 넘는 시간을 고민했지만 갑작스러운 그의 죽음으로 인해 오페라는 그의 제자인 프랑코 알파노(Franco Alfano)에 의해 완성되었다. 푸치니는 오페라의 결말 부분을 위해 36개에 달하는 스케치를 남겨놓았는데, 알파노는 토스카니니에게 '가장 푸치니스러운 느낌'을 살릴 수 있도록 완성하라는 요청을 받았다고 한다. 하지만 '류의 죽음' 이후 지나치게 갑작스러운 투란도트의 변화와 칼라프 왕자에게 사랑을 느끼게 되는 전개는 많은 현대의 관객들에게 납득하기 어려운 것으로 여겨졌다. 이에 이번 공연의 지휘를 맡은 지안드레아 노세다(Gianandrea Noseda)는 차라리 푸치니의 오리지널 버전의 '미완성' 상태를 그대로 유지한 채 오페라를 '류의 죽음' 장면에서 멈춘 상태에서 관객들에게 여운을 남겨둘 것을 제안했다. 포다는 동영상 인터뷰를 통해 그의 이러한 제안이 무척 기뻤음을 밝히며, 작곡가가 "진정으로 새로운 어떤 것을 성취하고픈 욕망과 야심"으로 인해 미처 완성하지 못한 작품이 오히려 관객들에게 '상상력'을 발휘할 수 있는 엄청난 기회가 될 수 있음을 피력했다.

포다는 《오페라 비전(OperaVison)》에서 제공한 동영상 인터뷰를 통해 자신이 그려내는 '투란도트의 세계'를 이렇게 설명한다. "투란도트의 세계는 우리 모두의 것이라 할 수 있다. 이 공연의 진정한 창조자는 관객이다. 오페라는 우리 자신의 이야기, 한 영혼의 이야기, 한 인간의 성격이 형성되어가는 과정에 대한 이야기를 하고 있다. (…) 사실상 투란도트는 존재하지 않는다. 그녀는 칼라프의 상상 속에 존재할 뿐이다. 혹은 우리가 정신 속에서 스스로를 관찰하면서 만들어내는 이미지로 존재한다." 포다는 무대 위의 세상을 투란도트의 '정신의 세상 혹은 마음의 세상'으로 창조한다. 온통 차갑고 냉정하게 느껴지는 무대는 유리로 된 벽, 벌거벗은 육체의 실험실처럼 보이는 초현실적인 공간으로 연출된다. 막이 열리면 크고 긴 화살을 들고 등장한 사수들이 무대 뒤 벽에 있는 세 개의 문을 향해 화살을 하나씩 차례로 발사한다. 세 개의 문은 매장된 사람들의 흔적으로 보이는 육체의 부분들이 섬뜩하게 드러난 부조가 새겨진 벽을 드러낸다. "4월에도 눈이 녹지 않는 얼어붙은 세상"은 온몸에 하얀 칠을 하고 벌거벗은 나체로 얼굴의 중앙에 붉은 선이 그어진 채 괴이한 움직임으로 등장하는 무용수들, 흰색과 검정으로 대비되는 차가운 의상을 입은 오페라 가수들, 무표정한 인물들의 영혼 없는 움직임이 더해지며 그 자체로 '얼어붙은 세상'을 표현한다.

투란도트 공주에게 청혼했으나 '세 가지 수수께끼'를 풀지 못한 한 왕자의 사형이 예고된 가운데 패망한 나라 타타르(Tartary)에서 도망친 왕자 칼라프가 등장한다. 칼라프는 신기하다는 듯 사람들의 얼굴을 들여다보며 꿈속을 헤매듯 움직인다. 칼라프는 군중들 틈에 쓰러진 아버지 타타르의 왕 '티무르(Timur)'와 그를 보필해온 노예 류와 우연히 마주친다. "핏기 없는 쓸쓸한 일그러진 달"처럼 창백한 무대 위로 검은 옷을 입은 채 이질감을 표현하며 두드러지는 인물들은 이방인인 칼라프와 그의 아버지 티무르뿐이다. 류는 흰색 상의와 하의로 구성된 수의처럼 보이는 옷에 맨발 차림이다. 사형 집행을 위해 숫돌을 갈 것을 재촉하는 섬뜩한 소리 사이로 젊은 청년에게 자비를 구하는 군중들 틈에 낀 칼라프는 투란도트의 잔인함을 비난한다. 하지만 투란도트의 모습에 이내 마음을 빼앗긴 칼라프는 갑자기 '열병'에라도 사로잡힌 듯 그녀의 아름다움을 정복하고 말겠다며 청혼할 것을 외친다. 그녀가 어떤 사람인지도 명확히 모르면서 '죽음'을 향해 걸어가겠다고 말하는 칼라프를 티무르와 류가 간곡히 만류하지만 이미 에로스의 화살에 맞은 그에겐 아무런 소용이 없다.

포다 연출의 〈투란도트〉에서 가장 흥미로운 점은 실제로 칼라프가 투란도트 공주의 모습을 제대로 본 적이 없으며 관객들 역시 누가 투란도트인지 알 수 없다는 점이다. 포다는 투란도트를 하얀 짧은 단발머리에 드레스를 입고 똑같이 움직이며 등장하는 같은 외모의 투란도트 군단과 투란도트를 상징하는 무용수를 혼용한다. 칼라프가 투란노드에게 반하는 장년은 붉은 드레스 시마를 입은 어인이 휠을 돌고 나타나 화살을 쏘는 장면으로 표현되며, 온통 하얀 드레스 차림이거나 검은 드레스 차림으로 등장하는 투란도트 공주들은 같은 입 모양으로 노래하고 똑같이 움직인다. 수많은 투란도트 사이를 배회하는 칼라프는 마치 '진짜 투란도트 찾기'에 나선 듯 한 명씩 얼굴을 들여다보며 돌아다닌다. 이는 그 자체로 칼라프의 사랑이 '욕망'에 근거한 '허상'임을 의미한다. 원래 코믹한 인물로 등장하는 '핑(Ping)', '팡(Pang)', '퐁(Pong)'은 세쌍둥이처럼 비슷한 옷을 입고 나타나 날카로운 진실들을 신랄하게 전달한다. 그들은 실체도 알지 못하면서 '사랑'을 말하는 칼라프를 비웃으며 이렇게 노래한다. "그녀는 어떤 사람이지? 왕관 쓰고 화려한 옷 입은 사람이지. 하지만 옷을 벗기고 보면 그저 살덩이일 뿐. 먹을 수도 없다네. (…) 아무리 고귀한 혈통이라고 해도 팔 두 개, 다리 두 개! 만약 백 명의 아내라면 팔과 다리의 수는 엄청나게 많아지겠지. 미친놈, 꺼져라!"

죽음과 함께 소멸해버릴 육체의 아름다움에 현혹되어 '단 하나뿐인 목숨'을 쉽게 저버리는 어리석음은 핑, 팡, 퐁의 입을 통해 끊임없이 제시된다. 어두운 밤에 하늘을 나는 환상과 같은 '희망'을 품고, 마음을 잃으면 곧바로 사그라져버리는 것임에도 불꽃처럼 끓어오르는 '피' 속의 욕망을 어쩌지 못하는 칼라프는 그 자체로 투란도트가 던지는 수수께끼의 '답'을 실천하는 사람이라 할 수 있다. 어쩌면 그가 마지막 수수께끼의 정답을 맞히는 것은 당연한 일인지도 모른다. 그에게 "뜨거운 불을 붙이는 얼음"을 상대로 불을 붙이려고 노력하나 그대로 차갑게 얼어붙는 "하얗고도 흰 그것"은 다름 아닌 '투란도트'이기 때문이다. 하지만 투란도트는 오래전 자신의 조상이었던 할머니 로링(Lo-u-Ling) 공주를 위한 '복수'의 마음에 휩싸여 있다. 그녀가 자신의 구혼자들을 향해 내리는 '죽음'은 순결한 로링 공주를 농락한 이방인들을 향한 '증오'의 복수이며, 자신을 그 누구에게도 내주지 않겠다는 '신념'의 징표이다. 수수께끼의 정답을 맞춰버린 칼라프로 인해 패닉 상태에 빠진 투란도트는 다음 날 동틀 때까지 자신의 이름을 알아내면 결혼을 요구하지 않고 자신의 목숨을 내놓겠다는 칼라프의 말에 폭주하기 시작한다. 성안에 있는 사람들은 그 누구도 그의 이름을 알아내기 전에 잠들 수 없고, 가차 없는 고문과 죽음의 '공포'가 시작된다. 사실 가장 유명한 칼라프의 아리아 '네순 도르마(Nessun Dorma)'는 공포 속에서 아무도 잠들지 못하는 세상에 아랑곳하지 않고 '내일이면 자신이 승리하게 될 것임'을 외치는 상당히 이기적인 노래이다. 그는 '사랑'을 말하면서 자신으로 인해 패닉 상태에 빠진 투란도트의 마음을 외면하며, 자신의 이름을 알아내기 위해 티무르 왕을 잡아려는 병사들을 막으려고 오직 자신만이 그의 이름을 알고 있다며 자발적으로 나선 '류'의 간절한 사랑 또한 외면한다.

자신에게 보여준 '친절한 미소' 때문에 칼라프를 마음에 품게 된 류는 사랑을 지키기 위해 누구도 요구하지 않은 '희생'을 다한다. 온갖 모진 고문에도 입을 열지 않는 류는 "그 용기는 어디에서 나오는 것인가?"라는 투란도트의 질문에 "그것은 사랑!"이라고 답한다. 그녀는 자신의 사랑은 비록 제대로 고백하지도 못한 채 은밀히 품은 마음일지 모르지만 "그 어떤 것으로도 꺾이지 않을 만큼 강한 것"임을 토로한다. 포다는 투란도트의 '증오'의 마음이 무너져 내리기 시작하는 지점을 이 장면으로 설정한다. 검은 드레스 차림의 수많은 투란도트들 사이로 하얀 옷을 입은 류만이 두드러지는 가운데 투란도트들은 모두 류의 가슴에 머리를 댄 채 그녀의 '마음'을 들으려는 듯 귀를 기울인다. 비명을 지르면서도 절대 복종하지 않는 여인 류는 이렇게 외친다. "저는 모든 것을 잃어도 좋습니다. 이룰 수 없는 희망이라도 좋아요. 이것이 제가 사랑을 바치는 숭고한 방법입니다." 그녀의 가슴에 귀를 대고 있던 투란도트들이 동요하기 시작한다. 여인들은 눈물을 흘린다. 맨 아래에 있는 여인들부터 눈에 고이기 시작하는 눈물은 유령처럼 굳어 있던 그들의 얼굴에 '슬픔'이라는 감정을 드리운다. 슬픔은 마치 차오르는 감정을 주최할 수 없다는 듯 아래에서 위로 올라오며 투란도트 군단을 흔들어놓는다. 더 이상 고통을 참을 수 없는 류가 칼을 꺼내어 자신을 향해 찌를 때 여인들은 모두 함께 칼을 꺼내 자신을 찌르고 와르르 무너져 내린다. "착한 영혼이여, 우리를 용서해 주세요. 온화한 영혼이여! 우리를 용서하십시오!"라는 류의 장례를 위한 합창 속에서 투란도트는 흰색 머리 가발을 벗고 화장을 뭉개며 자신의 모습을 드러낸다. 그제야 칼라프는 진짜 투란도트의 얼굴과 조우할 수 있게 된다.

포다는 인간은 "누구나 외부 세계와 상호작용을 통해서 고통을 겪고 상대가 자신이 원하는 사람이 아니라는 사실을 깨달아가는 속에서 성장하며 자신 또한 발견하게 된다"고 말한다. 그는 칼라프를 남성으로 보지 않았음을 언급하며, 욕망을 불러오는 열정적 사랑과 '타자'

로 여겨지는 상대와의 관계 속에서 도전을 겪고 수수께끼에 답해야 하는 모든 이가 꿈속에서 혹은 내면에서 겪게 되는 '삶의 여정'을 강조하고 싶었다고 덧붙인다. 진화 심리학자 스티븐 핑커(Steven Pinker)에 따르면, 인간에게 '진정한 자아'란 따로 없으며 대신 "한 묶음의 수많은 다른 자아들"을 마음에 품은 채 "관계 속에서 타인에 대한 개념"을 가지게 될 뿐이다. 그는 실수를 통해 배우는 능력을 갖춘 인간은 관계를 겪어나가며 발견하게 되는 자신의 모습으로부터 무언가를 배우고 성장하며, 성장은 "삶에 대한 두려움을 깨고 앞으로 나아가는 것을 의미한다"고 말한다. 투란도트는 인간의 감정을 느끼도록 만드는 진실한 인물인 '류'를 통해 비로소 복수심에 불타는 '증오'의 감정에서 벗어나 스스로 자신에게 더 나은 방향으로 결론을 내릴 수 있는 위치를 확보하게 된다. 투란도트가 어떤 결정을 내렸을지 그것은 분명치 않다. 하지만 어떤 선택이든 '증오'가 아닌 '사랑'의 감정에 새로이 눈뜨게 된 그녀가 자신에게 가장 이로운 선택을 했을 것이라는 사실이 중요한 것이 아닐까? 포다의 말처럼 "투란도트는 우리이고, 나이고, 여러분이다." 우리는 어떤 선택을 했을까? 또 칼라프는 어떤 선택을 했을까?

* 본 글은 2018.08.26.~2018.10.03. 메가박스 클래식 소사이어티에서 상영된 스테파노 포다 연출의 오페라 〈투란도트〉를 관람한 후 작성된 칼럼입니다.

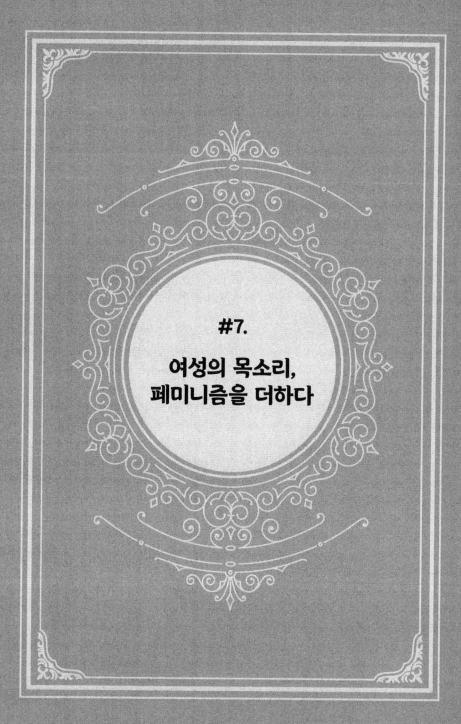

#7.

여성의 목소리,
페미니즘을 더하다

'타란툴라의 독'에서
벗어난 노라

🎭 연극 〈인형의 집〉

    사회 속에서 구별되는 성(性)의 차이는 언제부터 생겨난 것일까? 성별의 구분은 생물학적인 것이지만 성(性)에 따른 차별은 분명 문화적인 것이다. 이스라엘의 역사학자 유발 하라리(Yuval Harari)는 『사피엔스』에서 "인류를 지탱해 온 사회적 규범은 타고난 본능이 아니라 공통의 신화에 대한 믿음"이라고 말한다. 250만 년간 사냥과 채집에 의존했던 사피엔스는 대략 1만 년 전부터 '농업'을 시작했고, 단위 면적당 식량 생산이 크게 늘자 지배자와 엘리트를 출현시켰다. 스스로 삶의 방식을 구현해내기 시작한 인류는 더 이상 '자연의 법칙'이 아닌 "수억 명의 사람들이 공유하는 상상 속에 존재하는 상호 주관적 질서"에 스스로를 내맡기기 시작했다. 사람들은 '물질세계'에 단단히 발을 딛고 살면서도 보이지 않는 질서에 얽매인 채 자신들이 태어날 때부터 '지배적인 신화'에 의해 규율 당한다는 사실을 알지 못했다. '상상의 질서'는 사람들의 욕망의 형태를 결정하기 시작했고, 모든 것에는 '문화적 메커니즘'이 작용하기 시작했다.

    인류는 현재에도 여전히 상상의 질서에 사로잡힌 채 같은 공간을 빙빙 돌고 있다. '상호 주관적 질서'라는 그물망 속에 존재하는 모든 사람의 신념이 한꺼번에 바뀌거나 사라지지 않는 한 그 '감옥'을 빠져나갈 방법이 없기 때문이다. 하라리는 이렇게 말한다. "상상의 질서를 빠져나갈 방법은 없다. 우리가 벽을 부수고 자유를 향해 달려 나간다 해도, 더 큰 감옥의 더 넓은 운동장을 향해 달려 나가는 셈이 될 것이기 때문이다. 현존하는 가상의 질서를 변화시키려면 그 대안이 되는 가상의 질서를 먼저 믿어야 한다. 즉, 무언가를 해체하기 위해서는 그보다 더 강력한 무언가를 믿어야 한다는 것이다." 그렇다면, 끊임없이 차별하고 구분하며 서로가 서로를 이해하지 못하는 성별의 대립이라는 '상상의 질서'를 해체하기 위해서는 어떤 '강력한 신념'이 필요한 것일까? 인류에게 '문화'라는 것이 생긴 것과 거의 동시에 시작된 것이나 다름없는 '성차별'을 종식시키기 위해서는 우리에게 더 새로운 어떤 '상상의 질서'가 필요한 것일까?

2018년 11월, 서울 예술의전당은 개관 30주년을 기념하는 기획 공연으로 노르웨이의 극작가 헨릭 입센(Henrik Ibsen)의 연극 〈인형의 집 (A Doll's House)〉을 선보였다. 러시아 최고의 연출가라 불리는 '유리 부투소프(Yuriy Butusov)'와 독특한 미학의 미장센을 구현하는 무대 디자이너 '알렉산드르 쉬시킨(Alexander Shishkin)'의 만남으로 기대를 모았던 연극 〈인형의 집〉은 2008년 예술의전당 개관 20주년 기념작으로 안톤 체홉(Anton Chekhov)의 연극 〈갈매기(The Seagull)〉를 선보이며 한국 관객들에게 깊은 인상을 남겼던 부투소프의 10년 만의 귀환이라는 점에서도 화제가 되었다. 배우들이 에너지를 '회오리바람'처럼 쏟아내고, 관객들의 마음을 거슬리게 하며, 광적이고 혼란스러운 극을 연출하는 것으로 유명한 부투소프는 이번에도 다양한 음악과 무용, 강렬한 시각적 은유와 청각적 효과를 이용하며 많은 오브제들을 활용한 여러 의미의 층위를 만들어나가는 '연극적 퍼포먼스'를 선보였다. 텍스트를 완전히 해체하고 장면을 재배열하면서 생략과 반복, 지연 등의 기법을 통해 자신이 전달하려는 메시지를 부여하는 부투소프는 프로그램북에 소개된 인터뷰를 통해 "입센 작품의 연출이 처음"임을 밝혔다. 그는 〈인형의 집〉이 초연된 1879년에 제기되었던 "'남녀의 관계, 자유의 경계, 혹은 소중한 사람을 위해 나 자신을 속이며 살 수 있는가'와 같은 문제들이 현대에도 여전히 중요함"을 강조하며, 자신은 "전혀 다른 〈인형의 집〉을 선보일 것"이라고 말했다. 극장은 "자신이 생각하고 기대하는 이미지의 실현을 보러 가는 곳이 아니라 다른 견해, 다른 해석, 다른 세계를 보러 가는 곳"이라고 여기는 부투소프는 140년에 달하는 긴 시간 동안 꾸준히 '여성해방의 아이콘'으로 여겨져 온 입센의 〈인형의 집〉 역시 예상치 못한 방식으로 해체하고 조합하여 관객들이 인물의 감정에만 함몰되지 않고 '이성'에 질문할 수 있도록 자신만의 '해석'을 펼쳐 보였다.

부투소프는 「연습 일지」를 통해 "사실 이 이야기는 여기 앉아 있는 누구에게도 일어날 수 있는 일이다. 노라에 대해 우리가 정확하게 이야기할 수 있는 한 가지는 '살아 있는 사람'이라는 것이다"라고 말했다. '누구에게나 일어날 수 있는 일'을 강조하는 부투소프는 사실상 '이미 누구에게나 일어났고 여전히 사로잡혀 있는 일'에 대해 이야기하고 싶었던 듯 보인다. 마치 '암흑 상자'처럼 보이는 무대는 사회가 부여한 윤리와 질서에 혹은 현실에 갇혀 있는 노라의 마음 혹은 실존을 상징한다. 이 때문에 무대 위의 공간은 발생하는 사건마다 노라의 마음 상태와 불안 정도에 따라 끊임없이 축약과 확장을 반복한다. 극은 이미 집을 나간 '노라(Nora Helmer)'가 관객들 앞에서 재판을 받기라도 하듯 자신의 정당함을 주장하는 장면으로 시작된다. 관객을 향해 책상 앞에 앉아 있는 노라는 말한다. "네, 맞아요. 전 남편을 속였어요. 하지만 그건 남편의 목숨을 구하기 위해서였어요! (…) 제가 잘못된 건가요?"

남편이 과로로 인해 목숨이 위태로운 지경에 이르자 노라는 남편을 구하기 위해 어쩔 수 없이 아버지의 서명을 위조한 서류로 고리대금업자 '크로그스타드(Nils Krogstad)'에게 돈을 빌린다. 배 속의 아이는 태어나기 직전이고 남편의 요양은 시급한데 병상에 있는 아버지에게 도움을 청할 수 없었던 노라는 "누군가에게 도움을 청한다는 건 체면이 구겨진다"고 생각하는 '헬메르(Torvald Helmer)'를 설득할 수 없었던 자신이 할 수 있는 유일한 방법이 그것뿐이었음을 강조한다. 그녀는 관객들을 향해 묻는다. "남편의 목숨을 구하고 병석에 계신 아버지의 근심을 덜어드리기 위해서 한 일이 남편 몰래 돈을 빌렸으니까, 아버지와 남편에게 거짓말을 했으니까, 그렇게 잘못인 건가요? 난 법 같은 건 몰라요. 법이 옳다는 것조차 내 머리로는 이해가 안 돼요. 하지만 어디선가 분명 이런 일이 허용되고 있으리라 믿어요. 그런 건 모른다고 하실 건가요? 그렇다면 당신들의 법은 정말 나쁜 법이네요!"

'법'이란 무엇일까? 어째서 '법'은 당시 여성에게 '사유재산'을 허락하지 않았던 것이며, 그로 인해 아버지나 남편의 허락 없이는 돈을 빌릴 수 없도록 만들었던 것일까? 법이 사회를 지키기 위한 것이라면 사회의 최소단위인 '가정' 또한 지킬 수 있어야 한다. 하지만 사랑하는 남편을 구할 수 있는 방법이 '법'을 어기는 것뿐이라면 어찌해야 할까?

그리고 그 '법'을 자신보다 더 중요하게 생각하는 사람과 결혼생활을 하고 있을 때 우리는 어떻게 해야 할까? 부투소프는 노라가 객석을 향해 던지는 질문에 이어 바로 달빛 아래 '광기의 춤'을 추는 사람들의 무대를 펼쳐 보인다. 긴 의자에 누워 있던 남녀 배우들은 성별에 상관없이 흰 원피스를 입은 채 갑자기 무언가에 물리기라도 한 듯 점차 속도가 빨라지는 과격한 춤을 추기 시작한다. 팔다리를 제멋대로 휘두르고 미친 듯이 속도를 더해가는 '광기의 춤'은 고대의 신 디오니소스를 숭배하는 마이나데스(Maenades)와 사티로스들(Satyrus)의 의식을 떠올리도록 만든다. 술에 취해 벌이던 극단적인 종교 행위와 광기 어린 의식들이 기원전 7~8세기 무렵 노래와 춤, 무용, 연극 경연대회를 갖춘 디오니소스 축제로 변모하고 순화된 것이 '연극의 기원'이라는 점을 상기한다면, 아프리카 음악에 온몸을 내맡긴 배우들의 광기 어린 춤은 인간 '문화의 기원'을 떠올리게 한다.

흥미로운 점은 이 춤이 다름 아닌 2막에서 헬메르가 노라에게 가장무도회에서 추기를 권하는 '타란텔라 춤(Tarantella)'과 그 기원이 같다는 점이다. 물론 헬메르가 요구하는 "카프리에서 배운 타란텔라"는 '구애'를 주제로 한 빠르고 열광적인 정열의 춤이지만 그 기원은 이탈리아 '타란토(Taranto)'라는 지방에 서식하던 독거미 '타란툴라(tarantula)'에게 물린 고통을 이기지 못해 미친 듯이 몸을 움직이던 고대의 의식에서 출발했다. 입센의 원작에서 노라는 헬메르에게 "저는 요정의 딸이 되어 당신을 위해 달빛을 받으며 춤을 출 거예요"라고 말하며 크로그스타드의 은행 복직을 위해 애원한다. 노라의 '위조' 사실을 볼모로 자신의 복직에 "영향력을 발휘할 것"을 요구하는 크로그스타드는 결국 헬메르가 해고통지서를 보내자 그에 대한 보복으로 모든 것을 폭로하는 편지를 보낸다. 남편이 크로그스타드의 편지를 읽을 수 없도록 하기 위해 헝클어진 머리로 끊임없이 타란텔라 춤을 추는 노라에게 헬메르는 이렇게 외친다. "노라, 마치 목숨을 걸고 춤을 추는 사람 같잖아. 꼭 미치광이 같아. 이제 그만해!" 부투소프는 노라가 불안과 걱정으로 인해 점점 폭력적으로 타란텔라 춤을 추는 장면을 극 초반에 배치할 뿐 아니라 모든 인물에게 공통으로 부여한다. 대신 2막에서 노라는 날개가 달린 노란색 미니 드레스를 입고 커다란 양철통 위에 앉은 채 빨간 구두를 들고 춤을 추는 '린데(Kristine Linde)' 역의 배우를 바라보고 있을 뿐이다.

부투소프는 헬메르가 '종달새(skylark)' 혹은 '다람쥐(squirrel)'라고 부르는 노라를 새장 속에 갇힌 '카나리아(canary)'로 설정한다. 사람에 의해 길들여진 지 400년이 넘었다는 카나리아는 '애완용 새'이기 때문에 새장을 떠나서는 살 수 없다. '자유'를 꿈꾸지만 기능을 할 수 없는 날개를 달고 양철통 위에 불안하게 앉아 있는 노라는 하얀 웨딩드레스를 입고 바퀴 달린 침대에 앉아 다른 누군가가 끌어줘야만 움직일 수 있는 1막의 노라와 마찬가지로 여전히 두 발이 묶여 있다. 광대 인형이 달린 침대에 페티코트까지 있는 불편한 웨딩드레스를 입고 앉아 있는 창백한 얼굴의 노라는 그야말로 '감옥'에 갇힌 병자와 같다. 무대는 마음에 '감옥'을 품고 있는 노라의 의식을 표현한다. 아픈 과거를 떠올릴 때의 빛바랜 영상처럼 허공으로 떠다니는 대사들, 당시의 감정 상태를 구현하듯 커다란 기둥이 갑자기 나타나 좁아지거나 소음으로 채워지는 공간들, 충격이나 불안, 공포를 불러오는 인물과 대화하는 과정에서 끈적끈적한 액체인 양 몸에 엉겨 붙거나 목을 조르듯 강압적으로 내리누르는 상대 인물들의 무용적인 움직임들… 무대는 관객들에게 인형이 되어버린 노라의 이야기를 전달하는 것이 아니라 '인형들의 집'에 갇힌 인간 노라의 '심리 상태' 혹은 '실존적 위치'를 구현한다.

사실 1막은 부투소프가 극을 통해 드러내려는 주제의식의 틀을 명확하게 세운다. 광란의 춤 뒤에 남겨진 헬메르는 관객들이 모두 보는 앞에서 등장할 때 입고 있던 흰 원피스를 벗고, 꽤 오랜 시간에 걸쳐 양말을 신고 바지와 셔츠를 입으며 검은 정장 차림의 남자로 변모한다. 옷을 다 차려입은 헬메르는 관객들을 향해 세계 여러 언어로 인사말을 건네며 자신이 '은행장'이 되었고 "아름다운 종달새 노라"를 소개하기 위해 나왔다고 말한다. 하지만 자신의 아내를 "무엇보다 아름다운 엉덩이"라고 표현하거나 모든 사람이 자신과 같은 '쓰레기'임에도 가식을 떨고 있음을 비웃는 헬메르는 관객들에게 '불쾌함'과 '불편함' 그 자체로 인식된다. 그는 처음에는 '완벽한 여자'였던 노라가 언제부터인가 돈만 밝히는 아주 '천박한' 여자가 되어버렸다면서 폭력적인 경멸을 드러내지만 이미 노라가 돈에 집착할 수밖에 없었던 이유가 다름 아닌 그를 살리기 위해 빚진 돈을 갚기 위한 것이었음을 알고 있는 관객들에게는 오히려 헬메르가 천박하고 위선적으로 보일 뿐이다. 이 때문에 3막에서 헬메르는 관객들의 동정을 받을 수 없다. 아내의 불법적 '위조'에 대해 알게 된 헬메르가 노라를 향해 엄청난 멸시와 비난을 쏟아내는 3막의 하이라이트 장면은 배우들이 서로의 성 역할을 바꾸어 두 번 연기하는 방식으로 구현된다. 성 역할의 전복은 각기 남성과 여성으로 앉아 있는 관객들이 반대의 입장이 되었을 때 느끼는 '불편함'을 인식하도록 만들고, 스스로 사회가 부여한 '상상의 질서' 속에 사로잡힌 자신을 발견하도록 하지만 관객들은 여전히 헬메르의 '위선적인 모습'에 동의할 수가 없다.

  자신을 살리기 위한 선택이었다는 것보다는 자신의 '체면'을 손상시켰다는 사실에 더 큰 관심이 있는 헬메르는 린데의 따뜻한 수용으로 인해 마음이 변한 크로그스타드가 모든 것을 철회하겠다는 내용의 편지와 함께 '차용증서'를 돌려보내자 순간 돌변하여 모든 비난을 거둬들인다. 하지만 이미 자신이 믿고 있던 것들이 모두 '허상'이었음을 깨달은 노라에게 모든 진실은 너무 명확하기만 하다. 아버지에게서 남편에게로 이어지는 '상상의 질서'를 옳은 가치라 믿으며 자신의 생각으로 받아들여온 그녀는 모든 가치 체계가 무너져 내린 그 집에서 더 이상 머물 수 없다는 사실을 인식한다. 사회적으로 주어지는 역할 이전에 '하나의 인간'으로서 새로운 가치 체계를 세워야 할 필요성을 인식한 노라는 말한다. "정말 모르겠어요. 이 모든 것을 좀 더 확실하게 이해하기 위해서 이제부터 좀 더 사회 속으로 들어가 봐야겠어요. 그런 후에 사회가 옳은 것인지 내가 옳은 것인지 결정할 수 있을 것 같아요!"

  가방 하나만 든 채 흰 원피스 차림으로 홀연히 집을 떠나는 노라는 강렬한 여운을 남기지 않을지 모르지만 그 누구보다 냉담하고 이성적으로 보인다는 점에서 모든 결정이 감정적인 선택이 아님을 강조한다. 반면, 그런 노라를 전혀 이해하지 못하고 "내가 용서한다니까!"를 부르짖는 헬메르의 반쯤 옷을 벗은 흉측한 모습은 광기에 휩싸여 춤을 추던 반인반수의 '사티로스'를 연상케 한다. 무섭게 내려앉는 천장은 사람의 얼굴에 염소의 하반신을 가진 '사티로스'처럼 변해 있는 헬메르가 겨우 들어갈 수 있을 만큼의 공간만을 남긴다. 노라의 의식은 그렇게 '광기의 질서'에 사로잡혀 있는 헬메르를 암흑 속에 가둔다. 새로운 질서를 찾아 나선 그녀의 의식 속에 타란툴라의 '독'과 같은 헬메르의 질서는 더 이상 기능을 할 수 없기 때문이다.

결국 부투소프는 자신이 1막에서 관객들을 향해 던진 질문에 나름의 답을 제시한다. "중요한 것은 어떤 일이냐가 아니라 그 일을 어떻게 보느냐"이고, 태어나는 순간부터 "선택하지 않은 것"에 의해 좌지우지되는 우리가 자신을 가둔 '틀'에서 벗어날 수 있는 방법은 "없는 걸 보지 못하는 게 이상한 건지, 있는 걸 보지 않는 게 이상한 건지"에 대한 답을 구하는 것에서 시작된다. 그는 없는 걸 보지 못했던 노라가 이상한 게 아니라 눈을 멀쩡하게 뜨고도 보려고 하지 않는, 알면서도 무시하고 덮으려 하는 헬메르가 더 이상하다는 답을 매우 독특한 방식으로 제시한다. 이 때문에 관객들은 작품 속에 시도된 많은 연극적 장치와 상징들을 오해하거나 이해하지 못할 가능성에 노출된다. 2018년 부투소프 연출의 연극 〈인형의 집〉이 관객들 사이에 많은 논란을 낳았던 이유는 바로 그 때문일 것이다. 개막 당시 언론 기자회견에서 밝힌 부투소프의 말처럼, 연극은 지식을 전달하는 강연도 아니고 설명도 아닐지 모른다. 하지만 그의 바람대로 "관객들이 좀 더 적극적으로 의미를 파악하기"를 원했다면 오롯이 관객들에게만 평가를 맡길 것이 아니라 조금은 자신이 내린 해석에 다가갈 수 있는 '실마리'들을 제공해주는 편이 훨씬 낫지 않았을까? 연극은 분명 '다양한 해석의 장'이지만 소통에는 '설득'의 노력 또한 필요하다.

* 본 글은 2018.11.06.~2018.11.25. 예술의전당 CJ토월극장에서 공연된 연극 〈인형의 집〉을 관람한 후 작성된 칼럼입니다.

'진실을 다룰 용기'가 아닌 '진실을 마주할 용기'

예술에 있어 비평은 언제부터 존재했을까? 비평가와 예술가의 관계는 어떻게 바라봐야 할까? 인도의 '댄 브라운'이라 불리는 베스트셀러 작가 애쉬윈 상이(Ashwin Sanghi)는 "비평가와 작가의 관계는 비둘기와 조각상, 혹은 개와 가로등의 관계와 같다"고 말한다. 영국의 극작가 아놀드 웨스커(Arnold Wesker)는 헨릭 입센의 〈인형의 집〉이 초연되었을 당시 혹평을 쏟아냈던 비평가들을 언급하며 "비평가들의 이론은 항상 극작가들에 비해 10년 정도 뒤처지기 마련"이라고 말했다. 반면 《더 뉴요커(The New Yorker)》의 기고가이자 작가인 다니엘 멘델존(Daniel Mendelsohn)은 비평 역시 다른 글쓰기와 마찬가지로 "재능이 필요한 장르"이며, 모든 비평은 지식과 취향이 반영된 "의미 있는 판단"이라고 말한다. 그는 비평가의 중요한 기능은 "분석하고픈 충동, 설명하고 가르치며 의미 있는 것들을 찾아내고 판단하고픈 충동"에 있으며, 무엇보다 "작품과 관객 혹은 독자 사이에서 지적이고 분석적이며 통찰력 있는 고민"을 함으로써 그들이 미처 발견하지 못했던 '의미'를 전달하는 사람이라고 강조한다.

2018년 8월, 스페인 출신의 극작가 후안 마요르가(Juan Mayorga)의 2012년 연극 〈비평가(El Crítico)〉의 막이 내렸다. 마요르가는 1997년 독일의 철학자 '발터 벤야민(Walter Benjamin)'에 대한 연구로 철학박사 학위를 받은 극작가로, 그의 작품에는 벤야민의 예술에 대한 철학이 상당 부분 반영되어 있다. 독문학자 문광훈은 『가면들의 병기창』에서 "벤야민의 사유공간은 세상과 대결하기 위해 예술이라는 무기를 벼리는 곳이고, 예술의 저항적 가능성을 탐색하는 병기창"이라고 설명한다. 그는 벤야민의 사유에 따르면 "예술은 현실의 가면을 드러내는 인간의 가면"임과 동시에 "현실을 가면의 껍질로 드러내는 반성적 무기"라 할 수 있다고 말한다. 이러한 예술의 폭로와 저항적 성격은 마요르가 역시 동의하고 있는 부분으로 보인다. 그는 라켈 블랑코(Raquel Blanco)와의 인터뷰에서 "예술가의 기본 자질은 다른 사람들이 외면하는 것을 바라보는 용기를 갖추는 것"이며, "연극은 갈등이 일어나게 할 재료를 던져주어 관객들의 마음에 문제를 일으켜야 한다"고 강조한다.

연극 〈비평가〉의 구성과 사유는 복잡하지만 줄거리는 비교적 단순하다. 극작가 '스카르파(Scarpa)'는 자신의 새 작품이 15분 동안 끊이지 않는 관객들의 박수 세례를 받으며 화려하게 성공한 날 밤, 10년 전 자신의 데뷔작을 혹독하게 비평했던 비평가 볼로디아(Volodia)의 집을 찾아온다. 무언가 마음에 들지 않는 듯 불편해 보이는 표정으로 평론을 쓰려던 볼로디아는 갑자기 불쑥 자신의 집에 나타나 평론을 쓰는 모습을 지켜보겠다는 스카르파의 요구에 황당해한다. 볼로디아는 공연이 있는 날이면 매일 밤 12시에 편집실에서 전화가 와 평론을 불러달라고 하니 다음 날 신문으로 받아보라고 말하지만 스카르파는 막

무가내이다. 결국 볼로디아는 작품에 대한 평론을 써서 보여주고, 평론에 분개한 스카르파는 이를 반박하기 위해 자신의 작품에 대한 설명을 시작한다. 그의 연극은 2막으로 구성되어 있으며, 1막은 '타우베스(Taubes)'라는 권투사범과 '에릭(Eric)'이라는 권투선수의 훈련 과정에서 드러나는 갈등과 욕망을 다루고 있고, 2막은 에릭과 우연히 만나게 된 타우베스의 아내의 이야기를 다루고 있다.

연극 〈비평가〉의 흥미로운 점은 관객들이 실제로 극작가 스카르파의 연극을 본 적이 없음에도 스카르파가 자신의 극을 볼로디아에게 설명하는 과정에서 읽어 내려가는 대사들과 그가 볼로디아를 대역으로 연기하며 펼쳐 보이는 장면들로 인해 대부분의 내용을 짐작할 수 있게 된다는 점이다. 또한, 극중극(a play within a play)의 형태로 전달되는 희곡이 어떻게 연기되고 연출되어야 하는지를 스카르파의 입을 통해 듣게 됨으로써 관객들이 연극의 장면을 직접 머릿속에 그리게 되기 때문에 연극이 연극에 대해 이야기하는 메타적 속성(meta theatre)[5]을 지님과 동시에 관객들로 하여금 타우베스와 에릭의 관계를 볼로디아와 스카르파의 관계에 자연스럽게 대입하도록 만드는 탁월함을 발휘한다.

권투에 대해 모든 것을 알고 있다고 자부하는 타우베스는 어느 날 권투 선수가 되겠다며 찾아온 에릭의 숨겨진 자질을 한눈에 꿰뚫어

---

5 연극이 연극이라는 장르 자체에 대해 문제를 제기하는 자기반영적 연극을 '메타극(meta theatre)'이라고 부른다. 〈비평가〉의 구성 방식은 '연극에 대한 연극'임과 동시에 연극의 형식에 대한 주제 또한 다루고 있으므로 '메타극'이라고 볼 수 있다.

본다. 2년이란 세월이 지난 후 경기에서 승리를 거둔 에릭은 자신이 선수 자격증을 딸 준비가 되었다고 주장한다. 하지만 타우베스는 경기 중 5회전까지는 자신의 가르침을 따랐지만 6회전부터 관중을 의식하며 그들의 소리를 듣기 시작한 에릭이 아직 준비가 되지 않았다고 질타한다. 아직 패배의 쓴맛을 감당할 준비가 되어 있지 않다고 말하는 타우베스에게 에릭은 충분히 준비가 되었다면서 이렇게 말한다.

  "전 질 생각이 없어요!"

  결국 두 사람은 자신의 말을 증명하기 위해 권투시합을 펼친다. 스카르파의 입을 통해 전달되는 강펀치를 날리는 두 사람의 모습은 마치 권투시합 중계에 귀를 기울이듯 관객들을 집중하도록 만든다. 아무리 애를 써도 몸이 따라주지 않는 나이 든 사범과 승리에 대한 확신으로 에너지가 넘치는 젊은 선수! 링에서 펼쳐지는 구타와 고통, 흐르는 피는 눈에 보이지 않지만 "관객이 원하면 진짜가 된다"는 스카르파의 말처럼 모든 장면이 상상 속에서 '진짜'가 된다. 관객들은 에릭이 찢어놓은 타우베스의 한쪽 눈썹에서 피가 솟구치는 것을 본 듯 느끼며, 펀치를 맞을 때마다 커지는 자신을 향한 '분노' 만큼이나 제자를 향한 '자부심' 또한 커져 가는 타우베스의 알 수 없는 마음을 이해한다. 또한, 의기양양하게 더 큰 승리를 하겠다고 눈을 번쩍이며 강펀치를 날리던 에릭이 갑작스러운 타우베스의 펀치 한 방에 나가떨어질 때 그가 느꼈을 충격과 절망 역시 느낄 수 있게 된다.

  두 사람의 경기 장면은 볼로디아와 스카르파의 연극을 둘러싼 '시합'의 양상과 같다. 연극 작품을 놓고 벌이는 두 사람의 '보이지 않는 경기'는 타우베스와 에릭의 권투시합만큼이나 강렬하고 치열하다. 10년 전 볼로디아의 혹평에도 불구하고 성공을 거둔 스카르파는 자신이 단순히 돈이나 명예를 위해 글을 쓰는 것이 아니라 무언가 더 진지한 것을 추구한다는 점을 예리하게 꼬집어 본 그의 평론에 집착한다. 그는 자신의 작품뿐 아니라 다른 작품에 대한 볼로디아의 평론조차 모두 찾아 읽으며 그 안에 숨겨진 메시지를 읽어내고 자신을 단련해왔다. 한편, "그 어떤 의도도 가지지 않은 진공상태"에서 연극에 대한 순수한 철학만을 가지고 가장 정직한 방식으로 진실만을 말하고 있다고 확신하는 볼로디아는 자신이 10년 전 스카르파에게서 "다듬어지지 않은 무언가"를 발견했음을 인정한다. 그는 유독 가혹하게 혹평함으로써 스카르파의 재능을 가늠하고 시험해왔으며 나름의 방식대로 자신의 평론에 귀를 기울이는 그를 위해 가르침을 전달해왔다고 생각한다. 스카르파를 통해 세상의 '가면'을 벗기고 '진실'을 설파해 '변화'를 이끌어낼 수 있는 연극을 완성하는 '꿈'을 꾸었다는 볼로디아는 오늘 밤 자신이 완전히 실패했음을 깨달았다며 진실 대신 관객들의 흥미에 맞춘 '성공'을 택한 스카르파를 비난한다.

"작은 인간들이 작은 신들을 섬기는 신전"으로 돌아가라고 말하는 볼로디아에게 스카르파는 이렇게 외친다. "그 오랜 세월 동안 연극은 절대 그 누구도 변화시키지 못했습니다. 심지어 그걸 만드는 사람들조차 변화시키지 못했어요. 용맹함을 연기하는 배우들은 실제 삶에서는 완벽한 겁쟁이들이고, 무대에서 자유를 외치는 연출들은 실제 삶에서는 끔찍한 폭군이에요. (…) 연극은 절대 그 누구도 바꾸지 못했습니다. 당신은 바뀌었나요? 스승님!"

사실상 연극 〈비평가〉의 모든 질문은 이것으로 수렴된다. 거짓과 진실, 허상과 현실, 거짓된 삶과 진실된 삶, 그리고 그사이 어딘가에 있는 우리 자신…. 스카르파의 연극이 2막으로 구성되었듯 연극 〈비평가〉 역시 두 갈래의 주제를 부각시킨다. 극은 단순히 극작가와 비평가의 자존심 대결이나 서로를 향한 엇갈린 바람, 철학의 대립을 드러내는 것이 아니라 끊임없이 타인의 삶을 규정하고 평가하며 자신의 가치를 강요하는 사회 속에 얽매인 개인의 속박된 '삶', 그리고 자신이 예상치 못한 진실과 마주했을 때 두 눈을 크게 뜨고 바라볼 수 있는 '용기'의 문제를 지적한다. 볼로디아는 2막에 등장한 여성 인물의 '언어'와 인물의 '거짓됨'을 혹평한다. 그는 스카르파가 여인에 대해 전혀 알지 못하기 때문에 '여성의 언어'를 제대로 표현할 수 없는 것이며, 주체가 다른 주체의 깊은 속에 닿을 수 있는 경지의 사랑을 나누어본 적이 없기 때문에 관객들의 '감정'만을 자극하고 '감성'을 담지 못하는 2막이 최악이라고 비난한다. 주제의 핵심은 볼로디아가 그토록 '거짓'이며 '환상'이라 주장하는 그 여인이 다름 아닌 실제 그의 '아내'의 이야기를 그대로 담은 것이라는 사실이 밝혀질 때 정점에 이른다.

'여인'의 존재는 이 극의 핵심이다. 관객들은 여인의 모습을 실제로 볼 수 없으며 그 '여인'을 설명하는 스카르파의 언어와 연기를 통해서만 그녀를 그려낼 수 있다. 무대 위에 '여인'은 부재한다. 사랑하는 남자 곁에서 매일 밤 잠들지 못한 채 맨발로 지붕 위에 올라가 다른 여인들을 만나고, 그 안에서 현실에서 부여받은 모든 옷을 벗어던진 채 그 누구의 잣대로도 구속되지 않고 머물다 동이 틀 무렵이면 다시 남자 곁으로 돌아와 자신의 두 발을 감추고 미소를 띠어야 하는 '여인'

의 이야기는 환상인지 현실인지조차 판단하기 어려울 만큼 모호하지만 상징적이다. 자신이 언젠가는 추락할지 모르며 지금 노래하는 여자들만이 결국 살아남을 수 있다는 것을 아는 여인은 이렇게 말한다.

"내가 노래할 줄 알면 나를 구원할 렌데!"

왜 '노래'였을까? 노래는 우리의 생존에 영향을 미치지 않는다. 하지만 노래는 때로 삶을 기쁘게, 슬프게, 아름답게, 흥겹게 몰고 갈 수 있는 원동력이 된다. 사람들은 노래로 하나가 되고, 전혀 모르는 누군가에게 위로를 전달하며, 눈물을 흘리고, 숨겨진 감정을 깨닫는다. 노래는 지극히 감정적인 영역이며, 자유로운 영역이고, 서로가 귀 기울이고 함께 느낄 수 있는 공감의 영역이다. 노래는 '자유'와 '감성'이며 개인의 정체성을 드러낼 수 있는 '재능'이자 '기회'이다. 하지만 '여인'은 자신의 남자에게 어떻게 노래를 전달해야 할지 알지 못한다. 그녀가 아직 완전한 자신을 찾지 못했기 때문이며, 자신의 진실을 제대로 담아낼 수 있는 노래를, 자신을 있는 그대로 설명할 수 있는 '언어'를 찾지 못했기 때문이다. 그런 '진실'을 보지 못하는 볼로디아는 자신이 그토록 사랑한다고 말하던 여인의 '허상'만을 붙든 채 그녀의 '노래'를 듣지 못한다. 어쩌면 그녀가 노래할 수 없어서가 아닌지도 모른다. 눈앞에 진실을 두고도 '거짓'이라 외치는 그가 끊임없이 진실을 보지 않고 고개를 돌렸기 때문인지도 모른다. 그가 작은 소리에도 귀 기울일 수 있는 감수성과 예민함, 타인을 돌보는 배려와 관대함, 그리고 진실을 마주할 '용기'를 가지고 있었다면 그는 그녀뿐 아니라 자신을 구원할 수 있었을지도 모른다.

2017년에 초연된 후 1년 만에 재공연을 선보인 연극 〈비평가〉의 가장 독특한 점은 이 복잡한 구성의 메타드라마를 두 여성 배우가 연기한다는 사실이다. 볼로디아와 스카르파, 타우베스와 에릭 모두 남성 인물인 가운데 유일하게 모습을 드러내지 않는 여성 인물의 '존재'와 '목소리'를 관객들이 느끼도록 만들기 위해 이영석 연출은 "여성 배우의 남성 캐릭터 연기"를 신택했다. 상대적으로 배제되어왔던 여성의 목소리를 전면에 배치하겠다는 연출의 의도는 적중했던 것으로 보인다. "언어는 하나의 몸을 가지고, 몸은 하나의 언어를 가진다"는 벤야민의 진술처럼 여성 배우의 몸은 '하나의 언어'를 가지고 그들이 연기하는 남성 인물과 그 인물이 연기하는 여성 인물 사이의 '행간'을 읽어낸다. 여성 인물을 그려내는 남성 작가의 시선과 평가는 관객들의 눈에 보이는 여성 배우의 모습과 그 배우가 실제 여성으로서 인지하고 있는 여성 인물이 느꼈을 억압과 잣대, 정체성을 찾을 수 없는 고통과 혼란, 두려움과 공포, 슬픔과 절망과 같은 감정들을 은연중에 드러내게 되기 때문에 언어로만은 전달될 수 없는 그 무언가, 연기와 실제 사이에 작용하는 그 무언가를 작동하도록 만든다.

경험하지 않은 것들은 마음으로 느낄 수가 없다. 실제 그 깊이까지 가보지 않고서는 절대 알 수 없는 것들이 있다. 연극은 그러한 세상을, 삶을 가늠해보도록 만든다. 동시에 그 속에서 펼쳐지는 다른 누군가의 이야기에 나를 빗대고, 내 삶을 빗대어 때로는 위로를, 치유를, 안식을 얻도록 만든다. 아직 겪지 않은 사람에게는 언젠가는 앓게 될 홍역의 고통을 줄여주기 위해, 이미 겪은 이에게는 자신과 같은 길을 지나온 사람이 있다는 위로를 전달하기 위해 연극은 필요하다. 물론 영국의 극작가 에드워드 본드의 말처럼 "연극이 세상을 비추는 거울이 아니라 세상을 고칠 수 있는 스패너를 손에 쥐여주는 것"이면 더욱 좋겠지만 연극이 그러한 기능을 수행하기 위해 반드시 필요한 것은 어쩌면 극작가의 '진실을 다룰 용기'가 아니라 관객들의 '진실을 직면할 용기'일지도 모른다. 거울을 들이대는 일은 연극이 할 수 있지만 그 거울 속에 비친 모습을 자신의 것으로 받아들이고 수정하는 일은 결국 관객들 '자신'이 해야 하기 때문이다.

* 본 글은 2018.08.17.~2018.09.01. 두산아트센터 Space111에서 연극 <비평가: 내가 노래할 줄 알면 나를 구원할 텐데>를 관람한 후 작성된 칼럼입니다.

'관점의 전환'이 탄생시킨
'주체적 춘향'

🎭 판소리 〈동초제 춘향가-몽중인 夢中人〉

"꿈은 지극히 개인적인 공간이자 오직 혼자만이 경험하는 공간이다. 꿈은 꿈꾸는 자의 무의식을 반영하며, 사람의 내면을 담고 있는 그릇이다. 꿈의 세계는 무한하다. 꿈속에서 나는 '나'이지만 또 내가 아니다."

'꿈'에 대한 인간의 관심은 수천 년을 이어져 왔지만 꿈을 '인간 정신의 활동'으로 인식한 것은 20세기에 이르러서이다. 고대인들은 꿈을 '신의 계시'라 여겼고, 미래를 예언하는 '예지몽'과 인간을 미혹하여 파멸로 이끄는 '망상'을 구별하기 위해 오랜 세월 점술에 의존해왔다. 하지만 정신분석학의 창시자이자 『꿈의 해석』의 저자 지그문트 프로이트(Sigmund Freud)는 꿈은 인간이 잠든 동안 의식세계와 분리된 무의식의 공간에서 펼쳐지는 "의식 활동의 연장"이라 할 수 있기 때문에 꿈을 '예언'으로 보긴 어렵다고 말한다. 『그리스 신화론과 종교사』의 저자 그루페(O. Gruppe)가 분류한 마음의 생각이 환상으로 드러나는 '꿈'과 미래에 영향을 미치는 상징적인 '꿈'을 언급하는 프로이트는 꿈을 사람들이 '어떤 의미 있는 내용'으로 인식하고 해석하는 일은 매우 중요하다고 말한다. 그에 의하면, '꿈'은 우리의 삶과 밀접한 관계를 맺고 있는 것들이 뇌리에 깊숙이 박혀 있다 수면 위로 올라온 것이라 할 수 있으며, '꿈의 세계'는 현실에서 억압된 숨겨진 의식이 그 어떤 방해도 받지 않고 자유롭게 자신을 펼쳐낼 수 있는 "심리적, 감정적, 정신적 무정부 상태"의 영역이다. 이 때문에 무의식 단계에서 펼쳐지는 꿈은 "아무리 무의미해 보인다 할지라도 의미로 가득 차 있다"고 할 수 있으며, "꿈을 해석한다는 것은 곧 그 의미를 삶의 언어로 번역하는 것"이라 할 수 있다.

2018년 9월, 가장 대중적인 판소리 〈춘향가〉를 '꿈'의 관점에서 새롭게 해석한 국악창작자 이승희의 신작 〈동초제 춘향가-몽중인 夢中人〉의 공연이 무대에 올랐다. 이승희는 젊은 예술가들을 발굴하여 지원하는 두산아트센터의 창작 육성 프로그램인 'DAC Artist'로 선정된 소리꾼이자 작가, 배우이다. 전통 판소리 외에 연극과 뮤지컬 무대를 오가며 다양한 장르를 경험해온 이승희는 〈동초제 춘향가〉 중 '꿈'에 대한 대목들만을 엮어 '춘향'이란 여성의 숨겨진 내면에 집중함으로써 획일적인 신분 사회에서 불합리에 굴복하지 않고 주체적인 사고로 스스로 삶을 선택하기 위해 노력했던 새로운 '춘향'을 탄생시켰다. 그녀는 '관객과의 대화'에서 21세기에 다소 고루해 보일 수도 있는 〈춘향가〉라는 텍스트를 선택한 이유를 묻는 질문에 "춘향이라는 캐릭터가 조선시대가 바라는 여성상을 그려놓은 것이기 때문에 이 시대와 맞지 않을 수 있지만 〈동초제 춘향가〉 안에서 새로운 이야기를 만들지 않고 현대인이 공감할 수 있는 '춘향'을 재발견하기 위한 노력이 있었다"고 답했다. 이어 그녀는 판소리 〈춘향가〉에서 표현되는 '현실 속 춘향'의 모습은 늘 다른 누군가의 묘사나 설명을 통해 전달되는 측면이 있기 때문에 그 내면을 들여다보기 어려운 점이 있지만, '꿈 속 춘향'의 대목들을 잘 살펴보면 "그녀가 진심으로 갈망했던 것, 인정하고 싶지 않았던 것, 받아들여야 했던 것들을 볼 수 있다"고 덧붙였다.

이승희의 〈동초제 춘향가-몽중인〉은 본래 완창을 하는 데 8시간 이상이 소요되는 〈동초제 춘향가〉 중 춘향의 행동과 생각, 감정들을 드러낼 수 있는 '춘향의 꿈' 대목만을 엮어 진행되기 때문에 70분이라는 짧은 시간 동안 판소리 〈춘향가〉의 묘미를 느낄 수 있게 해주는 장점을 지닌다. 협력연출이자 고수를 맡은 이향하는 "춘향의 꿈 대목은 '눈대목'(하이라이트)으로 여겨진 적이 없는 소리들인데, 그것들로만 하나의 공연을 만들자고 제안한 시선에 놀랐다"면서, "'이승희 제(style)'로 선보이는 이번 작품은 '꿈'과 닮아서 들어가는 문과 나오는 문이 따로 없다"고 설명한다. '꿈속에서 나는 나이지만 또 내가 아니고, 꿈속에서 타인의 자아는 나라는 존재를 거쳐 비추어지는 형상'이라는 말로 시작되는 공연은 내면의 무의식을 반영하는 듯 다소 어둡고 몽환적인 느낌을 연출한다. 두 명의 소리꾼과 두 명의 고수에 의해 전달되며 전통 음악과 현대 음악이 한데 어우러진 조화로운 '판'을 펼쳐 보이는 〈동초제 춘향가-몽중인〉은 모든 사람에게 처음으로 주어지는 꿈, 즉 '태몽'으로 시작한다. '춘향의 태몽'은 소리꾼 김소진의 입을 통해 제3자적 관점을 확보하며 해설로 전달된다. 한편, 해설자를 비롯한 여러 인물을 담당하는 김소진과 다르게 소리꾼 이승희는 춘향의 깊은 내면에 자리하고 있는 자아의 목소리를 대변한다.

오색빛깔 무지개를 타고 온 선녀가 '월매'의 손에 쥐여주고 간 '딸'을 의미하는 복숭아 꽃가지는 그녀를 수심에 잠기도록 만든다. 남원에 잠시 머물다 간 성 참판의 수청을 받들어 잉태하게 된 딸의 신분은 결국 자신과 같은 '기생'이 되는 것 외에 다른 선택이 없음을 잘 알고 있는 월매는 아직 태어나지도 않은 딸아이의 앞날에 드리워질 운명이 답답하고 막막하기만 하다. 참판 영감마저 일찍 세상을 떠나 기댈 곳마저 없어진 월매는 '근본은 양반'이라는 것을 앞세워 춘향에게 양반 가문의 '아씨'로서 손색이 없을 교육을 시킨다. 하지만 사서오경(四書五經)을 습득하고 온갖 예절교육을 다 받은 춘향은 양반집 아이들에 의해 "절름발이 양반"이라 놀림을 당하기 일쑤다. 상처받은 마음을 감추고 밤마다 몰래 숨죽여 울던 춘향은 어느덧 '이팔청춘(二八青春)' 열여섯에 이르고 '단오(端午)' 전날 밤에 꿈을 꾼다. 꿈속에서 본 글귀의 의미를 궁금히 여긴 춘향은 그네를 뛰며 깊은 생각에 잠긴다.

"한 번 굴러 앞이 솟는다. 앞이 솟으니 마음이 깨어난다. '견우직녀 상봉하니 오늘 나의 연분을 만날런가?' 두 번 굴러 뒤가 멀다. 뒤가 멀어노니 정신이 깨어난다. '내 신분 생각하면 그 누가 나의 짝이 되리오?' 또 한 번 굴러 앞이 솟는다. '나는 양반인가?' 또 한 번 굴러 뒤가 멀다. '나는 천민인가?' 앞이 솟는다. '나는 무어로 살고 싶은가?' 뒤가 멀다. '나는 무어로 살 것인가?'"

'그네' 대목에서 춘향이 보이는 고민은 〈동초제 춘향가-몽중인〉을 관통하는 주제가 된다. 이미 태어날 때부터 사회가 규정한 신분에 묶여 마음대로 선택할 수 없는 존재가 '나는 무엇으로 살고 싶은가'라는 질문을 던질 때 그 고민은 억압적이고 획일적인 구조에서 벗어나 '자유로운 주체'가 되기를 갈망하는 내면의 소망을 드러낸다. 프로이트는 "꿈의 목적은 소망 충족에 있다"고 말했다. 우리가 의식하는 모든 것은 무의식의 단계를 거치지만 무의식은 자신의 세계에 머물면서 심리가 원하는 "완전한 가치"에 도달할 수 있기 때문에 "무의식은 스스로 존재하는 심리적인 것"이라 할 수 있다는 것이다. 프로이트가 인용한 아리스토텔레스의 "꿈은 수면 중에도 계속 이어지는 '생각'"이라는 말이 사실이라면, 춘향의 '꿈' 대목들이 드러내는 '춘향'은 분명 '고뇌하는 인간'이나. 하시만 이렇게 복잡한 고민을 안고 있는 춘향이 속내를 알 길 없는 몽룡은 치맛자락을 휘날리며 그네를 뛰는 아름다운 춘향의 모습에 매료되어 다짜고짜 들이댄다. 소리꾼 김소진은 매사에 신중한 춘향이가 처음 보는 몽룡에게 마음을 열게 된 속내를 〈춘향가〉 중 가장 인기 있는 대목 '사랑가'로 풀어내지만 이 '꿈' 같은 사랑은 곧 몽룡이 서울로 떠나게 되면서 절절한 '이별가'의 대목으로 이어진다. "하룻밤 꿈과 같은 사랑과 그 불타오른 사랑만큼 덧없는 이별"의 번뇌는 춘향을 시름시름 시들어가도록 만들고, 사라져가는 몽룡의 뒷모습을 바라보며 하염없이 눈물만 흘리는 춘향의 모습은 열두 줄의 가야금이 빚어내는 깊은 선율에 얹히며 그 아픔을 배가한다.

이별의 고통에 시달리던 춘향이 꾸게 되는 또 하나의 꿈은 '자유를 꿈꾸던 인간이 고난을 겪는 과정에서 도달하게 되는 자아의 정체성에 대한 인식'을 확고하게 해준다. 자신이 그리워 다시 되돌아온 몽룡이 다른 방문을 두드리다 잠만 자는 춘향을 오해하고 그냥 되돌아가 버리는 꿈을 꾼 춘향은 아무 흔적이 없는 적막한 밖을 바라보며 이렇게 외친다. "무정한 꿈아, 이것이 정녕코 네가 하고픈 말이더냐? 이것이 나의 심중의 말이더냐? 분명코 이별이로구나!" 시간은 흩어져버린 감정의 찌꺼기들을 정리하는 과정에서 춘향의 의식을 점점 더 또렷하고 강인하게 만든다. 그녀는 깨닫는다. "비겁하다. 돌아오지 않는다.

홀로 서야 한다. 온전한 나로!"

자신이 버림받을 수밖에 없었던 이유에 '신분'이라는 장애가 존재하고 그녀가 믿었던 사랑이 그 장애를 뛰어넘기에는 턱없이 부족하고 비겁한 사랑이었음을 깨달은 그녀는 더 이상 자신을 구원해줄 누군가를 기대하지 않는다. 그녀는 자신이 스스로를 지켜야 함을 인식한다. 이러한 인식의 변화는 남원에 새로 부임한 사또 변학도가 수청을 요구할 때 춘향의 단호한 '거부'의 태도에서 드러난다. 일편단심의 마음이 변할 수 없음과 삼강오륜을 행하고 수절을 함에 있어 신분의 상하가 있을 수 없음을 주장하는 춘향의 단호함은 이별한 몽룡에 대한 사랑에 근거하지 않는다. 모진 고문과 매질을 견디면서도 그녀가 자신을 내어주지 않는 것은 '신분'과 '성별'이라는 한계가 자신에게 요구하는 것에 절대 무릎 꿇을 수 없다는 그녀의 강인한 '의지'의 표현이다. 자신이 원치 않는 것을 억지로 하도록 만드는 사회를 향한 '반항'이며, 자신을 한 '인간'이 아니라 한순간 품고 버릴 수 있는 '상품'으로 여기는 비인간적인 사고에 대한 '반발'이다.

이러한 춘향의 변화가 절정에 이르는 것은 옥에 갇힌 채 삶과 죽음의 경계를 넘나드는 가운데 꾸게 되는 '꿈'이다. 소리꾼 이승희는 성경과 불경, 그리고 그리스 신화 속에서도 항상 삶과 죽음의 경계에는 '강'이 존재했음을 지적하며 무대 한가운데 지금 그 '강'이 존재함을 말한다. 강을 조용히 떠내려가던 조각배는 강 한가운데 멈춰 선 채 춘향의 혼령이 "생전에 못다 한 아비의 도리를 다하겠다"는 저승의 아버지의 목소리와 "늙은 어미를 두고 가면 어찌하냐"며 울부짖는 이승의 어머니의 목소리를 마주하도록 만든다. 자신이 '생과 사의 경계'에서 있음을 인식한 춘향이 외친다. "이곳에 와서 보니 내 맘은 더욱 분명해지는구나. 죽는대도 나로 살고, 산대도 나로 살리라. 내 뜻대로 살리라!"

관점의 전환은 많은 것을 다르게 보도록 만든다. 『우아한 관찰주의자』의 저자 에이미 허먼(Amy E. Herman)은 '새로운 관점'의 중요성을 강조하며 이렇게 말한다. "시선이 남들의 무릎까지 밖에 오지 않고 아무도 눈을 맞춰 주지 않는 세상이 얼마나 낯설고 소란스럽게 보이는지를 알려면 눈높이를 그 시선에 맞추어야만 한다. 이것이 물리적 관점을 바꾸는 마법이다. 이러한 관점의 전환은 새로운 사실을 제시할 뿐 아니라 우리의 지각까지 바꿀 수 있다." 이승희는 관객들의 관점을 춘향의 '꿈'에 맞춤으로써 사회적으로 많은 제약에 갇히고 억압되어야 했던 그녀의 내면을 보다 세밀하게 들여다보고 가늠하도록 만든다. 시선이 조선시대에 절개를 지켰던 여인이 아니라 '자유로운 자아로 살고 싶었던 한 인간'이라는 높이에 맞춰질 때 우리는 그녀의 삶이 사회적 코드에 '순응'한 것이 아니라 그에 쓰러지고 맞서며 저항했던 그녀 나름의 '투쟁'이었음을 깨닫게 된다. 이 때문에 〈동초제 춘향가-몽중인〉은 몽룡과 춘향의 재회와 혼인이라는 해피엔딩 대신 '재상봉(再相逢)'을 의미하는 마지막 '꿈'을 풀이하는 허봉사의 해석에서 끝을 맺는다. 춘향의 내면을 다른 관점으로 들여다본 관객들이 그녀가 돌아온 이몽룡을 어떻게 받아들였을지, 어떤 선택을 했을지 이미 알려져 있는 결론과 다르게 충분히 고민해보도록 만들기 위함이다. 「관객과의 대화」에서 이승희는 말한다. "각자 관객들의 마음속에는 스스로의 '결(結)'이 있지 않을까 생각합니다."

자유로운 자아, 스스로 선택하는 삶을 꿈꾸었던 춘향이 관객들의 마음에 아프게 남는 것은 사회가 규정한 잣대 속에서 많은 것이 얽매이고 속박되는 삶이 어떤 것인지 관객들 또한 인지하기 때문일 것이다. 조선시대의 윤리와 사고는 현재 우리에게 '낡은 것'이 된 지 오래지만 여전히 작동하고 있는 일부 시선들, 관점들이 현실 속에 있음을 깨닫고 종종 놀라게 되는 우리들이 〈동초제 춘향가–몽중인〉을 통해 얻게 되는 결론은 하나이다. '관점'은 많은 것을 바꾸어놓는다. 우리에게 가장 필요한 것은 다르게 보는 시선을 훈련하려는 노력, 가능한 다양한 관점을 수용하려는 너그러움이 아닐까? '관점의 전환'은 인간을 자유롭게 한다. 모든 인간은 자유롭게 태어났으며 스스로 선택하고 책임지는 한 인간으로서 '주체적인 삶'을 살 권리가 있다.

* 본 글은 2018.09.12~2018.09.20. 두산아트센터 Space111에서 판소리 〈동초제 춘향가–몽중인 夢中人〉을 관람한 후 작성된 칼럼입니다.

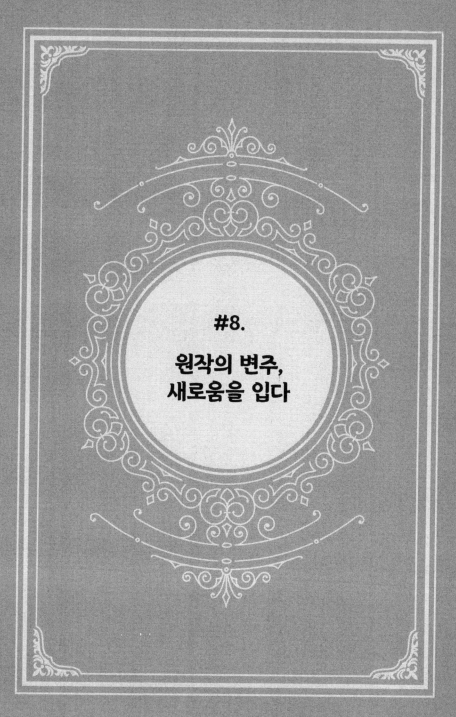

#8.

원작의 변주,
새로움을 입다

🎭 연극 〈햄릿-디 액터〉

'햄릿(Hamlet)'이라는 이름의 무게는 무겁다. 누구나 한 번쯤은 들어 봤을 이름, 무언가를 결정하고도 쉽게 행동으로 옮기지 못하고 지나치게 깊은 사유만 하는 사람을 빗대어 부르는 이름, '햄릿'! 분명 셰익스피어의 작품들 중 가장 유명한 작품이라 할 수 있는 『햄릿』은 친숙하다. 하지만 셰익스피어 사후 400년이 넘도록 『햄릿』에 관해 수많은 연구가 이루어져 왔음에도 우리는 여전히 '햄릿'을 정확히 이해하지 못한다. 그가 왜 그토록 '사유'에 집착했는지, 왜 그토록 '복수'를 유예하고 망설였는지, 왜 인간을 혐오하고 '광기'를 가장했는지, 어렴풋이 짐작만 할 뿐 우리는 정확히 햄릿의 '우울함'의 원인이 무엇인지 알지 못한다.

셰익스피어의 어려움은 분명 이 지점에 있다. 해석의 다양성과 애매모호함은 T. S. 엘리엇(T. S. Eliot)의 표현처럼 "모나리자와 같은 작품"인 『햄릿』이 얀 코트(Jan Kott)가 명시하듯 "폴란드의 수도 바르샤바의 전화번호부 두께의 두 배"에 달하는 햄릿에 관한 연구서 목록들을 가능하게 만들었다. 『햄릿』에는 레오나르도 다빈치(Leonardo da Vinci)

의 그림 〈모나리자(Mona Lisa)〉의 미소처럼 알 듯 말 듯 숨겨진 코드들이 가득하고, 답을 찾도록 끊임없이 요구되는 질문들이 가득하다. 이 때문에 『햄릿』은 어렵고 무겁지만 충분히 도전적이고, 지루하고 답답하지만 충분히 매력적이다. 무엇보다 『햄릿』은 대부분의 관객들이 흥미를 느끼는 '복수의 비극'이며, 비극은 언제나 그렇듯 죽음과 삶에 대해, '존재'에 대해 생각할 여지를 남기고, 우리의 '삶'을 다시 한번 돌아보도록 만든다.

2018년 여름, "세상에서 가장 재미있는 비극"이라는 부제 아래 『햄릿』에 등장하는 많은 인물들을 단 세 명의 배우로 풀어낸 흥미로운 연극 〈햄릿-디 액터(HAMLET-The Actor)〉의 공연이 있었다. 제1회 '대한민국 예술문화인' 대상을 수상했을 뿐 아니라 제1회 '셰익스피어 어워즈' 젊은 연출가상, 여우주연상을 수상한 〈햄릿-디 액터〉는 지난 2012년에 초연된 후 2013년 '한국셰익스피어학회'의 창립 50주년 기념 국제학술대회에 참가한 세계 석학들로부터 극찬을 받았다. 이후 〈햄릿-디 액터〉는 해외 디지털 아카이브 웹사이트에 공연 대본 및 녹화 자료가 콘텐츠로 등재될 기회를 얻었을 뿐 아니라 미국 MIT 공대 인문학 강의의 공식 연구 자료로 선정되는 쾌거를 이룩했다. 프로그램북에 따르면, 연구자료 선정에 까다로운 MIT 공대가 〈햄릿-디 액터〉를 선택한 이유는 "원작에 대한 전에 없이 신선하고 색다른 해석과 깊이 있는 이해" 때문이었다. 실제로 연극 〈햄릿-디 액터〉는 제대로 공연할 경우 4시간에 달하는 방대한 양의 텍스트를 110분이라는 비교적 짧은 시간에 담아내면서도 강렬하게 몰입된 '햄릿 설명서'를 읽은 듯 원작 텍스트에 충실한 특징을 보인다. 각색과 연출을 맡은 성천모는 원작 텍스트에 대한 세심한 이해와 분석을 바탕으로 창의적인 아이디어를 더해 '복수를 지연시키는 햄릿'에 대해 나름의 정당한 이유를 제공한다.

프로듀서를 맡은 최무열은 연극 〈햄릿-디 액터〉의 기획 의도에 대해 "공연은 살아 있는 사람이 행하는, 환경에 따라 그때그때 바뀔 수 있는 시간 예술이며, 관객과 배우의 조화 속에 살아 움직이는 생물"이라 할 수 있기 때문에 "연극 〈햄릿-The Actor〉는 어디로 가야 하는지 모르는 이 시대를 반영하고 있다"고 말한다. 일단 시작되고 나면 죽음이 올 때까지 멈출 수 없는 삶처럼, 활시위를 떠난 화살이 포물선을 그리며 겨냥된 목적지 근처 어딘가에 도달하듯, 배우이자 인물, 사람인 '햄릿'은 극이 시작됨과 동시에 자신만의 길을 떠난다. 연극 〈햄릿-디 액터〉의 차별성은 아버지의 죽음을 슬퍼하며 자신만의 아지트에서 홀로 시간을 보내던 햄릿이 아버지의 혼령과 마주하고 '복수'할 것을 결심한 순간 때마침 찾아온 두 배우 '캠벨(Campbell)'과 '사라(Sara)'에 의해 '복수의 리허설'을 통해 어떻게 복수할 것인가를 '연극'으로 펼쳐 보이기 시작한다는 데 있다. 관객들은 눈앞에 펼쳐지는 무대를 통해 햄릿의 '비극'을 보게 되는 것이 아니라 햄릿의 '복수를 위한 리허설'이 어떤 결과를 불러올 것이며, 어떤 결론에 이르게 될 것인지를 지켜보게 된다. 따라서 이 '비극'은 재미있다. 그리고 설득력이 있다. 자신의 어머니와 재혼한 숙부 '클로디어스(Claudius)'가 왕을 독살한 범인이라는 사실을 두 배우, 사라와 캠벨에게 확인시키기 위해 벌이는 극중극 〈곤자고의 암살(The Murder of Gonzago)〉도, 그로 인해 입증된 클로디어스의 죄를 응징하고 제대로 된 '복수'를 하기 위해 '연극'이라는 형식의 '리허설'을 한다는 설정도 관객들에게는 흥미롭다. 모든 것이 '현실'이 아닌 '환상'이며, 클로디어스의 범죄 외에 그 어떤

'비극'도 아직 발생한 바가 없기 때문이다.

『햄릿』에 있어 대부분의 관객들이 가장 답답함을 느끼는 부분은 극 중 햄릿이 클로디어스가 아버지를 살해한 범인임을 확인하고도 참회의 기도를 하고 있는 클로디어스를 향해 칼을 찌르지 못하고 복수할 수 있는 '절호의 기회'를 그냥 놓쳐버린다는 점이다. 햄릿의 비극은 사실상 이 지점에서부터 출발한다. 어머니를 향해 비난을 퍼붓고 분노하던 그가 자신을 엿보던 '폴로니어스(Polonius)'를 충동적으로 찔러 죽이게 되는 비극도, 그로 인해 미쳐버린 '오필리아(Ophelia)'가 결국 물에 빠져 죽음에 이르게 되는 비극도, 아버지와 여동생을 죽음으로 몰아넣은 원수에게 복수하려는 '레어티즈(Laertes)'와의 검술시합이 독주와 독을 바른 검으로 인해 어머니 '거트루드(Gertrude)'와 레어티즈, 햄릿 자신의 죽음을 불러오는 비극도 모두 그가 '행동해야 할 순간에 행동하지 못함'에 연유한다. 그가 보여주는 '사고와 행동 사이의 간극'은 관객들에게는 '행동하지 못하는 햄릿'을 도대체 어떻게 이해해야 할지 의문을 남긴다. 연극 〈햄릿-디 액터〉는 바로 이 지점에서 셰익스피어의 원작 텍스트를 해체하고 다시 조합하여 재배열한다. 극은 정확히 〈곤자고의 암살〉이라고 불리는 〈쥐덫(The Mousetrap)〉이라는 극중극을 관람하던 클로디어스가 양심의 가책을 견디지 못해 뛰쳐나가고 그로 인해 화가 난 어머니가 햄릿을 방으로 부르기 직전, 바로 그 시점에 멈춰 있다. 아직 햄릿은 "죄악의 악취"가 하늘을 찌름에 괴로워하며 "형제를 죽인 카인(Cain)의 범죄"를 저지른 자신의 "비열한 살인죄에 대해 용서를 구할 수 없음"을 인식하고 있는 클로디어스의 참회의 기도를 목격하지 못했다.

극은 이성보다는 감성의 지배를 받아 결과에 대한 생각 없이 상대를 향해 칼날을 들이대는 충동의 순간에 '일시정지' 상태가 된 채 앞으로 일어날 경우의 수를 '미리보기'라도 하듯 원작 텍스트의 중요한 장면들을 오직 두 배우와 햄릿의 '연극 리허설(rehearsal)'의 형태로 선보인다. 때문에 사라와 캠벨, 햄릿은 각기 1인 다역(多役)을 소화해내며 "눈으로 보는 것이 아니라 마음으로 보는 환상"을 펼쳐 보인다. 사라는 말한다. "이런 때는 오히려 현실을 뛰어넘는 환상적인 연극을 보는 게 중요하죠. (…) 연극은 때때로 우리가 몰랐던 사실을 무대를 통해 드러냅니다." 햄릿은 대답한다. "세상에 드러나지 않는 더러운 죄악은 눈에 보이질 않으니 세상 사람들의 눈이 읽을 수 있도록 연극이 도울 책임이 있겠군. (…) 지금부터 우리는 한 편의 연극을 만들게 될 거야. 이 연극은 세상 사람들의 눈을 뜨게 해서 예쁘고 좋은 것뿐 아니라 끔찍하고 잔인한 것의 무게를 볼 수 있게 만들어줄 수 있어!"

사실 '복수'는 말처럼 쉽지 않다. 상대를 찌르는 일은 자신을 찌르는 일을 동반하게 마련이며, '나'를 희생하지 않고 '타인'만 해하는 일은 가능하지 않다. 현대적인 관점에서 보면 햄릿의 망설임과 주저는 상당히 현실적이다. 복수를 하자니 겁이 나고, 안 하자니 견딜 수 없는 복잡한 마음은 '사유'를 불러오고, '사유'는 '죽음'의 의미를 따지도록 만든다. 아버지가 돌아가신 지 두 달도 되지 않아 숙부와 재혼한 어머니 곁에서 아버지의 살해범으로 숙부를 의심하는 자의 '사유'란 더 복잡할 수 있다. "약한 자여, 그대의 이름은 여자라!"는 대사로 표출되는 어머니를 향한 분노는 사랑하던 여인 오필리아를 향해 "무슨 일이든 저지를 수 있는 게 인간이야. 인간을 낳아서 뭐 해? 수녀원으로 가! (…) 그럼에도 그대가 다른 사람과 결혼한다면 내가 저주를 퍼부어

주지!"라는 독설을 퍼붓는 여성 혐오로 번진다. 자신의 존재가 수치스럽고, 아버지를 향해 굽실거리던 대신들이 한순간 방향을 바꿔 숙부를 향하는 것이 허망하며, 한낱 '먼지'로 변한 육체가 구더기들의 '밥'이 되고 그 구더기를 먹고 자란 생선을 '양분'으로 생명을 이어나가는 '인간'이 혐오스럽다. 그의 혐오는 자신 역시 '인간'이라는 사실에 좌절하고, 주변의 모든 상황이 명백함에도 "죽은 뒤의 세상에 대한 불안과 미지의 세계에 대한 염려"로 인해 결심이 흔들리는 인간의 이성, 즉 '분별'을 비난한다. "사느냐, 죽느냐"의 문제는 "잠드는 것일 뿐"인 죽음이 그다음에 불러올 "악몽"을 두려워해 삶 속에서의 모든 횡포와 모욕, 고통을 참도록 만든다는 인식에 이른다. 이 때문에 그는 외친다. "이만하면 복수를 위해 이성과 정열이 터져 나와야 한다. 그런데 왜 아직 결심을 못 하고 이런 연극만 계속하고 있는 것인가? 내 마음아, 이제부터 잔인해져야 한다!"

복수, 그 근간에는 '정의'를 세우고픈 마음이, '진실'을 밝히고픈 간절함이 존재한다. 하지만 '정의'와 '진실'이 아닌 '죽음'이 목표가 되어 버린 복수는 더 많은 고통과 비극, 죽음을 불러온다. 결국 복수를 위한 햄릿의 행보가 불러오는 부수적인 피해는 오필리아를 강타한다. 3층 객석 높이까지 곧게 뻗은 가파른 계단에 거꾸로 매달린 채 물에 빠져 죽음에 이른 가련한 오필리아를 향해 쏟아져 내리는 아름다운 꽃잎들은 처절하고 아프다. 붉은 '피'를 상징하는 꽃잎은 복수의 소용돌이 속에서 각기 다른 욕망을 추구하며 행보를 이어가던 인물들, 즉 자신의 딸을 정치적 목적을 위해 상품처럼 거래하던 폴로니어스와 자신을 의심하는 햄릿의 '광기'의 진상을 밝히려던 클로디어스에 의해 '희생된 제물'인 오필리어를 강조한다. "제발 그만해! 내가 원한 건 이런 이야기가 아니야!"라고 외치며, 고통스러워하는 햄릿에게 사라가 말한다. "어떤 이야기를 원하십니까? 한 번에 복수하는 연극? 신이 하듯 완벽하게 왕을 암살하는 연극? 당신이 원하는 연극은 도대체 어떤 연극입니까? 비극은 우리의 의지대로 흐르지 않는 운명의 다른 이름입니다."

결국 "더러운 음모의 끝은 지옥이란 교훈을 남겨야 하는 비극"을 연기하는 배우인 햄릿은 과거가 현재를 설명하고 현재가 미래를 결정하는 삶의 논리에 맞춰 자신의 생각과는 전혀 다른 방향으로 향하는 '복수의 리허설'의 마지막 발길을 내디딘다. 혼자서 레어티즈와의 결투 장면을 연기하겠다는 햄릿은 말한다. "연극만큼 잔인한 것이 또 있을까? 우리가 만든 연극이지만 한번 시작되면 우리의 의지를 배신하고 현실보다 더 잔인하게 흐른다. 연극이 '환상'이기 때문이다." 환상은 현실이 아니기에 '안도'를 줄지는 몰라도 '개연성'이라는 논리적 흐름 앞에서 연극은 '삶'과 다르지 않다. 그는 '아버지의 죽음에 대한 복수'라는 측면에서 같은 선상에 있는 레어티즈와 햄릿을 둘 다 연기한다. 서로가 서로를 향해 겨누는 칼은 결국 자신을 향해 겨눈 '죽음'이 된다. 사이먼 크리츨리(Simon Critchley)와 제이미슨 웹스터(Jamieson Webster)는 『햄릿』은 카메라의 암상자가 거꾸로 맺힌 상을 통해 세상의 진짜 모습을 구현하듯 "최악의 상태의 인간"이라는 '환상'을 보여줌으로써 '현실'을 구원한다고 말한다. '연극'이라는 환상은 우리가 "산만하고 혼란한 세상 속"에서 불편한 진실들과 마주하고 자신을 구원할 수 있는 '기회'를 얻도록 만든다. 결국 "환상은 행위를 이끌어내기 위한 수단"으로 작용하게 되는 것이다.

'복수의 리허설'을 마친 햄릿은 현실 속에서 어떤 선택을 했을까? 참회하며 기도하던 숙부를 향해 복수의 칼날을 뽑아 들었을까? 아니면 폴로니어스와 오필리아, 레어티즈를 구원하고 어머니를 되돌릴 수 있는 다른 방법을 간구했을까? 우리의 삶 속에도 '복수'하고픈 순간이 찾아온다면 과연 우리는 어떤 선택을 하게 될까? 햄릿의 말처럼, 비극의 교훈은 하나이다. "음모의 끝은 지옥일 뿐", 삶에는 "나사가 풀어져 엉망진창인 세상"에 여전히 정의의 필요성이 살아 있음을 알리는 '연극'이라는 '환상'이 필요하다. '연극'은 삶을 위한 '리허설'이다.

* 본 글은 2018.06.22.~2018.07.15. 예술의전당 자유소극장에서 연극 〈햄릿-디 액터(HAMLET-The Actor)〉를 관람한 후 작성된 칼럼입니다.

표류하는 삶에
갇혀버린 사람들

연극 〈외로운 사람, 힘든 사람, 슬픈 사람〉

삶에 지칠 때면 때로 나를 지탱하던 모든 끈을 놓아버리고 싶은 순간이 있다. 나를 태우고 있던 배가 어디를 향해 가는지 알 수 없게 되어버린 끝에 허공만 바라보며 그 어떤 움직임도 취할 수 없는 때가 있다. 움직여야 하는데, 무언가 해야만 하는데, 정확히 내가 어디에 서 있는 것인지를 알 수 없어서 망연자실 앉아 한탄만 한다. 분명 무언가를 향해 미친 듯이 달려왔는데, 이만큼 애썼으면 적어도 어딘가에 도달했어야만 하는데, 현실은 기대와 다르고 내가 꿈꾸었던 삶은 어디로 갔는지 아득하기만 하다. 도대체 무엇을 위해 그토록 열심히 내달렸던 것일까?

빠른 속도로 변화하는 21세기를 살아가는 사람이라면 누구나 그 엄청난 속도에 발맞추기 힘든 버거움을 느껴본 적이 있을 것이다. 걸음을 재촉하다 보면 얼굴이 붉어지고 숨이 점점 가빠진다. 잠시 멈춰 숨이라도 몰아쉬려면 어느새 나를 제치고 들어서는 다른 사람이 보인다. 숨을 고를 틈 같은 건 없다. 방심은 금물이다. 이러한 속도 전쟁의 시대에 변화하기를 거부한다는 것은 어쩜 망부석(望夫石)이 되겠다는 의미인지도 모른다. 변화하지 않는 가치, 불변의 진리, 전통과 보존과 같은 것들이 이처럼 빨리 달리는 세상에 가당키나 할까?

과거 한때 시대의 흐름을 읽어내고 새로운 지평을 열어주는 인문사회과학 잡지로 좋은 평가를 받으며 많은 독자들의 사랑을 받았던 《시대비평》은 어느새 낡은 가치로 전락해버리고, 직원들은 시대에 발맞춰 변화하지 못한 채 외롭고 허망한 방황만을 계속하고 있다. 2018년 윤성호 작가가 새롭게 선보인 연극 〈외로운 사람, 힘든 사람, 슬픈 사람〉의 대략적인 줄거리이다. 러시아의 극작가 안톤 체홉(Anton Chekhov)의 4대 희곡 중 하나인 『바냐 아저씨』를 원작으로 하는 연극 〈외로운 사람, 힘든 사람, 슬픈 사람〉은 두산아트센터의 창작지원 프로그램인 DAC Artist로 선정된 윤성호가 2013년 한국예술종합학교 연극원 전문사 졸업공연으로 올렸던 작품을 보다 발전시킨 작품이다. 프로그램북 인터뷰에서 윤성호는 2013년 〈여기, 바냐〉로 공연된 작품이 "삶과 현실의 괴리로 인해 인생의 좌표를 잃어버린 사람들에 중심을 둔 것"이었다면, 2018년 〈외로운 사람, 힘든 사람, 슬픈 사람〉에서는 "시대에 뒤처지는 사람 혹은 시대의 좌표 위에서 표류하는 사람들의 다양한 모습과 관계를 보여주고자 했다"고 말했다. 이 때문에 작품은 원작인 체홉의 『바냐 아저씨』와는 다르게 부조리극의 느낌이 강해진 듯 보인다. 줄거리와 인물은 『바냐 아저씨』의 많은 부분을 따르고 있지만 결말은 사무엘 베케트(Samuel Beckett)의 〈고도를 기다리며(Waiting for Godot)〉를 연상케 한다.

20년이란 세월을 《시대비평》을 만드는 일에 골몰해 정신없이 앞만 보고 달려온 팀장 '김남건'은 어느 날 새로 부임한 광고계 출신의 편집장 '서상원'으로 인해 자신의 삶을 되돌아보게 된다. 분명 시대를 이끌어가는 담론과 사상을 잡지에 담으며 더 많은 사람과 소통하고 세상의 변화를 위해 노력해왔다고 생각했지만 이제 독자들은 더 이상 《시대비평》을 찾지 않는다. 일일이 전화를 걸어 정기구독을 구걸해야 하는 상황에 놓인 현실은 모든 것을 허망하게 만든다. 견고한 성이 될 거라고 생각했던 그의 삶은 한 번의 파도에노 쉽게 무너져 내리는 모래성처럼 흔적도 없이 사라질 위기에 처해 있다. 변화의 필요성을 강조하며 젊은 그래픽 디자이너 '팽지인'을 데리고 들어와 표지 디자인을 바꾼다거나 홈페이지 리뉴얼을 시도하는 편집장 상원은 남건의 불편한 심사를 더욱 자극한다. 남건은 젊고 예쁜 지인이 왜 늙은 편집장과 함께 지내는지 이해할 수 없다면서 불만을 토로하고 지인을 향해 자신의 마음을 끊임없이 표출한다. 지인의 인스타그램(Instagram)에 온통 '좋아요'를 도배해놓는다거나 무작정 자신과 만나줄 것을 애걸복걸하는 남건은 매몰차게 그를 거절하는 지인을 향해 이렇게 말한다. "당신이 안타까워요. 당신 인생 좀 먹히고 있다고. 편집장 때문에. 그런 생각 안 해봤어요?" 지인이 말한다. "그걸 어떻게 알죠? 편집장님이 나 때문에 소모되고 있는 건지도 모르죠. 멋대로 보고 싶은 대로 보지 않으셨으면 좋겠네요. 저는요, 제가 선택한 대로 살고 있으니까요."

남건은 사람들이 모두 '겁쟁이'라고 생각한다. 모두 끔찍하게 외롭고, 슬프고, 아프면서도 속내를 감추고 괜찮은 척, 만족한 척 살아가고 있기 때문이다. 남건은 적어도 '신념'이라 믿으며 살아왔던 모든 것이 사라지고 공허만 남은 절망 속에서 "저편 가로등 밑에 서 있는 누군가"를 갈구하며 위로해달라고 애원할 수 있는 '솔직함'은 갖춘 사람이라고 스스로를 생각한다. 하지만 그가 '새로운 인연'이기를 기대하며 "치열하게 만나고 부딪치고 토해내기"를 바라는 상대는 이미 '편안함'을 선택한 사람이다. 지인은 사람들이 왜 '진짜'를 찾기 위해 애쓰며 '눈에 보이는 모습'을 그대로 받아들이지 않는지 의아해한다. '하고 싶은 일'보다 자신이 '잘할 수 있는 일'이 더 중요하고, '가짜'든 '진짜'든 '편안함'을 제공하는 것이라면, 가능한 안정적으로 흘러갈 수 있는 방향으로 자신의 삶을 내맡길 뿐 어딘가에 정착할 생각도, 무언가를 불태울 생각도 없는 지인은 "세상이 망해가는 건 강도나 화재 같은 것 때문이 아니라 질투나 이기심, 적대감과 같은 하찮은 일 때문"이라고 말한다. 그녀는 남건이 왜 자신에게 '진짜'라고 말하는지, 왜 자신에게 '위로'를 갈구하는지 도통 이해할 수가 없다. 하지만 "환상을 걷어내고 나니까 숫자만 남는다는 사실"을 이미 깨달은 지인에게 과학철학자인 '박용우'가 남긴 "엄청난 확률 위에 있는 사람들"이란 말은 파문을 남긴다.

남건의 대학동창이자 《시대비평》의 언저리를 돌며 잡지사를 드나드는 용우 역시 삶의 회의 속에 빠져 있다. 어린 시절 아버지와 밤낚시를 갔던 기억 속에 밤하늘의 별들을 바라보며 '세상에 어떤 비밀이 숨어 있을까'를 궁금히 여겼던 용우는 30대의 뒤늦은 나이에 '과학철학'으로 전공을 바꿔 공부를 시작했다. 하지만 온통 우연과 확률로 점철된 세상에 과거와 현재의 모든 현상을 물리학 법칙으로 설명할 수 있다고 믿는 '라플라스의 악마(Laplace's demon)'[6]와 같은 것은 없음을 알고 있는 용우는 자신이 "진짜를 찾으러 갔다가 가짜가 되어버린 속물"과 다름없다고 생각한다. 그는 이미 죽어버린 다른 사람들 말이나 지루하게 되풀이하면서 지방 곳곳을 돌아다니는 시간강사로 나이만 먹어버린 자신의 삶이 '가짜'임을 발견하는 데 40년이란 세월이 걸렸다는 사실이 허망하지만 그 상황에서 벗어나기 위한 어떤 액션도 취하지 않는다. 그는 '불행하지 않다'고 주장하는 지인 역시 자신과 똑같은 '가짜'임을 주장하며 이렇게 말한다. "뛰어들어 봐요. 착한 척, 만족한 척 굴지 말라고요. 만족한 척하면 편하죠. (…) 물어보지도 않고 지레 행복하다고 생각하는 거, 언제쯤 넘출 수 있을까요?"

사실 용우의 말 속에는 삶의 날카로운 진실들이 상당 부분 담겨 있다. 세상일을 완벽하게 설명할 수 있는 방법이란 없다든가, 관점에 따라 자신의 기억과 감각의 한계 안에서만 사물을 인식할 수 있다든가, 엄청난 우연의 확률 속에서 탄생한 게 우리의 인생이라는 점을 상기한다면, 보다 열정적으로 자신을 불태우며 살아야 한다는 그의 철학들은 분명 세상의 이치를 설명한다. 하지만 그는 인턴부터 시작해 입사 3년 차가 된 '장샘이'가 바라보듯 "올곧게 서 있는 좋은 어른"이 되기에는 턱없이 부족한 사람이다. 물론 샘이가 지적하듯 현실을 냉철하게 바라보고 분명하게 해석하면서도 사람에 대한 따뜻함을 품고 있는 용우가 과거의 삶 속에 있었을지도 모른다. 하지만 용우 스스로가 인정하듯 샘이는 그의 진짜 속 모습을 보지 못한다. 샘이가 남몰래 용우에 대한 마음을 키워왔기 때문이기도 하지만 그가 자신이 알고

---

6 과학용어 사전에 따르면, 프랑스의 수학자 피에르 시몽 라플라스(Pierre-Simon Laplace)가 1814년 고안한 가설에 등장하는 '상상의 존재'를 말한다. "우주에 있는 모든 원자의 정확한 위치와 운동량을 알고 있는 존재가 있다면, 이것은 뉴턴(Isaac Newton)의 운동 법칙을 이용해, 과거와 현재의 모든 현상을 설명하고, 미래까지 예언할 수 있을 것이다"라는 가설 속의 존재를 후대의 작가들이 '악마'로 이름 붙인 것이라고 한다.

있는 진실들을 실제로 삶에 실천하지 않는 '허상'이기 때문이기도 하다. 용우 역시 남건과 마찬가지로 매일 자신의 삶이 끝나가고 있음에 절망하고 구원을 찾으면서도 어떤 적극적인 액션을 취하지는 않는다.

오히려 세상을 제대로 읽고 변화와 개선의 가능성을 탐색할 수 있는 인물은 팀장 남건의 열정에 반해 《시대비평》에 들어오게 된 '샘이'이다. 샘이는 《시대비평》이 확실한 무언가를 제시하던 예전과 다르게 이제는 정해진 답이 아닌 현재에 할 수 있는 것들을 확보해 함께 고민해나가는 것이 더 중요하다는 사실을 인지한다. 그녀는 "속과 겉이 똑같은" 유일한 인물이며 누군가는 지켜내야 할 《시대비평》을 현실적으로 지켜낼 수 있는 '올곧은' 사람이다. 그녀는 오히려 모든 것이 불확실해 정답을 찾을 수 없는 지금이 《시대비평》이 어떤 역할을 할 수 있는 시기임을 인식하고 있으며, 자신들이 사람들을 대신해서 싸워주는 것이 아니라 무언가를 바꾸기 위해 싸우고 있는 사람들의 "쓸데없는 싸움"을 쫓고 반영해야 할 필요성을 주장한다. 이 때문에 결국 출판사의 지원을 받을 수 없게 되어 대중문화 잡지인 《컬처 블랜딩》과 통폐합한다는 소식을 듣게 된 남건이 자신의 지나간 삶을 한탄하고 사표를 던지는 순간 샘이의 실망은 극에 달한다. "애초에 내가 여기 들어온 게 잘못이었어. 뭐 좋은 꼴을 보겠다고. 차라리 몰랐으면 좋았을걸"이라고 말하는 남건에게 샘이가 묻는다. "그거 쓰는 데 그렇게 오래 걸린 거야? 정말 시시하다. 비겁하게. 《시대비평》은 팀장님이 아니에요. 그동안 시대를 생각한 게 아니라 팀장님 자신만 생각했던 거예요?"

핵심은 거기에 있다. 무언가를 확신하고 믿고 달려왔다고 생각하며 자신의 삶은 의미가 있다고, 자신은 훌륭한 무언가를 성취했다고 인정하는 일에 무엇이 필요한 것일까? 휴간 혹은 폐간을 앞둔 《시대비평》이 아니라 승승장구하는 《시대비평》이었다면 남건을 비롯한 인물들의 삶은 성공한 삶이 되는 것일까? 손가락 사이로 스르륵 빠져나가는 시간의 흐름 속에 뒤처지지 않는다는 것은 무엇을 필요로 하는 것일까? 어쩌면 내가 믿는 무언가를 향해 옆도 뒤도 돌아보지 않고 무작정 앞으로만 달렸던 것이 모든 문제의 원인은 아니었을까? 그 무엇에도 흔들리지 않고 오롯이 서서 진정한 '어른'으로 삶을 긍정하고 세상을 바꾸기 위한 노력을 멈추지 않는다는 것이 가능할까?

폴란드의 사회학자 지그문트 바우만(Zygmunt Bauman)은 『사회학의 쓸모』에서 '유동하는 현대사회' 속에서 오히려 사회학이 "자유의 과학이자 테크놀로지로 선회할 수 있는 기회를 맞이하고 있음"을 인식해야 한다고 말한다. 그는 사회학이 "평범한 사람들의 일상적 경험과의 지속적인 대화에 관여"해야 할 필요성을 주장하며 "익숙한 것은 낯설게 하고, 낯선 것은 익숙한 것으로 만들어 적응토록 해야 함"을 강조한다. 사회학자 노명우는 『사회학의 쓸모』의 '역자 후기'를 통해 "사회학의 쓸모를 묻는 일은, 과거의 잃어버린 꿈을 기억해내되 앞으로 우리가 어떤 사회학을 기대하는가, 어떤 사회학이 살아남아야 하는가에 관한 미래를 묻는 질문이다"라고 말한다. 어쩌면 인문과학잡지 《시대비평》에게도, 어느 순간 너무나 도태되어 갈 곳이 없어졌다고 생각되는 삶에 대해서도, 우리는 같은 질문을 던져야 하지 않을까? 우리의 지난 삶의 쓸모는 묻는 일은 과거를 기억해내되 앞으로 우리가 어떤 '삶'을 기대하는가, 어떤 '삶'으로 남고 싶은가에 대한 '미래'를 묻는 일이 되어야 할 것이다. 더 이상 견고하지 않은, 끊임없이 움직이는

'유동하는 현대사회' 속에서 우리의 자리를 마련하기 위해서는 '익숙한 것을 낯설게 보고, 낯선 것에 적응하는 노력'이 곧 '세상과의 지속적인 대화'라 말할 수 있을 테니까 말이다. 시대의 흐름에 발맞추지 못하는 삶, 지나온 삶에 대한 후회, 그리고 내가 믿어온 것에 대한 신념이 흔들릴 때 우리는 무엇에 기대어야 할까?

* 본 글은 2018.10.05~2018.10.27 두산아트센터 Space111에서 공연된 연극 <외로운 사람, 힘든 사람, 슬픈 사람>을 관람한 후 작성된 칼럼입니다.

'비움의 철학'이 되어버린 현대적 의미의 '착함'

🎭 창극 〈흥보씨〉

  머리에는 가시 면류관을 쓰고 가부좌를 틀고 앉아 한 손에는 여의주와 같이 빛나는 '박'을 들고 눈을 감은 채 '함박웃음'을 짓고 있는 '흥보'를 상상해본 적이 있는가? '유대인의 왕'이라 칭송받는 예수를 조롱하기 위해 로마 병사들이 씌워주었던 '가시 면류관'은 예수가 골고다 언덕에서 다른 모든 이의 죄를 대신 짊어지기 위해 십자가에 못 박힌 '고행과 수난'을 상징하고, 행복해 보이는 '흥보'가 가부좌를 틀고 앉아 있는 '연꽃'은 '장엄한 신비의 세계'와 '깨달음의 높은 경지'를 상징하며, 그의 손에 들려 있는 빛나는 '여의주'는 악을 제거하고 혼탁한 물을 맑게 하고자 하는 흥보의 '소망'을 상징한다.

  2018년 여름, 국립창극단은 매우 새로운 스타일의 창극 〈흥보씨〉를 홍보하기 위한 포스터 사진에 이러한 '흥보'의 모습을 담아냈다. 국립창극단의 2017-2018 레퍼토리 시즌의 마지막 작품인 창극 〈흥보씨〉는 판소리 다섯 마당 중 하나인 '흥보가'를 원작으로 고선웅 연출이 새롭게 각색한 창극이다. "고전 작품의 현대화"를 성공적으로 이루어냈다고 평가받은 창극 〈흥보씨〉는 이미 2017년 4월, 국립극장 달오름

극장에서 초연되어 기상천외한 상상력과 현대적 음악의 조합으로 관객들에게 재미와 놀라움을 선사했다는 호평을 받은 바 있다. 하지만 2막의 개연성이 부족하다는 지적을 받아들인 고선웅 연출은 이번 공연에서 '선한 사람으로 살아가는 것은 무엇인가'라는 원작의 주제를 보다 명확하게 살릴 수 있는 수정대본을 통해 보다 업그레이드된 공연을 선보였다. 「연출의 글」에서 고선웅은 "착하다는 것이 마냥 미덕은 아닌 것처럼 느껴지는 시대, 하지만 못된 사람들의 잘못도 결국은 다 드러나는 시대"임을 지적하며, "하나를 선택해야 한다면 당연히 선한 게 맞습니다. 남들이 알아주고 말고는 일없지요. 선업을 쌓다 보면 나중에는 아무래도 좋은 일이 있지 않을까요? (…) 그다음은 그다음에 생겨날 테지요"라고 말했다.

'착함'이란 무엇일까? 국어사전에 따르면, '착하다'의 사전적 의미는 '언행이나 마음씨가 곱고 바르며 상냥하다'이다. 하지만 '곱고, 바르고, 상냥하다'는 것들은 모두 주관적인 해석에 따라 달라질 수 있는 '느낌'의 단어들이다. 임마누엘 칸트는 모든 인간의 마음에는 '선함'을 실행하려는 '도덕적 원칙'이 존재한다고 말했다. 자연적 경향인 탐욕과 욕망, 이기심을 극복하고 '자유의지'를 통해 자신이 옳다고 믿는 도덕적 행동을 하려는 경향, 즉 '선의지'가 인간에게 내재해 있다는 것이다. 문제는 이성의 명령에 따라 스스로 세워야 하는 도덕적 원칙의 보편성, 바로 거기에 존재한다. 칸트의 도덕법칙은 무조건적인 것이지만, 개인의 자유가 강조되고 다양성이 추구되며 훨씬 더 복잡하게 변화한 21세기에 '착함'의 기준이 하나일 리 없다. 시대의 흐름 속에 중요한 가치가 달라지듯 '착함'의 의미 또한 변화한다.

현재의 사회는 '착함'을 예전만큼 강조하지 않는다. 흔히 '착한 것이 덕이 되지 않는 시대'라고 말한다. 착한 것이 '어리석음'과 동일시되고, 함부로 배제해도 되는 '무시'로 연결되며, 그 모든 것을 인내하는 '착함'을 보여주지 않으면 이내 착함의 탈을 쓴 '위선자'로 읽히는 세상이 되어버렸기 때문이다. 어떤 측면에서 '착함'은 학습된 '감정'이라 할 수 있다. 우리가 착하다고 느껴야 할, 선하다고 간주해야 할 원칙들이 정해지면, 우리는 그러한 원칙을 고수하는 사람들을 향해 '착함'을 느낀다. 그렇다면 현재 우리는 어떤 원칙을 고수하는 사람들을 향해 '착하다'고 느끼는 것일까?

고전 소설 『흥부전』에는 욕심 많은 형 '놀부'와 가난하지만 착한 동생 '흥부'가 있다. 구렁이에게 잡아먹힐 뻔한 제비를 구해주고 다리까지 고쳐준 '착함'은 '금은보화(金銀寶貨)'라는 '복'을 받고, 그러한 흥부를 시샘하여 일부러 제비의 다리를 부러뜨리고 고쳐준 놀부의 '욕심'은 '알거지'가 되는 '벌'을 받는다. 『흥부전』은 '권선징악(勸善懲惡)'의 교훈을 통해 탐욕의 위험성과 형제간 우애의 중요성, 남을 돕는 따뜻한 마음의 필요성을 강조하지만 동시에 가난에도 불구하고 아이를 29명이나 낳은 흥부의 무책임함과 무능함을 희화화한다. 또한, 욕심 많고 이기적인 놀부지만 경제관념이 투철하고, 거지들만 나오는 '흥박'임에도 끝까지 포기하지 않는 근성이 있음을 긍정한다.

연출가 고선웅은 흥보의 '착함'이 단지 제비의 다리를 고쳐주는 것으로만 입증되고, 그에 대한 보상이 금전적인 가치로만 이루어진다는 데 의문을 품고 '착한 흥보라서 대박 난다'라는 점을 '돈과 제물 말고 다른 그 무엇을 얻는다'로 바꾸어 전혀 새로운 각색의 〈흥보씨〉를 탄생시켰다. 그는 21세기를 살아가는 관객들에게 흥보는 더 이상 '착함'이라는 미덕의 대가로 부귀영화를 손에 넣은 권선징악의 주인공이 아니라 속세를 떠나 모든 탐욕과 욕망으로부터 자유로워진 '비움의 철학'을 깨우친 '비범한 사람'이라는 새로운 시선을 선보였다.

오랫동안 자식을 얻지 못해 근심하던 '연생원'은 친척 집 문상(問喪)을 다녀오는 길에 찔레 덩굴 밑에 버려진 아이를 발견하고, "연씨 가문 흥하라고 흥보"라 이름 지어 양자로 삼는다. 한편, 남편이 출타한 틈을 타 동네 건달과 정을 통한 황 씨는 "놀랄 놀, 놀보"라는 아이를 낳는다. 천성이 착한 흥보가 모든 칭찬을 독차지하는 것에 "모과나무 뒤틀리듯" 심사가 뒤틀려 온갖 못된 짓을 하며 자란 놀보는 스무 살이 되던 해에 흥보에게 거래를 청한다. "한 이십 년 내가 잘 모셨으니 인제 형님도 나랑 처지를 바꿔야 맞지요." 연생원은 이러한 사실을 모르는 채 재산을 모두 장남에게 상속하고, 흥보에게는 "심성이 모자란 놀보를 끝까지 잘 돌볼 것"을, 부인 황 씨에게는 절대 "찔레 덩굴 일을 발설하지 말 것"을 귓속말 유언으로 남긴다. "형제간의 우애를 지킬 것"을 당부하는 아버지 연생원을 향해 놀보가 볼멘소리로 말한다. "저는 왜 가까이 안 부르시고 다 듣게 부르십니까? 아버지는 항상 그랬어요. 형제간의 우애는 절대로 안 지키겠습니다!"

놀보의 못된 심보는 한 살 터울 형과 늘 비교당하며 아버지에게 사랑받지 못한 자식의 분노와 비뚤어짐에 기인한다. 장남의 권한을 넘겨받은 놀보는 그간의 억울함에 대해 분풀이라도 하듯 흥보를 구박하기 시작한다. 재산에 관심이 없는 흥보는 돌아가신 아버지의 삼년상을 치르기 위해 무덤가에 움막을 짓는다. 그러던 중 아이를 낳지 못해 소박을 맞고 목을 매 자살하려던 '정 씨'는 자신을 만류하고, 호랑이를 물리쳐준 흥보와 부부의 인연을 맺게 된다. 흥보는 정 씨와 함께 산을 내려오는 길에 물난리와 전쟁통에 버려진 많은 사람들을 만나게 되고 그들을 모두 가족으로 삼는다. 그의 가족은 핏줄로 연결된 것이 아니라 불운한 태생과 빈곤한 환경, 고단한 삶으로 인해 고통받아온 '소외층'이라는 공통점으로 연결되어 있다. 하지만 모두를 품으려던 흥보의 바람은 치매에 걸린 황 씨가 흥보의 '출생의 비밀'을 놀보에게 알리는 순간 무산되고 만다. 놀보는 그간 열등감을 안겨준 흥보가 자신의 친형이 아니란 사실을 알게 되자 먹고 입는 데 들어간 모든 비용에 이자까지 쳐서 받아야 한다며 흥분한다. 흥보는 가족들을 부양하고자 머슴이라도 살게 해달라고 놀보에게 사정하여 가까스로 외양간에 기거하게 되지만 굶주림과 노동으로 허리가 휠 지경이다.

농번기가 지나 엄동설한에 쫓겨나며 매질을 당하고도 피 한 방울 섞이지 않은 동생 놀보를 걱정하는 흥보를 향해 관객들은 '안타까움'보다는 '답답함'을 느낀다. 흥보의 자식들은 마치 관객들의 마음을 대변이라도 하듯 이렇게 말한다. "알다가도 모를 우리 흥보씨! 쫓겨나며 쫓는 사람 걱정이라. 세상 사람들, 그 속 좀 들여다보소!" 융통성이 없는 착함, 무조건적인 양보, 그의 '착함'에는 분명 이해할 수 없는 측면이 존재한다. 칸트에 따르면, '선함'을 향한 마음과 그 '선함'을 실현하려는 의지는 결과 때문이 아니라 의도와 동기 때문에 선하다 말할 수 있다. 옳은 행위라 여겨지는 것을 마땅히 지키기 위해 모든 노력을 다하며 '의무'로 받아들이고 "네 의지의 준칙이 언제나 동시에 보편적 입법의 원리가 될 수 있도록 행하라"는 '정언명령(categorical imperative)'을 따르는 것은 인간이 동물이 아니라 '인간'임을 밝히기 위함이다.

흥보는 다분히 '칸트적인 인간'이다. 타인을 돕는 것이 자신에게 이익이 되어서가 아니라 옳다고 생각하는 원칙을 지키기 위해 무조건적으로 움직이기 때문이다. 그는 "머리 위에 별이 빛나는 하늘과 내 마음속의 도덕 법칙"이라는 칸트의 묘비명을 그대로 따르기라도 하듯 "형제간의 우애를 지키라"는 아버지의 말씀을 고집스럽게 지킨다. 문제는 그의 '정언명령'이 놀보와 같이 제멋대로인 동생을 향해 지켜져야 할 필요가 있는지에 대해 관객들이 고민하게 된다는 사실이다. 자신의 탐욕을 따르는 것 외엔 그 어떤 것에도 관심이 없는 놀보를 단지 형제라는 이유만으로, 아니 같은 인간이라는 이유만으로 끝까지 감싸고 자신을 희생하는 '착함'이라니, 이 시대에 그런 '착함'이 가당키나 할까?

원칙을 지키는 착함보다는 착하다고 받아들여지는 가치가 정말 그럴 만한 가치가 있는 것인가의 문제가 더 중요하지 않을까? 어쩌면 현대는 착함보다는 '배려'가, 선함보다는 '옳음'이 더 필요한 시대인지도 모른다. 고선웅은 흥보의 '착함'의 가치를 전혀 다른 곳에 가져다 놓는다. 이 때문에 〈흥보씨〉에는 기상천외한 설정들이 가득하다. 화성과 금성을 오고가는 외계인 '걸승'은 배고픔에 차라리 죽겠다는 흥보의 자식들 앞에 나타나 "욕심을 버리면 먹지 않고 살 수 있다"고 설파하고, 보리수나무 아래 자리 잡은 흥보는 '비움의 철학'을 실천하기 위해 굶주림의 수련을 선택한다. 제비는 대감님들의 본처들을 상대하는 강남 클럽의 춤꾼으로 설정되며, 그가 물어다 준 '박씨'는 속을 파내 나물을 무쳐 먹으면 탐욕의 마음을 비워주고 '비움의 경지'에 도달하도록 만드는 '화평(和平)'의 씨앗이 된다. '성인(聖人)'의 경지에 이른 흥보는 갑질을 일삼다 관아에 끌려갈 신세가 된 놀부의 곤장을 대신 맞아달라는 부탁을 "앉아서 천 리"로 내다보고, "골로 가는 언덕"임을 알면서도 기꺼이 '십자가'를 대신 짊어지고 형틀에 묶인다. 어이없이 전개되는 〈흥보씨〉의 이야기는 주리를 틀고 곤장을 쳐도 이실직고를 하지 않는 두 형제 앞에 '관찰사(觀察使)'가 등장해 '독박'을 제공한 후 결말로 이어진다. 거짓말을 한 사람은 석 달 열흘 동안 설사를 하게 된다는 '독박죽'을 먹은 놀보는 '칙간'을 보내 달라며 데굴데굴 구른 다음 날 완전히 다른 사람이 되어 나타난다. "속이 텅 빈 후에야 진실을 깨닫게 된다"는 독박의 효험이었을까? 놀보는 말한다. "문득 그 생각이 들었지요. 모두가 합심하여 나를 벌주는구나. 달게 받아야지. 비우니까 속이 편쿠나!" 모든 장남의 권한을 흥보에게 되돌려주고, 우애를 확인한 두 형제는 마을 사람들과 함께 외친다.

"비워내고 게워낸 마음, 없을 무(無), 무심이야. 그때서야 속 빈 속에 본마음이 들어차네. 비워야 하리 텅텅! 그때서야 울리리, 텅텅!"

어쩌면 놀보가 비워낸 것은 탐욕이 아니라 '분노'와 '이기심'이라는 감정이었는지도 모른다. 타인을 향해 따스함을 보일 수 없는 이유는 자신을 가득 채우고 있는 비뚤어진 분노, 과욕을 불태울수록 허해지는 빈곤한 마음, 그것 때문인지도 모른다. '착함'보다는 '이기심'이 필요한 시대, 무조건적인 '희생'을 찾아보기란 매우 힘든 시대, '비움의 철학'이란 가치가 마음에 쉽게 다가오지 않을 뿐 아니라 점점 더 마음이 각박해져 웃음 대신 분노가 들어차는 시대, 그 속에서 "비워야 하리, 텅텅!"이라는 가치가 모든 이의 마음에 '착함의 원칙'으로 받아들여지는 날이 온다면, 세상은 훨씬 여유롭고 편안한 곳이 될까? 현재 우리에게 '착함'이란 도대체 어떤 것을 의미하는 것일까? 이 시대의 진정한 '착함'은 정녕 종교적 경지에 이르는 '비움'이 있어야만 가능한 것일까? 문득 궁금해진다. 이 시대의 '착함'이란 도대체 무엇일까?

* 본 글은 2018.07.13.~2018.07.22 명동예술극장에서 국립창극단의 창극 〈흥보씨〉를 관람한 후 작성된 칼럼입니다.

예술의 필요성을 반증하는 '매우 이상한 공연'

윌리엄 셰익스피어의 『햄릿』의 원제는 '덴마크의 왕자, 햄릿의 비극 (The Tragedy of Hamlet, Prince of Denmark)'이다. 햄릿은 이미 한 나라의 왕위를 이어야 할 '왕자'라는 신분을 갖춘 상류층 인물이며, 아리스토 텔레스가 『시학』에서 정의한 바대로 관객들로 하여금 연민과 공포를 느끼게 할 만한 카타르시스를 품고 있는 '비극'의 주인공이다. 그런데 "끊임없이 자신의 쓸모를 증명해야만 살아남을 수 있다"는 대한민국 예술계에 종사하는 '배우'의 어려움을 드러내는 데 있어 『햄릿』이라는 작품을 선택한 이유는 도대체 무엇일까? 그것도 일반적으로 관객들 이 떠올리는 진중하고 고뇌에 찬 고통 속의 인물 '햄릿'이 아니라 "가 장 쓸잘데기 없는 공연"을 만들기 위해 80분이라는 시간을 고군분투 하는 '배우'를 햄릿이라 지칭한 이유는 무엇일까?

2018년 극단 '즉각반응 프로젝트 내친김에'와 두산아트센터가 공동 으로 기획한 연극 〈임영준 햄릿〉이 무대에 올랐다. 2017년 '사계절 연 극제-여름'을 통해 처음 관객들에게 소개되었고 서울문화재단의 '최 초예술지원작'으로 선정된 연극 〈임영준 햄릿〉은 연출가 김정과 하수

민의 공동연출 아래 조연출 박정호와 배우 임영준이 열연하는 총 4명의 제작진으로 구현된 작품이다. "너희는 니들이 하고 싶은 일 하면서 사는데 왜 우리가 낸 세금으로 너희를 먹여 살려야 하니?"라는 질문에 대한 답으로 "내게 예술 따위는 사치다!"라며 차라리 "예술이란 아무짝에도 쓸모없다"는 것을 증명해 보이겠다는 제작진은 '예술의 쓸모없음'을 증명하는 것만이 대한민국 예술계에서 살아남을 수 있는 유일한 방법이라고 생각한 모양이다. 그들은 '죽느냐 사느냐'가 아니라 "살아남느냐 사라지느냐"를 고민하며 연극계에 종사하는 '배우'로 살아남기 위해 〈햄릿〉이라는 엄청난 이름의 연극을 "뮤지컬, 신체극, 희극, 비극, 마임, 현대무용, 한국무용, 무속신앙, 힙합, 구걸, 먹방, 팬미팅" 등의 방법을 통해 '매우 이상한 공연'으로 만드는 선택을 했다. 만약 그들의 의도가 '충격을 통한 관객들의 질문'을 겨냥한 것이라면 어느 정도 성공한 것으로 보인다. 공연을 보고 난 관객이라면 누구나 '대한민국에서 배우로 사는 것이 그렇게 힘든가?'라는 질문이나 '예술이 정말 그렇게 쓸데없나?'라는 질문을 던지게 될 테니 말이다.

연극을 의미하는 '드라마(drama)'란 단어는 "행위를 재현한다"는 의미의 동사 'act'를 품고 있다. 배우는 몸으로 '실연'(實演)하여 인물의 삶을 관객들에게 보여주고, 대사와 몸짓, 분위기를 통해 이야기 속 인물의 성격과 행동, 생각, 그리고 의도들을 드러낸다. 다른 누군가의 삶을 연기함에 있어 가장 어려운 부분은 개인으로서의 '나'와 이야기 속 인물로서의 '나'를 분리하는 일일 것이다. 하지만 인간은 이미 태어나면서부터 '역할 학습'이라는 방식으로 다른 사람의 입장을 자신에게 빗대어 이해하고 표현하는 '연극(play)'을 구현해왔다. '놀이(play)'의 방식으로 엄마가 되어보고 아빠가 되어보는 '소꿉장난', 바닷가의 모래로 성을 쌓거나 두꺼비 집을 구현하는 '모래놀이', 망토 하나를 두르고 '영웅'이 되어보거나 나무토막 하나로 '자동차'를 그려낼 수 있는 인간의 상상력은 애초에 인간을 "극화적 존재(the dramatic being)"로 만들었다고 해도 과언이 아니다. 우리가 현재 예술이라고 부르는 '연극'은 실제로 그러한 '놀이'로부터 시작되었고, 인간만이 지닌 '상상력'을 통해 내가 아닌 다른 사람의 입장을 빗대어 보는 '감정이입'의 방식으로 상대에 대한 이해와 연민, 공감에 이르는 '소통의 도구'가 되어왔다. 그러한 연극이 '살아남는 일'에 목숨을 걸어야 하는 상업적 예술로 바뀐 것은 사실상 산업혁명으로 시작된 자본주의 시장경제 체제 때문이었다. 그 이전에도 늘 연극은 '후원자'의 도움 없이 흥행하기 어려운 예술이었지만 적어도 셰익스피어가 이름을 날렸던 16~17세기의 영국에서만큼은 여왕과 왕이 지원하는 국가 산업이었다. 연극이 상업성과 예술성 사이에서 위험한 줄타기를 하며 계속 살아남기 위해서는 관객들과 비평가들의 호응이 필요했고, 수익성을 따지는 투자자들의 지원이 필요했다.

연극 〈임영준 햄릿〉은 아직 유명세를 타지 못한 배우, 연출, 혹은 극작가가 그러한 연극계에서 경험하게 될 소외와 아픔, 상처, 그리고 서글픔과 같은 감정들을 매우 당황스러운 장면들의 연속을 통해 '웃음'으로 관객들에게 표출한다. 극장 안의 공간은 마치 '임영준'이라는 한 배우의 팬미팅 장소처럼 꾸며져 있다. 배우의 어린 시절을 담고 있는 소품들이 전시되어 있는가 하면 스크린에는 데뷔할 때부터 현재에 이르는 배우의 일대기를 담은 사진들이 그때의 심경을 담은 짧은 글들과 함께 슬라이드로 상영된다. 90년대 여름을 강타했던 대중가요들이 흥겹게 울려 퍼지는 가운데 무대를 바라보면 한쪽 구석에 앉아 있는 조연출과 무대의 오른쪽과 왼쪽으로 마련된 객석 의자에 붙어 있는 수많은 사진들이 눈에 들어온다. 한눈에 알아볼 수 있는 세계의 정상들과 스타들의 사진에서부터 만화 캐릭터 사진에 이르기까지 그들이 왜 거기에 있는 것인지 이해할 수 없는 인물들이 객석을 채우고 있다. 극이 시작되면 구석에 앉아 있던 조연출이자 배우인 '박정호'가 앞으로 나와 오늘의 주인공이자 배우인 '임영준'을 소개한다. 배우를 아는 지인들이 더 많이 객석을 메우고 있다는 연극 〈임영준 햄릿〉은 그렇게 팬들의 환호 속에 시작된다.

종이로 만든 왕관을 쓰고 나온 배우는 마치 '덴마크의 왕자'라는 자신의 역할을 잠시 내려놓기라도 하듯 왕관을 벗어 맨 앞줄에 앉은 관객의 머리 위에 씌워준다. 배우는 자신이 연기해야 할 연극의 주인공인 '햄릿(Hamlet)'을 내려놓고 실제 삶 속의 주인공인 '임영준'으로 돌아간다. 그는 많은 사람들의 외면 속에서도 꿋꿋이 '배우'라는 길을 걸어온 인고의 과정을 웃음으로 설명하고, 선왕의 유령과 거트루드(Gertrude) 왕비 대신 자신의 실제 아버지와 어머니를 스크린 영상으로 불러내 감성을 자극한다. 소를 키우며 농사를 짓는 부모님의 영상편지와 십 년의 연애 끝에 결혼에 이르게 된 사연까지 '배우 임영준'의 '인생극장'을 보고 있노라면 그 어디에서도 삼촌과 결혼한 어머니를 향한 배신감에 시달리는 햄릿이나 복수심에 불타면서도 실행하지 못하는 번뇌에 쌓인 햄릿을 찾아볼 수 없다. 단, 죽음을 부르는 복수를 앞에 놓고 죽음의 실체와 존재의 의미 사이에서 고민하던 햄릿의 '사유'가 담겨 있을 뿐이다.

배우의 수많은 오디션 과정을 통해 되풀이되는 햄릿의 대사 "사느냐 죽느냐(to be or not to be)"는 매번 다른 감정과 해석을 담은 연기로 반복되며 2016년 지하철역 스크린도어를 수리하다 안타깝게 목숨을 잃은 청년의 이야기와 연결된다. 청년의 소지품 가방 속에 남겨져 있던 '컵라면'과 지하철 역내 방송 소리, 외롭게 불어터진 라면을 먹는 배우의 모습, 그리고 비정규직이라는 보호받지 못하는 직업군으로 힘든 삶을 이어가는 사람들이 『햄릿』의 대사를 통해 하나로 연결될 때야 비로소 관객들은 햄릿이 '평범한 소시민'임을 깨닫게 된다. "단칼에 끝장을 내고 싶은 무겁고 힘든 세상"을 살아가면서도 "채찍과 모욕, 폭군의 횡포, 가진 자의 오만, 실연의 아픔, 법의 더딤, 관리의 교만, 덕 있는 자가 오히려 무지한 자들에게 당해야 하는 수모"를 견디며 끊임없이 '나'라는 존재의 자리를 의심해야 하는 것은 햄릿뿐 아니라 모든 소시민이 공유하는 고뇌이기 때문이다.

임영준 햄릿은 말한다. "한 사람이 죽는 데 걸린 시간 10초! 그가 죽은 자리 위로 기차가 지나가고, 기차가 지나가고, 기차가 지나가고, 비행기가 지나가고, 공연이 지나가고, 10년의 시간이 지나가고…. 사느냐 죽느냐, 살아남느냐 사라지느냐!"

삶과 죽음의 경계에서 묵묵히 자신의 일을 하며 아슬아슬한 줄타기를 이어가는 사람들, 나름의 목표와 꿈을 간직하고도 그 길을 향해 어떻게 다가갈 수 있을지 빛이 보이지 않아 주저하고 망설이게 되는 사람들, 지금의 길이 아닌 다른 길을 택했어야 했나 의심하면서도 보이는 길이 없어 또다시 좌절하게 되는 사람들, 사는 일이 살아내는 일이 아니라 사라지지 않기 위해 온 힘을 다해야 하는 일이 되어버린 지금의 세상, 그리고 온 힘을 다해 사라지지 않으려 발버둥 침에도 어느 순간 흔적도 없이 사라질 수 있음을 끊임없이 인식하도록 만드는 슬프고 잔인한 세상…

"죽는 것은 곧 잠드는 것, 잠이 들면 꿈을 꾸겠지!"라고 외치면서도 그 꿈속에 도사리고 있을 무언가가 두려워 쉽게 복수를 감행하지 못했던 햄릿의 고민은 사실상 '존재'에 대한 고민이었다. 제아무리 세계를 정복했던 '알렉산더 대왕'이라도 죽어 땅에 묻히고 나면 살점은 벌레에게 뜯기고 텅 빈 해골만 남아 한 줌의 먼지가 되어버리는 것이 '인간'인 것을, 무슨 미련이 그토록 남아 고통스러운 삶을 '미친 척' 해서라도 살아가야 하는 것인지에 대한 햄릿의 고민은 사실상 '살고 싶은 마음'에 대한 고민이었다. 또한, 죽음에 대해 그토록 유별했던 이유는 "몸짓이나 표정, 눈물과 같이 연기할 수 있는 행동으로는 절대 드러낼 수 없는 진실한 심경", 즉 겉으로는 보여줄 수 없는 어떤 것이 내면에 있었기 때문이다. 스스로를 "비둘기 간에 쓸개도 없어서 맥없이 굴욕이나 당하는 못난이"라 부르며 과감히 행동하지 못함을 비난하던 햄릿, 자신을 향해 다가오는 "가증스러운 운명의 돌팔매와 화살을 참아야 할 것인지, 아니면 밀물과 같은 역경에 맞서 싸워 이겨내야 할 것인지"를 고민했던 햄릿은 현대를 살아가며 수없이 스스로에게 같은 비난과 질문을 되풀이해온 '소시민의 자화상'인지도 모른다.

연극은 퍼포먼스가 실행되는 순간 연기를 보여주는 배우와 인물, 그리고 관객이 한꺼번에 소통하며 '나'와 '너'의 경계를 허물게 되는 '체험'이다. 모두가 그 사람이 될 수 있고 내가 될 수 있고 인간이 되는 삶을 경험하는 시간이다. 셰익스피어의 『햄릿』의 로젠크랜츠(Rosen-crantz)의 대사처럼, 연극에 흥미가 없다는 말은 곧 "인간에게 흥미가 없다"는 의미가 된다. 그리고 인간에게 흥미가 없다는 말은 곧 인간이기를 포기한다는 의미가 된다.

아리스토텔레스는 "남의 고통, 불행에 대해 아픔을 함께할 수 있는 마음"을 '인간애'로 정의했다. 독일의 극작가이자 비평가인 고트홀트 레싱(Gotthold Ephraim Lessing)은 "그 불행이 우리 자신에게도 닥칠 수 있다는 불안으로 인해 두려움이 첨가되어야만 비로소 동정심이 된다"고 말했다. 그는 이 때문에 비극의 주인공은 "관객과 동질감, 일체감, 동류의식을 느낄 수 있는 현재의 우리와 같은 사람"이어야 한다고 덧붙인다. 어쩌면 그것이 연극 〈임영준 햄릿〉의 관객들 중에 배우 혹은 연극인들이 많았던 이유인지도 모른다. 『함부르크 연극론』에서 레싱은 이렇게 말한다.

"모든 것이 한꺼번에 이루어질 수는 없다. 하루하루 성장해 가는 모습은 보지 못하더라도 얼마간의 시간이 지나고 나면 성장해있음을 보게 된다. 가장 속도가 느린 자라도 목표를 눈에서 잃지 않기만 하면 목표 없이 방황하는 자보다는 항상 빠르기 마련이다."

그의 말이 사실이었으면 좋겠다. 배우 11주년을 기념하는 행사장처럼 구현된 연극 〈임영준 햄릿〉이 '예술의 쓸모없음'을 증명하는 것이 아니라 '예술의 필요성'을 반증하는 것이었으면 좋겠다. '살아남느냐 사라지느냐'를 고민하며 살아가는 세상이 아니라 '어떻게 살아가야 하는가'를 고민할 수 있는 세상이 되었으면 좋겠다. 셰익스피어의 『햄릿』의 대사처럼, "연극의 목적이 세상을 거울에 비추는 것"이라면 대한민국의 세상이 그 '거울'을 잃지 않았으면 좋겠다. "선에는 선의 생김새를, 악에는 악의 이미지를 보여주고, 그 시대의 진정한 모습과 정세를 여실히 드러낼 수 있는 연극"이라는 예술이 없다면 이 세상은 지금보다도 더 끔찍해질 테니 말이다.

* 본 글은 2018.08.03.~2018.08.11. 두산아트센터 Space111에서 공연된 연극 〈임영준 햄릿〉을 관람한 후 작성된 칼럼입니다.

#1. 연극, 해외 작품을 엿보다

발타자르 그라시안, 『발타자르 그라시안의 사람을 얻는 기술』, 김세나 역, 원앤원북스, 2016.

셸리 케이건, 『죽음이란 무엇인가』, 박세연 역, 엘도라도, 2012.

조지 버나드 쇼, 『쇼에게 세상을 묻다』, 김일기 · 김지연 역, TENDEDERO, 2012.

아니 코엔 솔랄, 『마크 로스코』, 여인혜 역, 다빈치, 2015.

아리스토텔레스, 『니코마코스 윤리학』, 천병희 역, 숲, 2013.

프란츠 요제프 베츠, 『불륜예찬』, 송명희 역, 율리시즈, 2013.

몽테뉴, 『몽테뉴 수상록 - 범우문고 52』, 손석린 역, 범우사, 2015.

Albert Einstein, *The Ultimate Quotable Einstein*, Princeton University Press, 2010. Kindle.

BBC News, "Israel-Palestinian conflict: Life in the Gaza Strip", *BBC.com*, 15 May 2018. Web.

Dave Grossman, *On Killing: The Psychological Cost of Learning to Kill in War and Society*, 1st edition, Back Bay Books, 2009. Kindle.

Duncan Macmillan, *Plays One: 1*, Bloomsbury Publishing, 2016. Kindle.

Don Shirley, "'Art' and the Nature of Friendship", *Los Angeles Times*, 20 Jan 20 1999. Web.

Edward Bond, "An Author's Note: On Violence", *Plays: 1*, Methuen(London), 1977.

_____, "A Letter on Violence and Drama", *Letters, Edward Bond Dramatist*, Edward Bond, 3 Apr 2013. Web.

Edward Gero, "RED: A Visit from John Logan, playwright, to Rehearsal", *Word-press.com*, 21 Sep 2011. Web.

Florian Zeller, *The Truth*, Faber & Faber, 2016. Kindle.

Gale Cengage Learning, *A Study Guide for Yasmina Reza's "Art"*, The Gale Group, 2004. Kindle.

Hua Hsu, "What Jacques Derrida Understood About Friendship", *The New Yorker*, 3 Dec 2019, Web.

Isaiah Berlin, *The Crooked Timber of Humanity: Chapters in the History of Ideas*, 2nd edition, Princeton University Press, 2013. Kindle.

Jacques Derrida. "Politics of Friendship." *American Imago*, vol. 50, no. 3, 1993, JSTOR, Web.

John Logan, *Red*, Oberon Books, 2012. Kindle

J. T. Rogers, *Oslo*, Theatre Communications Group, 2017. Kindle.

Max Fisher, "9 questions about Israel-Gaza you were too embarrassed to ask", *The Washington Post*, 21 November 2012. Web.

Philip Brandes, "Friendship as a work of 'Art'", *Los Angeles Times*, 3 Sep 2003. Web.

Robert Icke, "Introduction", *Plays One: 1*, Bloomsbury Publishing, 2016. Kindle.

Salah El Gharbi, *Book Analysis: Artby Yasmina Reza*, Trans. Carly Probert, Bright-Summaries.com, 2016. Kindle.

Yasmina Reza, *Art*, Trans. Christopher Hampton, Dramatists Play Service, 1996.

#2. 연극, 국내 작품을 엿보다

다이애너 애실, 『어떻게 늙을까』, 노상미 역, 뮤진트리, 2016.

리베카 솔닛, 『멀고도 가까운』, 김현우 역, 반비, 2016.

이강백, 『봄날』, 지식을만드는지식, 2014.

이동순,『그대가 별이라면』, 시선사, 2004.

요나스 요나손,『창문 넘어 도망친 100세 노인』, 임호경 역, 열린책들, 2013.

Axel Heidenreich & David Pfister, "Estimated life expectancy: integration of age and comorbidities", *Nat Rev Urol* 13, 18 Oct 2016. Web.

Department of Economic and Social Affairs Population Division, *World Population Aging 2009*, United Nations, Dec 2009. Web.

Diana Athill, *Somewhere Towards the End: A Memoir*, W. W. Norton & Company, 2009.

Jonas Jonasson, *The 100-Year-Old Man Who Climbed Out the Window and Disappeared*, Hachette Books,2012.

#3. 퍼포먼스의 진화, 몸을 읽다

발데마르 본젤스,『꿀벌 마야의 모험』, 이효성 역, 삼성당, 2006.

빌라야누르 라마찬드란,『뇌는 어떻게 세상을 보는가』, 이충 역, 바다출판사, 2016.

애비 스미스 럼지,『기억이 사라지는 시대』, 곽성혜, 유노북스, 2016.

윌리엄 블레이크,『블레이크 시선』, 서강목 역, 지식을만드는지식, 2012.

윤선자,『샤리바리』, 열린책들, 2014.

일자 샌드,『서툰 감정』, 김유미 역, 다산지식하우스, 2017.

한나 모니어, 마르틴 게스만,『기억은 미래를 향한다』, 전대호 역, 문예출판사, 2017.

Dominique Jando, "Short History of the Circus", *Circopedia*, 2010. Web.

Eugénie Pastor, "Interview with Lorenzo Malaguerra", *Theatre Union*, 2015. Web.

Eloïse Poulton, "The Nature of Forgetting Review", *Fringe Review*, 2017. Web.

Jennifer Bourn, "Color Meaning: Meaning of the Color Grey", *Bourne Creative*, 27 Dec 2010. Web.

John Keefe, Simon Murray, *Physical Theatres: A Critical Reader, Routledge*, 2017. Kindle.

_____. *Physical Theatres: A Critical Introduction*, Routledge, 2016. Kindle.

#4. 뮤지컬, 해외 작품을 살피다

빅토르 위고, 『노트르담의 꼽추』, 조홍식 역, 신원문화사, 2004.

칼 구스타프 융, 『영혼을 찾는 현대인』, 김세영 역, 부글북스, 2014.

Alexander Baron, "David Parry — 'Citizen Of Hell' SPECIAL", *Digital Journal*, 6 Aug 2013. Web.

Allison Pataki, *Sisi: Empress on Her Own: A Novel*, Random House, 2016. Kindle.

Andrew Sinclair, *Death by Fame*, St. Martin's Press. 2015. Kindle.

Jeremy Harrison, *Actor-Musicianship*, Methuen Drama, 2016. Kindle.

Jonathon Collis, "BWW INTERVIEWS: Writer And Interpreter Michael Kunze", *BWW News Desk*, 2 Oct 2009. Web.

Thomas A. Wehr, "Melatonin and Seasonal Rhythms", *Journal of Biological Rhythms*, vol.12. issue 6, 518-527, 1997.

Victor Hugo, *Notre-Dame of Paris(The Hunchback of Notre Dame)*, Trans. John Sturrock, Penguin Classics, 1978. Kindle.

Winifred Gallagher, *The Power of Place: How Our Surroundings Shape Our Thoughts*, Emotions, and Actions, Harper Perennial, 2007.

#5. 뮤지컬, 국내 작품을 살피다

메리 셸리, 『프랑켄슈타인』, 김선형 역, 문학동네, 2012.

케이트 모어, 『라듐 걸스』, 이지민 역, 사일런스북, 2018.

러디어드 키플링, 『정글북』, 손향숙 역, 문학동네, 2010.

Amanda Mitchison, "Kim Noble: The woman with 100 personalities", *The Guardian*, 30 Sep 2011. Web. Kindle.

Valerie Sinason, *Attachment, Trauma and Multiplicity: Working with Dissociative Identity Disorder*, Routledge, 2010. Kindle.

Edgar Allan Poe, *Annabel Lee*, Poetry Foundation, 1849. Web.

Hourly History, *Marie Curie: A Life From Beginning to End(Biographies of Women in History)*, Hourly History, 2018. Kindle.

John Cahuac, *Who killed Cock Robin? A satirical tragedy, or hieroglyphic prophecy on the Manchester Blot!!!*, British Library, 1819. Web.

Kate Moore, *The Radium Girls(The Dark Story of America's Shining Women)*, Sourcebooks publication, 2017.

Mary Wollstonecraft Shelley, *Frankenstein, or, The Modern Prometheus*, Sever, Francis, & Company, 1869.

Susan Quinn, *Marie Curie: A Life*, Plunkett Lake Press, 2011. Kindle.

#6. 연출의 해석, 오페라를 읽다

스티븐 핑커, 『마음의 과학』, 존 브록만 편, 이한음 역, 와이즈베리, 2012.

안희경, 『사피엔스의 마음』, 위즈덤하우스, 2017.

알렉산드르 푸슈킨, 『벨킨 이야기 스페이드 여왕』, 최선 역, 민음사, 2002.

장석주, 『사랑에 대하여』, 책읽는수요일, 2017.

제러미 시프먼, 『차이콥스키, 그 삶과 음악』, 김형수 역, 포노, 2011.

프로스페르 메리메, 『카르멘』, 송진석 역, 펭귄클래식코리아, 2012.

플라톤, 『향연』, 김영범 역, 서해문집, 2008.

헤시오도스, 『신들의 계보』, 천병희 역, 숲, 2009.

Burton D. Fisher, *Tchaikovsky's PIQUE DAME Opera Study Guide with Libretto*, Opera Journeys Publishing, 2018. Kindle.

Rosemary Edmonds, "Introduction", *The Queen of Spades and Other Stories by Alexander Pushkin*, Penguin Classics, 1978.

Stefano Poda, "Interview", *TURANDOT Teatro Reio Torino*, OperaVision, 2018.

William Ashbrook & Harold Powers, *Puccini's Turandot: The End of the Great Tradition*, Princeton University Press, 2014. Kindle.

#7. 여성의 목소리, 페미니즘을 더하다

문광훈, 『가면들의 병기창』, 한길사, 2014.

에이미 E. 허먼, 『우아한 관찰주의자』, 문희경 역, 청림출판, 2017.

유발 하라리, 『사피엔스』, 조현욱 역, 김영사, 2015.

지그문트 프로이트, 『꿈의 해석』, 이환 역, 돋을새김, 2007.

헨릭 입센, 『인형의 집』, 곽복록 역, 신원문화사, 2004.

후안 마요르가, 『비평가/눈송이의 유언』, 김재선 역, 지식을만드는지식, 2016.

Edward Bond, *Edward Bond and the Dramatic Child: Edward Bond's Plays for Young People*, Ed. David Davis, Trentham Books, 2005.

Raquel Blanco, "Juan Mayorga: ≪La filosofía no es una disciplina académica, es un plan de vida; todos estamos llamados a ser filósofos≫", *Jot Down*, 2014. Web.

Tore Rem, "Introduction", *A Doll's House and Other Plays*, Penguin Books, 2016. Kindle.

Yuval Noah Harari, *Sapiens: A Brief History of Humankind*, Harvill Secker, 2014. Kindle.

#8. 원작의 변주, 새로움을 입다

고트홀트 에프라임 레싱, 『함부르크 연극론』, 윤도중 역, 지만지드라마, 2009.

안톤 체호프, 『바냐 아저씨』, 장한 역, 더클래식, 2014.

얀 코트, 『얀 코트의 연극론』, 김동욱 외역, 동인, 2002.

윌리엄 셰익스피어, 『햄릿』, 노승희 역, 펭귄클래식코리아, 2010.

임마누엘 칸트, 『순수이성비판 1&2』, 백종현 역, 아카넷, 2006.

지그문트 바우만, 『사회학의 쓸모』, 노명우 역, 서해문집, 2015.

A. C. Bradley, *Shakespearean Tragedy: Lectures on Hamlet*, Othello, King Lear, and Macbeth, Penguin Classics, 1991.

Aristotle, *Poetics*, Trans. Malcolm Heath, Penguin Classics, 1996.

Edward Bond, *The Hidden Plot: Notes on Theatre and the State*, Methuen, 2000.

Simon Critchley, *Stay, Illusion!: The Hamlet Doctrine*, Pantheon, 2013.

Simon Critchley & Jamieson Webster, "9 things you can learn from 'Hamlet'", *HuffPost*, 31 Aug 2013. Web.